福建省社科研究基地莆田學院媽祖文化研究中心資助

# 明清畫僧集粹與研究

林孟蓉 著

巴蜀書社

**圖書在版編目（CIP）數據**

明清畫僧集粹與研究/林孟蓉著. —成都：巴蜀書社，2022.6

ISBN 978-7-5531-1726-3

Ⅰ. ①明… Ⅱ. ①林… Ⅲ. ①僧侶—畫家—人物研究—中國—明清時代 Ⅳ. ①K825.72

中國版本圖書館 CIP 數據核字（2022）第 084434 號

**明清畫僧集粹與研究** **林孟蓉 著**

MINGQING HUASENG JICUI YU YANJIU

選題策劃 王 雷
責任編輯 黄雲生
封面設計 支鑫淼
出　　版 巴蜀書社
成都市三色路 238 號 郵編 610023
總編室電話：（028）86361843
網　　址 www.bsbook.com
發　　行 巴蜀書社
發行科電話：（028）86361856
經　　銷 新華書店
印　　刷 四川五洲彩印有限責任公司
照　　排 喜唐平面設計工作室
版　　次 2022 年 6 月第 1 版
印　　次 2022 年 6 月第 1 次印刷
成品尺寸 170mm×240mm
印　　張 14.75
字　　數 290 千字
書　　號 ISBN 978-7-5531-1726-3
定　　價 69.00 圓

# 鳴　謝

本書得以順利付梓，得益於莆田學院國家社科基金項目（項目編號 19BMZ057）配套經費資助出版以及福建省社科研究基地莆田學院媽祖文化研究中心、莆田學院媽祖文化研究院鼎力支持，謹致謝忱！

# 自　序

本書出版緣起於2014至2016年。期間筆者在香港中文大學人間佛教研究中心、禪與人類文明研究中心先後發表了三篇關於明清畫僧的論文，隨後又將撰寫論文期間所蒐集到的相關畫錄進行了文獻點校。① 而筆者校勘相關畫錄的動機有二：一是目前學界對於有關明清之際畫僧的資料論述甚少，因此，古典文獻整理與爬梳便成爲研究明清畫僧的重要步驟；二是筆者在相關論文的撰寫中發現，明清之際的畫僧是一個值得繼續延伸探討的議題。基於上述原因，筆者便以該三篇論文所收集到的古籍爲基礎，將相關文獻（包括《讀畫錄》《御定佩文齋書畫譜》《明畫錄》《國朝畫徵錄》《國朝畫徵續錄》《畫友錄》《履園畫學》《墨梅人名錄》《國朝畫識》《墨香居畫識》《墨林今話》《甌鉢羅室書畫過目考》《寒松閣談藝瑣錄》《國朝書畫家筆錄》《嶺南畫徵略》《清畫家詩史》等）中所記載的畫僧資料節錄出來，並一一加以編輯、標點、校勘，進而成集，名爲《明清畫僧集粹與研究》。

本書的内容主要由“集粹”和“研究”兩大部分構成。由於“集粹”所輯錄之畫僧資料繁多，故分上、下兩部：上部所收錄的畫僧資料以明代和明末清初爲主；下部則從清康熙年間直至清末。本書“研究”的部分主要是筆者對明清之際相關畫僧的論述，分别爲前述香港中文大學所發表的三篇論文，以及2108年在佛光大學第二屆“近世東亞佛教文獻和研究”國際學術研討會上所發表的

① 這三篇論文從明末清初四畫僧的題圖詩開始，繼之探討四畫僧裏的髡殘和傳棨。髡殘也就是清初畫壇“二石”中的石谿和尚，而傳棨則是明末清初的書畫家。髡殘和傳棨都是逃禪爲僧的畫僧，其中傳棨的命運特别令人動容。他是明季皇室宗親，易代之際逃禪爲僧，法名傳棨，出家爲僧三十年，晚年因爲癲狂之病而還俗。還俗後的傳棨仍暢游筆墨之間，其畫作枯怪難解，並以似哭似笑的“八大”作爲落款，故又稱八大山人或八大。

一篇論文。

也許是出於個人對禪師、禪思、禪畫的偏好，因此，筆者在汗牛充棟的文獻中靜默悄然地與畫僧交心、神游，并因他們生命世界的複雜而生憐惜、感慨。他們有的才氣縱横，卻英年早逝；有的因畫成名，卻大肆揮霍；有的以畫修葺寺院，弘揚佛法；有的因畫開宗立派，形成禪畫、畫禪的佛教文化與藝術；有的在時代更迭中選擇逃禪爲僧，其作品多了一份國破家亡的蒼涼與莫可奈何的悲哀。畫僧真實的生命世界與滚滚紅塵一樣，也有聚散悲歡、盛衰榮辱，令人爲之動容。

從藝術創作來説，明清畫僧的創作能動性遠比想象中的更爲豐富和複雜。在文獻中，他們的創作並非衹是僧人與繪畫的簡單聯繫，而是呈現出詩畫並進、金石並進、吟詠並進、琴藝並進的特徵，在創作題材與風格上，具有復合而多元的衍生意義。

行文至此，回想文獻中畫僧的種種經歷，雖然枯澀難解，筆者卻樂於徜徉其中，那些令人或憂、或喜、或贊嘆、或惋惜的情愫似曾相識，畫僧的身影恍如重臨。我想，本書衹是研究明清畫僧的開端，未來筆者也將以此繼續展開相關的議題研究。希望此書的完成能助益未來禪宗文化的研究者。文中或有疏訛，尚祈時賢不吝指教。

最後，感恩一切善緣，願見者歡喜。

後學林孟蓉庚子年吉祥月於紫新齋

# 《明清畫僧集粹》凡例

**一、時間範圍**

《明清畫僧集粹》所蒐録的文獻時間跨度爲清康熙年間至民國時期，共收録16種文獻約300名畫僧的事迹。

**二、編排次序**

《明清畫僧集粹》所收集的畫録皆依照成書先後排序，上部畫僧主要以明末至清初康熙、雍正年間爲主，下部則爲康熙之後的畫僧。

**三、編排格式**

《明清畫僧集粹》包括題解和正文。題解包含作者、成書年代、主要内容、本書收入情況、版本信息、索書號等。正文按卷次、目録排列。

**四、符號使用**

1. 卷次以【】標明；
2. 所録内容以原文爲準，個别條目前不出現姓名，讀者幸自察之；
3. 文獻中的缺字或查無此字以□表示，以（）表示作者補充文字。

# 目　錄

**明清畫僧研究論集**

# 明清畫僧集粹（上）

## 讀畫錄

清周亮工撰，成書於康熙年間。其内容詳述明末清初畫家傳記約一百四十人，本書收入畫僧三人。本書所據底本爲道光二十七年刊本，臺北“國家圖書館”善本室藏，索書號 1381/17024-039。

### 【卷二】

釋無可　石谿和尚　釋漸江

**釋無可**①

無可大師，予庚辰同榜方密之也。公名以智，幼稟異慧，生名門，少年舉進

① 無可：弘智（1611-1671），字無可，號墨歷，别號藥地和尚，又號浮山愚者。俗姓方，名以智，字昌公，號鹿起，又號密之。安徽桐城人。明巡撫孔昭之子，爲明季四公子之一。崇禎十三年（1640）進士，授檢討。甲申（1644）後剃髮出家受戒。無僧傳。參陳炳華編：《中國古今書畫名人大辭典》，天津古籍出版社，1998 年 5 月，21 頁，“方以智”條。

士。自詩文詞曲、聲歌書畫、雙鈎①填白②、五木六博③，以及吹簫撾鼓、優俳④、平話⑤之技，無不極其精妙。三十歲前，極備繁華。甲乙後，薙髮受具，躭嗜枯寂，粗衣糲食，有貧士所不能堪者。於是謝絶一切，惟意興所至，或詩、或畫，偶一爲之，然多作禪語，自喻而已，不期人解也。施尚白⑥云："予昔同無道人，自蒼梧抵廬山，見其乘輿作畫，多用秃筆，不求甚似。嘗戲示人曰：'若猜此何物？此正無道人得無處也！'"拈此二語，則道人之禪機畫趣，亦露一斑矣。"

**石谿和尚⑦**

石谿和尚，名髠殘，一字介邱⑧，楚之武陵人。幼失恃，便思出家。一日，其弟爲置氈巾禦寒，公取戴於首，覽鏡數四，忽舉剪碎之，並剪其髮，出門徑去，投龍山三家庵⑨中，旋歷諸方，參訪得悟。後來金陵，受衣缽於浪丈人⑩，丈人深器之，以爲其慧解處，莫能及也。公品行、筆墨俱高出人一頭地，所與交者，遺逸數輩而已。繪事高明，然不輕爲人作，雖奉以兼金，求其一筆，不可得

---

① 雙鈎：水墨畫技法，用墨綫勾勒物像。

② 填白：水墨畫技法，著色之意。

③ 五木六博：古代博弈之稱。

④ 優俳：古代雜戲表演。

⑤ 平話：評話，古代民間流行的俗文，亦爲曲藝之一，由當地方言講説。

⑥ 施尚白：即施潤章，明末清初江南宣城人，字尚白，號愚山。順治年間進士，授刑部主事，工詩，與宋琬有"南施北宋"之名。著有《學餘堂詩集》《試院冰淵》《青原志略補輯》。參《清詩别裁集》、《晚晴簃詩匯》卷四十三。

⑦ 石谿和尚：指髠殘，清僧，一名大杲，字白秃，一字介丘，號石谿，又號殘道者、庵住行人。武陵劉氏。工畫山水，好寫奇僻奥景，題識多寓興亡之感。殘本遺民，明亡後學佛，參覺浪禪師領旨。開堂金陵牛首山。參《國朝畫徵錄》卷下"髠殘"條、《中國古今書畫名人大辭典》618頁"髠殘"條、《中國佛教人名大辭典》，上海辭書出版社，1999年，第693-694頁。

⑧ 髠殘之字在《讀畫錄》卷二、《國朝畫識》卷十四作"介邱"，《清畫家詩史》壬下作"介丘"，《甌鉢羅書畫室過目考》附卷作"介邛"，邱、丘、邛爲同音異字，今本書統合爲"介邱"。

⑨ 《讀畫錄》卷二、《國朝畫徵錄》卷下作"龍三三家庵"，《國朝畫識》卷十四、《國朝畫家筆錄》卷四作"龍山三家庵"。

⑩ 浪丈人：又作"浪杖人"，《讀畫錄》卷二和《國朝畫徵錄》卷下作"浪丈人"，《國朝畫家筆錄》卷四和《清畫家詩史》壬下作"浪杖人"。浪丈人或浪杖人指覺浪道盛，清僧，字覺浪，建寧張氏。依瑞巖薙落，隨師住夢筆，閉關苦究，因見百丈在參公案，頓徹馬祖用機。出關參博山元來。受具畢，謁晦臺元鏡得法。明崇禎間，歷主建昌福船、江州圓通、金陵報恩。清順治，主徑山，後遷金陵天界。道聲遠播。有《江寧府天界覺浪道盛僧傳》傳世，參《卍續藏》第80、83、84册，《五燈會元續略》卷一、《五燈全書》卷六十三、《續燈正統》卷四十。

也。至所欲與，即不請，亦以持贈。予①從瑤星張子與②交，因乞作册子數幅，公欣然命筆，自題云："殘山剩水是我道人家些子活計，今被櫟園老子③奪角爭先，老僧祇得分爐頭半箇芋子，且道那半箇，□④他日覿面，再與一頓。"方紹村題其畫云："曲曲村墟歷歷真，長鑱不共短筇論。非關筆墨多殘漏，老衲山樵自隱身。"瑤星云："舉天下言詩，幾人發自靈性？舉天下言畫，幾人師諸天地？舉天下言禪，幾人拋卻故紙，摸著自家鼻孔也？介大師箇中龍象，直踞祖席，然絕不作拈椎豎拂惡套，偶然游戲濡吮，輒擅第一。"此幅自云："效顰米家父子，正恐米家父子有未到處。所謂不恨我不見古人，恨古人不見我耳！"

**釋漸江⑤**

釋漸江，歙人，爲明諸生。甲申後，棄去爲僧。喜仿雲林⑥，遂臻極境。江南人以有無雲林定雅俗，如昔人之重雲林，然咸謂得漸江足當雲林。隱居齊雲，不妄爲人作。册中二幅，汪舟次⑦索以相贈，別有一、二立幅，則君⑧以寄余⑨者，君未五十没，畫亦貴重，其門徒膺作甚多，然匡骨耳。此直須另覓雲林矣。

---

① 予：《讀畫錄》作者周亮工（1612-1672），字元亭、减齋，號櫟園、伯安、樂下生、櫟園老人。崇禎進士。工草隸，擅山水。參《中國古今書畫名人大辭典》279頁"周亮工"條。

② 張子與：生活於明代，字公路者，善詩，能書篆，兼工鎸印，爲時所稱。

③ 櫟園老子：指周亮工。

④ □：《國朝畫識》作"覃"。

⑤ 釋漸江：指弘仁、宏仁，《讀畫錄》卷二稱"漸江"，《國朝畫徵錄》卷下和《清畫家詩史》壬下稱"弘仁"，《國朝畫識》卷十四、《甌缽羅書畫室過目考》附卷、《國朝畫家筆錄》卷四稱"宏仁"。號梅花古衲。歙州江氏。俗名韜，字六奇，一作亦奇。天啟舉人。明末從戎，戰事失利，同事者多屈死，仁投江中，爲鄉里所救，遂禮古航道舟出家。隱齊雲山，日間禪誦，夜讀儒書。善繪山水，畫師倪瓚，與石濤、八大山人、石谿並稱繪壇四大高僧。無僧傳，參《中國佛教人名大辭典》179頁和《中國古今書畫名人大辭典》27頁"弘仁"條。

⑥ 雲林：倪瓚（1301-1374），字元鎮，號雲林，又署雲林子、雲林散人；別號荆蠻民、淨名居士、朱陽館人、蕭閑仙卿、幻霞生。性甚狷介，善自晦匿。曾築清閟閣，續古書畫於中。好僧寺，一住必旬日，篝燈禪榻，蕭然宴坐。工山水，以董源爲師，後法荆、關，作摺帶皴，好寫汀渚、小山、竹樹等平遠景色，晚年愈益精詣，兼喜畫竹，自謂"聊寫心中逸氣"，天真幽淡，一變古法。江南人以家中有無雲林定雅俗。參《中國古今書畫名人大辭典》350頁"倪瓚"條。

⑦ 汪舟次：汪楫（1636-1699），字舟次，號悔齋，安徽休寧人。康熙年間官至福建布政使，好學工書，尤長於詩，少與孫枝蔚、吴嘉紀齊名。參《中國古今書畫名人大辭典》157頁"汪楫"條。

⑧ 君：指漸江。

⑨ 余：《讀畫錄》作者周亮工。

# 御定佩文齋書畫譜

清孫岳頒撰，成書於康熙四十七年。其内容詳述書畫家之傳記、引證文獻。本書收入卷五十八明清畫僧三十人。本書所據底本爲文淵閣《四庫全書》影印本，臺灣商務印書館 1983-1986 年出版，臺北“國家圖書館”藏，索書號 R082.1/8367/72/53-4-3。

## 【卷五十八】

釋寶金　釋碧峰　釋笑印　釋日章　釋曉庵　釋華朴中
釋雪心　釋草庵　釋昇日南　釋律天如　釋普大雲
釋玉庭　釋福懋　釋廣禮　釋可浩　釋戒襄　釋海湛
釋雄鑑　釋妙琴　釋常瑩　釋解如　釋湛一　釋寂瀾
釋白漢　釋頤庵　釋墨生　超上人　龍上人　端上人
通上人

**釋寶金**①

釋寶金，姓石氏，號碧峰，乾州永壽人，游五臺山建靈鷲庵，游學之僧多至千餘人。洪武戊申，居大天界寺。《江寧志》

**釋碧峰**②

釋碧峰，善畫山水，似彭玄中③而不逮。《畫史會要》

**釋笑印**④

釋笑印，住南嶽，工畫葡萄。張以寧《翠屏集》

---

① 寶金（1308-1372）：明僧，號碧峰。永壽石氏。有僧傳，參《大藏經補編》第 27 册《新續高僧傳》卷十八《明五臺山靈鷲庵沙門釋寶金傳》。

② 碧峰：明僧，居重慶龍洞寺。無僧傳，參《中國佛教人名大辭典》910 頁。或即爲釋寶金。

③ 彭玄中：明道士，號檜亭，山水學何澄，書法與沈明遠相似。參《中國古今書畫名人大辭典》578 頁“彭玄中”條。

④ 笑印：明僧，住南嶽，工畫葡萄。無僧傳，參《中國佛教人名大辭典》569 頁。

**釋日章**①

釋日章，《畫史會要》云，號錦峰，蜀成都人，畫山水學唐子華②。《圖繪寶鑑續纂》

**釋曉庵**③

釋曉庵，東吴人，畫葡萄。《圖繪寶鑑續纂》

**釋華朴中**④

釋華朴中，浙中詩僧，師戴静庵⑤，作畫得名。《圖繪寶鑑續纂》

**釋雪心**⑥

釋雪心，善畫墨梅。《畫史會要》

**釋草庵**⑦

釋草庵，住嘉禾三塔寺，工詩畫。《畫史會要》

**釋昇日南**⑧

釋昇日南，號照庵，浙江人，宗倪雲林⑨，畫竹石枯木。《畫史會要》

日南，善畫水仙，尤善音律，永樂中人。王錡《寓圃雜記》

---

① 日章：明僧，號錦峰，成都人，山水學唐寅，有名川中。無僧傳，參《中國佛教人名大辭典》85頁、《中國古今書畫名人大辭典》12頁，“日章”條。

② 唐子華：唐棣（1296-1364），字子華，擅畫山水，師郭熙，嘗畫嘉熙殿壁，所作爲人所貴重。亦曾學畫於趙孟頫，得其華潤森鬱之趣。參《中國古今書畫名人大辭典》360頁“唐棣”條。

③ 曉庵：明僧，東吴人，善畫葡萄，無僧傳，參《中國佛教人名大辭典》1037頁。

④ 朴中：明僧，原姓華氏，俗名朴，浙江人。初業儒，後爲僧，修淨土念佛。參《中國佛教人名大辭典》189頁。

⑤ 戴静庵：戴璡（1388-1462），字文進，號静庵，又號玉泉山人，善畫寫真、人物、花果、翎毛、走獸，精臨摹，爲明朝畫流第一。

⑥ 雪心：善畫墨梅，無僧傳，參《中國佛教人名大辭典》632頁、《中國古今書畫名人大辭典》411頁，“雪心”條。

⑦ 草庵：清僧，浙江紹興人，住嘉禾三塔寺，工詩畫。無僧傳，參《中國佛教人名大辭典》479頁、《中國古今書畫名人大辭典》330頁，“草庵”條。

⑧ 日南：明僧，名昇，通稱昇日南，號照庵，浙江人。善長音律梵唄，融禪意於繪畫，所作木石竹藤水仙之類，寓意深遠。永樂初，名聞一方。無僧傳，《吴都法乘》有姚廣孝《題僧日南畫水仙》，參《大藏經補編》第34册，《吴都法乘》卷二十九。

⑨ 倪雲林：倪瓚（1301-1374），見前注。

**釋律天如①**

釋律天如，號片玉，吴縣人，畫師日南，亦能作蘭蕙竹石。《畫史會要》

**釋普大雲②**

釋普大雲，畫水仙，學趙子固③筆法，日南、天如④俱不逮之。《畫史會要》

**釋玉庭⑤**

釋玉庭，松江人，居超果寺，善墨梅。錢福《鶴灘集》

**釋福懋⑥**

釋福懋，字大林，竹堂寺僧，見《書家傳》，畫學倪迂⑦。皇甫汸《長洲志》

**釋廣禮⑧**

釋廣禮，號大鏡，報恩寺僧，陳子野⑨授以畫竹之法。《金陵瑣事》

**釋可浩⑩**

釋可浩，號月泉，靈谷寺住持，畫葡萄不減温日觀⑪。《金陵瑣事》

---

① 律天如：號片玉，吴人，從日南和尚學畫，能作蘭蕙竹松，秀雅蘊蔚，爲人所重。無僧傳，參《中國佛教人名大辭典》509頁、《中國古今書畫名人大辭典》290頁，"律天如"條。

② 普大雲：暫無相關資料。

③ 趙子固：趙孟堅，字子固，號彝齋居士。工詩，善書畫，善水墨白描水仙、梅、蘭、竹、石，筆力遒勁，風格清高，似其爲人。參《中國古今書畫名人大辭典》682頁，"趙孟堅"條。

④ 天如：指律天如。

⑤ 玉庭：清僧，松江人，居超果寺，善墨梅。無僧傳，參《中國佛教人名大辭典》123頁、《中國古今書畫名人大辭典》75頁，"玉庭"條。

⑥ 福懋：明僧，字大林，常洲人，住邑之竹堂寺。修淨業，有戒行，工書畫，嘗游文徵明之門，聲名極甚，與陸光祖爲莫逆之交。無僧傳，相關事迹參《大藏經補編》第34册《吴都法乘》卷八、二十六、二十九。

⑦ 倪迂：指倪雲林。

⑧ 廣禮：明僧，號大鏡，江寧人，住報恩寺，善畫竹。無僧傳，參《中國佛教人名大辭典》942頁。

⑨ 陳子野：即陳芹，明代人，字子野，書法俊逸可愛，章草亦斐然，乘興寫竹枝，醉墨攲斜，霑濕衫袖。兼作花卉、山水，皆入逸品。參《中國古今書畫名人大辭典》477頁，"陳芹"條。

⑩ 可浩：明僧，號月泉，金陵人，靈谷寺住持，善寫葡萄，不減於日觀。無僧傳，參《中國佛教人名大辭典》149頁。

⑪ 温日觀：宋僧，俗姓温，字仲言，號日觀，一號知非子。善草書，作水墨葡萄自成一家，枝葉皆作草書法，世稱"温葡萄"。參《中國古今書畫名人大辭典》624頁，"温日觀"條。

**釋戒襄**①

釋戒襄，字平野，海鹽天寧寺僧，幼得事文徵仲②，畫雲山亦斐亹③，不輕爲人作。《紫桃軒又綴》

戒襄兼善蘭竹。《海鹽圖經》

**釋海湛**④

釋海湛，不知何許人，畫法蕭閑簡淡，大非時流所及。《六研齋筆記》

**釋雄鑑**⑤

釋雄鑑，號瘦石，居杭之煙霞洞，善畫。《六研齋三筆》

**釋妙琴**⑥

釋妙琴，字無絃，華陽人，善詩，工書畫，又以畫牛得名，稱牛和尚。畫梅入妙，自號梅屋老人。郭棐《四川總志》

**釋常瑩**⑦

釋常瑩，字珂雪，華亭人，畫葡萄。《畫史會要》

---

① 戒襄：明僧，字子成，號平野，海鹽李氏，住邑之天寧寺，嘉興永祚寺。曾從文徵明游，師其畫，工雲山，善蘭竹。有《平野集》二卷。無僧傳，參《中國佛教人名大辭典》267頁、《中國古今書畫名人大辭典》123頁，“戒襄”條。

② 文徵仲：文徵明。初名璧，字徵明，以字行，更字爲徵仲，號衡山、衡山居士，文天祥後裔，以歲貢生薦試吏部，授翰林院待詔，人稱“文待詔”。其書名滿當世，有吴門派之稱，詩文書畫四絕，工行、隸、楷、草，擅山水、人物、花卉。參《中國古今書畫名人大辭典》20頁，“文徵明”條。

③ 斐亹：絢麗貌。

④ 海湛：明僧，主常州天寧寺，工繪山水蘭竹，畫法蕭閑簡淡。無僧傳，參《中國佛教人名大辭典》591頁。

⑤ 雄鑑：明僧，號瘦石，居杭之煙霞洞，善畫。參《大藏經補編》第29册《武林梵志》卷三。《武林梵志》有記載：弟子雄鑑，嗜奇博古，善詩畫，號瘦石，今埋骨象鼻峰下。

⑥ 妙琴（？-1581）：明僧，字無絃，華陽人。有僧傳言：妙琴，華陽人，姿貌奇古，內外典籍過目成誦。善詩，工書畫，入楚後以畫牛得名，俗稱牛和尚。返蜀住草堂，有梅萼千株，畫梅入妙，自號梅屋老人。萬曆九年，趺坐道偈終。參《卍續藏》第85册《錦江禪燈》卷二十，《華陽妙琴法師傳》。

⑦ 常瑩：字珂雪，住婁縣超果寺。工詩畫，所畫淡墨乾皴，極有逸致。無僧傳，《續傳燈錄》記載，普寧常瑩禪師爲南嶽臨濟下五世乾明了同禪師法嗣。參《大正藏》第51册《續傳燈錄》卷十一、《中國佛教人名大辭典》642頁。

**釋解如①**

釋解如，學二米②、雲山③。《恬致堂集》

**釋湛一④**

釋湛一，爲汪珂玉⑤畫《摩詰⑥句圖》。《珊瑚網》

**釋寂瀾⑦**

釋寂瀾，爲汪珂玉畫《摩詰句圖》。《珊瑚網》

**釋白漢⑧**

釋白漢，工畫山水。巢鳴盛《甲庚詩存》

---

① 解如：明僧。善山水，學二米、雲山頗佳。無僧傳，參《中國佛教人名大辭典》884 頁。

② 二米：指米芾和米友仁。米芾（1051–1107）字元章，號鹿門居士、襄陽漫士、海岳外史，世稱米南宮。宣和時擢爲書畫學博士，書畫自成一家，精於鑒别，所作山水，其源出董源，天真發露，奇奇怪怪，枯木松石，時出新意。以山水古今相師，少有出塵格，因信筆爲之，多以煙雲掩映。作畫不專用筆，或以筋紙，或以蔗滓，或以蓮房，皆可以爲畫。米友仁（1086–1165），字元暉，小字虎兒，晚自稱懶拙老人，米芾之子，所作山水，點滴煙雲，草草而成，不失真趣。其風氣克肖乃翁，故世稱芾爲大米，友仁曰小米，父子所作戲墨曰米家山水。《宋詩紀事》：友仁，一名尹仁，字元暉，自稱懶拙老人，襄陽人，芾之子。紹興中擢工部侍郎，終敷閣待制。又《畫史會要》亦載：米友仁，元章之子也，小字虎兒，幼年山谷贈詩曰：我有元暉古印章，即刓不忍與諸郎。虎兒筆力能扛鼎，教字元暉繼阿章。遂字元暉。寧和中爲大名尹，天機超逸，不事繩墨，其所作山水，點滴煙雲，草草而不失天真。參《文淵閣》第 816、1485 册，《宋詩紀事》卷四十五、《畫史會要》卷三。

③ 雲山：汪慶，號雲山，善畫仙佛。參《中國古今書畫名人大辭典》159 頁。

④ 湛一：有二位，分别是：(1) 清僧，名清。蜀東永寧王氏。弱冠禮本宗薙髮。至雲峰體宗座下圓具。參就已事，因撞露柱有省，辭峰入滇，住會川迎恩寺。(2) 性澄（1616–1684），清僧，字湛一。堂邑胡氏。少依普照寺了塵落髮。受具嵩乳。從正觀習賢首教，棲止袁浦慈雲庵。後登千華從見月習律。歷主宿遷極樂院、淮陰圓明，後遷還山，於峒峿五花頂建全潮庵。參《中國佛教人名大辭典》450 頁和 837 頁。

⑤ 汪珂玉（1578–?）：字玉水，號樂卿，自號樂閑外史。其父愛荆與項元汴交好，築凝霞閣以貯書、畫，收藏富甲一時。珂玉就其所藏及見聞所及撰《珊瑚網》，崇禎十六年（1643）成書。《浙江通志》文：汪珂玉，明詩綜傳，字玉水，徽州人，僑居嘉興。崇禎中，官山東鹽運使判官，留心著述，輯《珊瑚網》一編。參《文淵閣》第 524 册《浙江通志》卷一九四。

⑥ 摩詰：佛經裏的居士、菩薩名，原名爲 Vimalakīrti，漢譯爲“維摩羅詰”、“毘摩羅詰”，簡稱“維摩”。佛在世時，居毘耶離城，《淨明經》即記載維摩詰居士以“病”説不二之法度衆，故有法身大士之謂。

⑦ 寂瀾：明僧，字法孺，崇禎時人。住嘉興天寧寺，通内外學。工書，精繪事，善畫摩詰詩意。無僧傳，參《中國佛教人名大辭典》680 頁、《中國古今書畫名人大辭典》408 頁。

⑧ 白漢：清僧，字省也，號覺徵，又號梅道人。嘉興人。住西湖南高峰。通佛儒道典及百家書，善畫山水，書法亦佳。無僧傳，參《中國佛教人名大辭典》第 159 頁、《中國古今書畫名人大辭典》820 頁。

**釋願庵**①

釋願庵，畫山水，筆墨高遠。《旅堂集》

**釋墨生**②

釋墨生，畫仿梅沙彌③。《寫山樓稟》

**超上人**④

超上人，劉崧⑤題其所畫《墨菊》云："露香秋色淺深中，青蕊黄花自一叢。最憶南園微雨過，短籬扶杖看西風。"《劉槎翁集》

**龍上人**⑥

龍上人，善畫龍水。《畫史會要》

**端上人**⑦

端上人，善畫山水。《皇明書畫史》

---

① 願庵：即淨伊，字願庵，嘉興丁氏。幼習儒，明末曾任州縣，篤志禪道，遍參耆宿。明末出家，依麥浪懷得法。住杭州六通院。《五燈全書》有《杭州六通願庵浄伊禪師傳》，參《卍續藏》第83册，《五燈全書》一〇九、《中國佛教人名大辭典》399頁。

② 墨生：明僧，畫仿梅沙彌，無僧傳，參《中國佛教人名大辭典》996頁。

③ 梅沙彌：吴鎮（1280-1354），字仲圭，號梅花道人，曾自署梅道人，梅沙彌，自題其墓曰梅花和尚之墓。爲人抗簡孤潔，高自標表。工詞翰，山水宗巨然，墨竹宗文同，與黄、王、倪並稱元四大家。善於用墨，淋漓雄厚，爲元人之冠。兼工墨花卉，亦能寫真。《畫史會要》有文言：吴鎮，字仲圭，號梅花道人，嘉興魏塘鎮人。山水師巨然，其臨摹與合作者絕佳，而往往傳于世者皆不專志，故極率畧，亦能作墨竹、墨花。嘗畫髑髏一幅，題云：身外求身，夢中索夢。不是髑髏，卻是古董。萬里神歸，一點春動。依舊活來，拽開鼻孔。又《梅花道人遺墨》有傳記載：吴鎮，字仲圭，性高介，善山水竹石，每題詩其上，詩人號之三絕，富室求之不得，惟貧士則贈之，使取直焉，自號梅花道人。嘗自題其墓曰：梅花和尚之塔。國朝洪武中卒。參《文淵閣》第816册504頁、《文淵閣》第1215册494頁。

④ 超上人：暫無相關資料。

⑤ 劉崧：字子高，號槎翁，善寫梅、竹。《萬姓統譜》卷六十一有傳記載，劉崧，字子高、泰和，七歲能賦詩，其世父養蒙甚奇之。洪武初，以明經薦授，歷官職方郎，權吏部尚書，尋致仕歸，雅好山水，每登高臨賦詠，自號槎翁。參《文淵閣》第956册，《萬姓統譜》卷六十二。

⑥ 龍上人：明僧，善畫龍水。無僧傳，參《畫史會要》、《中國佛教人名大辭典》1061頁。

⑦ 端上人：明僧，善山水。無僧傳，參《中國佛教人名大辭典》944頁。

**通上人**①

通上人，善畫。釋智舷②贈詩云："我愛通師不住緣，疏疏落落衆人前。一生心事憑誰説，寫向孤峰衹自憐。"《黄葉庵集》

① 通上人：明僧，善畫。無僧傳，參《中國佛教人名大辭典》616頁。

② 智舷：明僧，字葦如，號秋潭、黄葉頭陀。嘉興梅溪周氏。善詩，喜行草書。有《黄葉庵集》。無僧傳，參《中國佛教人名大辭典》756頁、《中國古今書畫名人大辭典》563頁，"智舷"條。

# 明畫錄

清徐沁撰，成書於康熙年間。全書八卷，内容主要參考《畫史會要》而成，是一部明代畫史畫傳，共記載明代畫家八百餘人。本書收入山水名僧十一人、花鳥名僧二人、墨竹名僧二人、墨梅名僧一人、蔬果名僧二人。本書所據底本爲《明代傳記叢刊》第72册《藝林類》本，臺北明文書局1991年出版，臺北“國家圖書館”藏，索書號782. 1608/8555/80/v. 72。

## 【卷五】山水名僧

釋朴中　釋昇　釋普　釋日章　釋碧峰　釋端

釋大澍　釋欽義　釋常瑩　釋炤遠　釋龍

**釋朴中**①

釋朴中，俗姓華，浙人，能詩，畫山水，師戴璡，亦有可觀，兼擅諸體。

**釋昇**②

釋昇，字日南，號照庵，吴縣人，精音律，畫山水宗倪雲林③，澹遠有致，永樂中至南都，忽蓄髮，放浪狎邪。已復薙，歸吴，作畫贈諸大家，資其費。八十餘，手染風疾，後餓死。王錡《寓圃雜記》載之甚詳

**釋普**④

釋普，號大雲，山水學趙吴興⑤，與日南⑥同時。

---

① 朴中：明僧，見前注。

② 昇：參前文《御定佩文齋書畫譜》卷五十八“釋昇日南”注。

③ 倪雲林：參前文《讀畫錄》卷二“雲林”注。

④ 普：參前文《御定佩文齋書畫譜》卷五十八“釋普大雲”注。

⑤ 趙吴興：吴興有二趙，即趙孟堅與趙孟頫，此應指趙孟頫，字子昂，自號松雪道人，工書、畫，尤精人、馬、釋像、山水，竹石。參《中國古今書畫名人大辭典》682頁，“趙孟頫”條。

⑥ 日南：即釋昇。

**釋日章①**

釋日章，號錦峰，成都人，山水宗唐子華②。

**釋碧峰③**

釋碧峰，山水法彭元中④。

**釋端⑤**

釋端，山水宗米襄陽⑥父子。

**釋大澍⑦**

釋大澍，號嬾先，巢縣人，居華亭超果院，能詩，山水師沈充⑧，蒼秀入神。

**釋欽義⑨**

釋欽義，字滿懷，金壇人，居白下，工詩，山水仿倪雲林，疏秀淡遠，落筆便佳，寫梅得逃禪老人⑩意。

**釋常瑩⑪**

釋常瑩，字珂雪，華亭人，畫山水，兼宋、元諸家，俱能合格，筆墨流麗，

---

① 日章：參前文《御定佩文齋書畫譜》卷五十八“釋日章”注。

② 唐子華：參前文《御定佩文齋書畫譜》卷五十八“唐子華”注。

③ 碧峰：參前文《御定佩文齋書畫譜》卷五十八“釋碧峰”注。

④ 彭元中：應爲明道士彭玄中。參前文《御定佩文齋書畫譜》卷五十八“彭玄中”注。

⑤ 端：參前文《御定佩文齋書畫譜》卷五十八“端上人”注。

⑥ 米襄陽：米芾（1051–1107），見前文《御定佩文齋書畫譜》卷五十八“二米”注。

⑦ 大澍：清僧，字時乃，號懶先，江寧倪氏。住嘉善大勝寺，爲扈芷弟子。性好游，擅丹青，能詩，頗有巧思。歿後送葬者上萬，有《瘦烟草》。《檇李詩繫》言：大澍，字時乃，號懶先，南直應天人，嘉善大勝寺僧，扈芑弟子，性好游，擅丹青，有《瘦烟草》。參《文淵閣》第1475册，《檇李詩繫》卷三十三。

⑧ 沈充：暫無相關資料。

⑨ 欽義（？–1627）：明僧，字湛懷，金壇王氏。十歲出家大報恩寺。年二十參謁耆宿，建黄曲社於堯山，久之復歸長干。新安汪仲嘉建一閣與居，遂不復出。禪寂之餘，游戲筆墨。鑑别古器，賢士大夫多喜從游。因以率勸令入佛智。金陵周暉吉甫選其詩三十二首，附憨山、雪浪二老之後，曰《長干三僧詩》。無僧傳，參《中國佛教人名大辭典》776頁。

⑩ 逃禪老人：楊无咎（1097–1169），字補之，號逃禪老人，又號清夷長者，自稱“艸玄後裔”，工詩，善書畫，書學歐陽，筆力蒼勁，以之畫梅，下筆更勝花光。尤宜巨幅，其枝幹蒼老如鐵石，其葩花芳尃如玉雪。嘗游臨江城中，作折枝梅於樂工矮壁，往來士大夫多往觀之。參《中國古今書畫名人大辭典》655頁，“楊无咎”條。

⑪ 常瑩：參前文《御定佩文齋書畫譜》卷五十八“釋常瑩”注。

秀逸之氣逼人。

**釋炤遠**①

釋炤遠，字可一，山陰人，幼爲頭陀庵僧，工詩，喜儒學，畫山水，蒼翠秀澤，仿宋、元人法，曲盡其致。時邑人張葆生②，精於六法③，以畫名，乃從游，遍歷名勝，筆法益進，然自晦斂，不欲以藝見。

**釋龍**

釋龍，善畫龍水。

## 【卷六】花鳥名僧

釋律天如　釋海懷

**釋律天如**④

釋律天如，號片玉，吴縣人，畫三香⑤，師日南，亦能蘭蕙竹石。

**釋海懷**⑥

釋海懷，號太涵，俗姓周，鄞縣人，嗜酒任放，寫牡丹最工，淡墨欹斜，縱筆點染，深淺向背，灼灼欲生。

---

① 炤遠：暫無相關資料。

② 張葆生：明代人，號二酉，善山水，小景極佳。參《中國古今書畫名人大辭典》541頁。

③ 六法：南齊謝赫在《古畫品錄》中言：夫畫品者，蓋衆畫之優劣也。圖繪者，莫不明勸戒，著升沈，千載寂寥，披圖可鑒。雖畫有六法，罕能盡該，而自古及今，各善一節。六法者何？一氣韵生動是也，二骨法用筆是也，三應物象形是也，四隨類賦彩是也，五經營位置是也，六傳移模寫是也。參《文淵閣》第812册《古畫品錄》。

④ 律天如：參前文《御定佩文齋書畫譜》卷五十八“釋律天如”注。

⑤ 三香：指梅花、水仙、蘭花，古詩中稱爲羅浮、洛浦、瀟湘。

⑥ 海懷：明僧，號太涵，鄞縣周氏，嗜酒，畫牡丹最工，淡墨欹斜，縱筆點染，深淺向背，灼灼欲生。無僧傳，參《中國佛教人名大辭典》593頁。

## 【卷七】墨竹名僧

釋廣禮　釋如曉

**釋廣禮**①

釋廣禮，號大鏡，金陵大報恩寺僧，寫墨竹，得陳芹②之法，無俗氣。

**釋如曉**③

釋如曉，號萍踪，蕭山人，工詩，居天目山，自署爲天目寓僧，寫墨竹，連筆有法。

## 【卷七】墨梅名僧

釋雪心

**釋雪心**④

釋雪心，善畫墨梅。

## 【卷七】蔬果名僧

釋可浩　釋曉庵

**釋可浩**⑤

釋可浩，號月泉，住持靈谷寺，葡萄一派，直逼日觀，枝葉俱有生氣，豐

---

① 廣禮：參前文《御定佩文齋書畫譜》卷五十八“釋廣禮”注。

② 陳芹：參前文《御定佩文齋書畫譜》卷五十八“陳子野”注。

③ 如曉：明僧，字萍踪，蕭山人。幼不知書，年二十餘入臨安山，獨棲古廟十餘年。一夕深山月朗，見竹影在山，豁然有省。折桂畫爐灰成字體，遂通經書繪畫。崇禎間，結茅錢塘烏石峰側，名曰巖艇。有《萍踪道人巖艇草》。又《六藝之一錄》：釋如曉，字萍踪，蕭山人，失其姓，幼不知書，年二十餘以罪逃臨安山中，獨棲古廟十餘年。深山見竹影在地，豁然有省，折桂畫罏灰，遂善書，崇禎間結茅烏石峰側，曰巖艇。參《文淵閣》第837册《六藝之一錄》卷三七三、《中國佛教人名大辭典》262頁。

④ 雪心：參前文《御定佩文齋書畫譜》卷五十八“釋雪心”注。

⑤ 可浩：參前文《御定佩文齋書畫譜》卷五十八“釋可浩”注。

坊①嘗爲詩美之。

**釋曉庵**②

釋曉庵，吴人，工寫水墨葡萄。

① 豐坊：浙江鄞縣人，字人叔、存禮，後改道生，字人翁，别號南禺外史，嘉靖年間進士。善草書，工篆，善畫山水，自成一家，有《萬卷樓遺籍》。參《中國古今書畫名人大辭典》801頁。

② 曉庵：參前文《御定佩文齋書畫譜》卷五十八“釋曉庵”注。

# 國朝畫徵錄

清張庚撰，成書於康熙六十一年至雍正十三年。原書三卷，收錄清代畫家四百餘人，是清代畫家傳記資料的彙編。本書收入其卷下清畫僧十四人。本書所據底本爲光緒十三年（1887）上海掃葉山房刊本，臺北“國家圖書館”善本室藏，索書號 205. 1741/0306/1736。

## 【卷下】



**釋弘瑜①**

弘瑜，號月章。善山水，學大癡②法，兼長仙佛，法書真草俱佳。前明中書舍人③，姓王氏，名作霖，會稽人。

**釋弘仁④**

弘仁，字漸江，休寧人。本姓江，名韜，字六奇，前明諸生⑤，甲申後爲

① 弘瑜：又作宏瑜，《國朝畫徵錄》卷下作“弘瑜”，《國朝畫識》卷十四、《國朝畫家筆錄》卷一作“宏瑜”。會稽王氏。俗姓王，名作霖，崇禎時仕至中書。明亡，禮雪嶠圓信落髮，住嘉祥寺。尋游西南，至晚遂歸，謝絶世事。繪山水佛像，兼工篆刻。無僧傳，參《中國佛教人名大辭典》182 頁、《中國古今書畫名人大辭典》75 頁。

② 大癡：黄公望（1269-1354），本姓陸，名堅，字子久，號一峰，又號大癡道人，晚號井西道人。工書法，通音律，能作散曲。晚隱於富春，畫入逸品，與吴鎮、王蒙、倪瓚稱元季四大家。常在虞山、三泖、富春等地領略自然勝境，隨筆摹寫，自成一家。山水師董源、巨然。畫格有二，一作淺絳色者，山頭多礬石，筆勢雄偉；一種作水墨者，皴文極少，以草籀其字之法入畫，筆意尤爲簡遠。參《中國古今書畫名人大辭典》598 頁，“黄公望”條。

③ 中書舍人：原爲隋唐之際中書省之屬官，明清廢中書省，於内閣設置中書舍人，職掌撰擬、繕寫之事。

④ 弘仁：清僧，字漸江，號梅花古衲。參《讀畫錄》卷二“漸江”注。

⑤ 諸生：明清二代稱已入學之生員。

僧，嘗居齊雲，工詩文。山水師倪雲林，新安畫家多宗清閟法者①，蓋漸師導先路也。没後，友人於其墓種梅數百本，因稱梅花古衲云。余②嘗見漸師手迹，層崖陡壑，偉峻沉厚，非若世之疏竹枯株，自謂高士者比也。

**釋覺徵**③

覺徵，字省也，號白漢，又號眉道人，嘉興人，住杭州西湖之南高峰。善山水，筆意秀整，庚④曾祖荆石先生⑤《松泉獨坐小照卷》師所補圖，森蔚之致，足以移情⑥。題曰："以此松壑情，依彼巖壑坐。悠然見素心，靜對松溪悟。"書法亦佳，照爲虞昌⑦寫，精湛自有生氣。昌，字大生，不知何許人也。

**釋戒文**⑧

戒文，字解三，華亭人，客游於都。善山水，仿元人筆法，風味清逸。其款托名姜容⑨，莫測其意，豈名曰戒聞而懼令聞之彰歟？詩文亦佳。

**釋自扃**⑩

自扃，字道開，結廬於吴之山塘，能詩善畫。其寫山水，宗元人法，一丘一壑，多意外趣。

---

① 清閟：指"清閟閣"，爲倪瓚所創。此處"清閟法者"指倪瓚所創之畫派爲人所宗。

② 余：《國朝畫徵錄》作者張庚。

③ 釋覺徵：參前文《御定佩文齋書畫譜》卷五十八"白漢"注。

④ 庚：張庚（1685-1760），字浦山，號瓜田逸史、彌伽居士，浙江嘉興人，擅山水。參《中國古今書畫名人錄》521頁。

⑤ 荆石先生：王錫爵（1534-1610），字元馭，號荆石，嘉靖年間進士，累官至禮部尚書兼文淵閣大學士。謚文肅，卒年七十七。深於書，尤深於唐碑，小楷清整秀勁，大者骨重脈和。參《中國古今書畫名人大辭典》67頁。

⑥ 移情：指審美活動中的一種感情移入現象。

⑦ 虞昌：字大生，目前暫無相關資料。

⑧ 戒文：即戒聞，《國朝畫徵錄》卷下作"戒文"，《國朝畫識》卷十四作戒聞。字解三，上海人，工山水，無僧傳，參《中國古今書畫名人大辭典》123頁，"戒聞"條。

⑨ 姜容：暫無相關資料，《國朝畫錄》作"姜睿"。

⑩ 自扃（1601-1652）：清僧，字道開，吴門周氏。出家虎丘，通詩書，詩如石田，畫宗巨然，師事蒼雪、徹汰、如河。通賢首、慈恩教義，每講《圓覺》、《涅槃》、《楞伽》妙義雲委。順治九年自攜李歸虎丘，與蒼雪訣别，説偈而寂。有《虎邱雲巖寺沙門釋自扃傳》，參《大藏經補編》第27册《新續高僧傳四集》卷六十二、《中國佛教人名大辭典》217頁。

**釋目存**①

目存，不知何許人，號尋濬，工山水花鳥，長於摹仿，其仿唐子畏②尤妙，蓋其所得力也。

**釋巨來**③

巨來，江寧人，善山水。曹通政寅④，鑑賞家也，極稱其能。

**釋靈壁**⑤

靈壁，號竹憨，吴江人。善山水、蘭竹、花草、果品，多墨筆，自率胸臆，脱略恣肆，逸品之亞也。兼長草書。

**釋髡殘**

髡殘，號石谿，又號白禿，又自稱殘道者，武陵人。少時自剪其髮，投龍三三家庵，旋游諸名山參悟，後來金陵，受衣缽於浪丈人，住牛首。工山水，奥境奇闢，緬邈幽深，引人入勝。筆墨高古，設色清湛，誠元人勝概也。此種筆法，不見於世久矣，蓋從蒲團上得來，所以不猶人也。

---

① 目存：指上睿，《國朝畫徵續録》卷下、《國朝畫識》卷十四、《歐缽羅室書畫過目考》附卷、《國朝畫家筆録》卷一、《清畫家詩史》壬下皆稱之爲上睿、溽濬，號目存、蒲室子、童心行者。吴縣人。出家瑞光寺，居東禪寺。事母孝，淡於世事。工筆墨山水，得王翬指授。有六如筆意。花鳥得法惲南田，又善人物，尤精佛像，稱傑宗門。詩清秀，與惠士奇、張大受結詩社。無僧傳，參《中國佛教人名大辭典》37頁、《中國古今書畫名人大辭典》8頁。

② 唐子畏：唐寅（1470-1523），字伯虎，一字子畏，號六如居士、桃花庵主、逃禪仙吏，江蘇蘇州人。弘治年間，舉應天解元，後應進士試，因科場案被革黜。性疏朗，任逸不羈，曾鐫其章曰“江南第一才子”。晚好佛，治圃舍於桃花塢，曰桃花盦，日飲其中。其學務窮造化，於應世文字詩歌，不甚措意。奇趣時發，或寄於畫。畫法沉鬱，風骨奇峭，刊落庸瑣，務求濃厚。參《中國古今書畫名人大辭典》359頁，“唐寅”條。

③ 巨來：清僧，江寧人，工山水。無僧傳，參《中國佛教人名大辭典》82頁、《中國古今書畫名人大辭典》74頁。

④ 曹通政寅：指曹寅，字子清，號楝亭，工詩詞，晚年著有《楝亭詩鈔》。參《中國古今書畫名人大辭典》440頁，“曹寅”條。

⑤ 靈壁：又作林壁，《國朝畫徵録》卷下、《國朝畫識》卷十四、《國朝畫家筆録》卷一皆作“靈壁”，《清畫家詩史》壬下作“林壁”。清僧，號竹憨，吴江人。得法於丈雪通醉。主徑山、開元、慶隆等剎。善草書，繪畫亦佳，無僧傳，參《中國佛教人名大辭典》1155頁。

**釋半山**①

半山，寧國人，俗姓徐，好游覽，善山水，宣池之間，多奉爲模楷。

**釋一智**②

一智，號石峰，休寧人，山水用筆亦疏爽可喜。

**釋覆千**③

覆千，平湖人，善山水，游京師，見知於聖祖，（聖祖）詔師王原祁④，遂爲司農⑤代筆。後居萬壽寺，御書“棲心樹”三字賜之。

**釋性潔**⑥

性潔，字冰壺，秀水人。善人物寫真，爲鮑嘉⑦入室弟子。好學嗜古，臨摹舊迹不倦，山水非所長，而鑑賞獨精。嘗曰：“吾鄉山水，鮮能脱浙習者，近復爲王巘⑧之邪説所誤，非真有志有識者，不能振也。”每見石谷⑨畫，輒命同學臨

---

① 半山：即“在柯”。在柯，清僧，號半山，安徽宣城徐氏。俗名惇，號秩五。淹貫百家，游四川，入昭覺寺爲僧。行腳山水，苦行勞務。善畫，氣韵清雅，富寓禪意，寂後聲名大噪。無僧傳，參《中國佛教人名大辭典》第 174 頁“半山”條及第 191 頁“在柯”條。

② 一智：清僧，字廩峰，亦作石峰，號黄海雲航護遷客。休寧人。通佛儒各家之説，工畫山水，用筆疏爽，爲世推重。無僧傳，參《中國佛教人名大辭典》4 頁。

③ 覆千：指僧心樹，字覆千，號拓湖，平湖人。善山水，得王原祁畫法。後居萬壽寺，御書“棲心樹”三字賜之。無僧傳，參《中國佛教人名大辭典》117 頁。

④ 王原祁（1642－1715）：字茂京，號麓臺，一號石師道人，江蘇太倉人。王時敏孫。康熙九年（1670）進士，官至户部侍郎，人稱王司農。登第後，專心於畫，山水繼承祖法，而於黄公望之淺絳尤爲獨絶。熟不甜，生不澀，淡而厚，實而清，書卷之氣盎然楮墨外。王原祈與王時敏、王鑑、王翬並稱四王，原師承董其昌和王時敏之學，並備受清統治者之推崇，肆力山水，領袖群倫，並形成婁東畫派。參《中國古今書畫名人大辭典》47 頁。

⑤ 司農：户部尚書之别稱。此處言畫僧覆千後來在京居“棲心樹”，並爲王原祁代筆。

⑥ 性潔：清僧，字冰壺，秀水人。住邑之天寧寺。學貫群經，通明世典，善畫佛像人物及山水。無僧傳，參《耕硯齋筆記》、《中國佛教人名大辭典》450 頁、《中國古今書畫名人大辭典》38 頁。

⑦ 鮑嘉：字公受，浙江嘉善人，繕寫照，師承曾鯨、沈韶，能傳人性情意態，著《傳神秘旨》。參《中國古今書畫名人大辭典》763 頁。

⑧ 王巘：字補雲，江蘇吴江人，生卒年不詳，清乾隆間畫家。參《中國古今書畫名人大辭典》73 頁。

⑨ 石谷：爲王翬之字。王翬（1632－1717），字石谷，號耕烟散人、清暉老人、烏目山人、劍門樵客。得太倉王鑑與王時敏親授，遂爲一代作家，清聖祖賜書“山水清暉”，因以自號。畫有南北二宗，翬能冶一爐，以南宗筆墨寫北宗丘壑。爲清代山水之“虞山畫派”。參《中國古今書畫名人大辭典》64 頁。

之。薛宣①來禾，悉遣諸畫弟子從其學。年五十餘，歿天寧寺之寶蓮房，畫弟子巢敬②經紀其喪。敬，字林可，嘉興人。寫真得其傳，山水師薛宣。冰壺③嘗自寫一小照，趺坐於蒲團旁，畫一鬼撫掌揶揄，處士聖宜山④，名遠，題曰："世上萬緣皆是幻，阿師獨要寫其真。寫來真亦同於幻，不覺空中鬼笑人。"

---

① 薛宣：字辰令，一字宸令，號竹田、竹田農、竹田山子，寫山水平遠蒼鬱，宗法王鑑，用筆厚重有氣。參《中國古今書畫名人大辭典》784頁。

② 巢敬：清僧，浙江嘉興人，字林可，山水師薛宣，寫真得僧性潔之傳。無僧傳，參《中國古今書畫名人大辭典》407頁。

③ 冰壺：清僧性潔，字冰壺，秀水人。

④ 聖宜山：盛遠（1630–1710），字子久，一字鶴江，號宜山。布衣。工詩、善書、畫，時稱三絕，有《瓣香庵詩鈔》。

# 國朝畫徵續録

清張庚撰。《國朝畫徵録》成書於康熙六十一年至雍正十三年，後有《國朝畫徵續録》二卷。本書收入其卷下畫僧九人。本書所據底本爲光緒十三年(1887)上海掃葉山房刊本，臺北"國家圖書館"善本室藏，索書號205. 1741/0306/1736。

## 【卷下】

釋道濟　釋普荷　釋輪庵　釋于宋　釋成衡

釋上睿　釋梵林　釋明中　釋名一

**釋道濟**①

道濟，字石濤，號清湘老人，一云清湘陳人，一云清湘遺人，又號大滌子，又自號苦瓜和尚，又號瞎尊者，前明楚藩後也。畫兼善山水、蘭竹，筆意縱恣，脱盡窠臼，晚游江淮，人爭重之，一時來學者甚衆。今遺迹維揚尤多，小品絶佳，其大幅惜氣脈未能一貫。

**釋普荷**②

普荷，一作通荷，號擔當，雲南晉寧州人，唐氏子，名泰，字大來，年十

---

① 道濟：清僧，字石濤，號清湘老人，一云清湘陳人，一云清湘遺人，又號大滌子、苦瓜和尚、瞎尊者。梧州人。明室後裔。與八大山人同時。精隸書，善山水、蘭竹，筆意縱恣，大江以南推爲第一。居揚州，鄭板橋謂其畫法蓋有萬種，無不精妙。有《畫語録》。《五燈全書》有金陵一枝石濤濟禪師公案傳世，參《卍續藏》第82册，《五燈全書》卷九十四、《中國佛教人名大辭典》833頁、《中國古今書畫名人大辭典》86頁，"石濤"條。

② 普荷：指通荷，畫傳《國朝畫徵續録》《國朝畫識》《國朝書畫家筆録》《清畫家詩史》皆作"普荷"，《續高僧傳四集》作"通荷"。即釋擔當，本寧州唐氏，名泰，字大來。天啟諸生，明經入對。明亡後出家。從無住受戒。遙嗣法湛然，改通字派。往來雞足、點蒼、水目、寶臺間，隨地吟賞，發諸禪悦。工畫。畫法雲林，亦爲米家雲山。寂後塔於蒼山佛頂峰，天台馮甦爲撰塔銘。有《修園集》《橛庵草》《拈花頌百韵》《擔當遺詩》。有《雲南水目山寶華寺沙門釋通荷傳》，參《大藏經補編》第28册《新續高僧傳四集》卷二十三、《中國佛教人名大辭典》613頁。

三，補弟子員①，天啟中，以明經入對大廷。曾執贄②於董思白③之門，過會稽，參雲門湛然禪師④，回滇未幾，聞中原亂，遂薙髮，從無住禪師受戒律，結茅雞足山。工詩，有《脩園集》，儒生時作。《橛庵草》，則出世後詩也。善畫，取法於雲林，其自題云："大半秋冬識我心，清霜幾點是寒林。荆關⑤代降無踪影，幸有倪⑥存空谷音。"又云："老衲筆尖無墨水，要從白處想鴻濛。"可以得其意矣。

**釋輪庵⑦**

輪庵，法名超揆，俗姓文氏，名果中，中翰震亨⑧子，文肅公⑨侄。父歿家落，走京師，佐總戎桑格定滇逆，得官不仕，旋薙髮。善詩文筆札，工書畫。山水多寫生平游歷之名山異境，故獨開生面，不落時蹊。聖祖南巡迎駕，召入京，恩賚優渥，年七十餘示寂，賜塔玉泉山，予謚文覺禪師，異數也。

---

① 補弟子員：明清對縣學生員之謂。

② 執贄：持禮拜謁師長。

③ 董思白：董其昌（1555-1636），字玄宰，號香光、思翁、香光居士、思白。萬曆年間進士，官至禮部尚書，謚文敏。少好書畫，臨摹真迹，至忘寢食。行楷之妙，跨絶一代。畫山水少學黄公望，中復去而宗董源、巨然，復集宋、元諸家之長，行以己意。氣韵秀潤，精於用墨，瀟灑生動。參《中國古今書畫名人大辭典》635頁，"董其昌"條。

④ 雲門湛然禪師：指圓澄禪師，字湛然，别號散水道人。年三十謁妙峰薙髮，於雲棲處得戒，於大覺方念處得法。圓澄初於紹興開顯聖道場，後移廣孝、杭州徑山、嘉禾東塔。有僧傳、公案、語録傳世。參《卍續藏》第81册《五燈嚴統》卷二十五、《五燈全書》卷六十二《青原下三十五世大覺念禪師法嗣紹興府雲門顯圣寺湛然圓澄禪師傳》。

⑤ 荆關：指五代畫家荆浩、關仝，以擅畫山水爲名，故並稱荆關。參《中國古今書畫名人大辭典》74頁，"巨然"條。

⑥ 倪：指倪瓚。

⑦ 輪庵：指超揆，《國朝畫識》卷十四作"超揆"，長洲文氏。善山水，工詩。《五燈全書》卷八十六有僧傳、公案。康熙十七年住紹興大能仁。雍正間召入京，敕住古華嚴寺。年七十餘寂，謚文覺禪師。參《卍續藏》第83、86册，《五燈全書》卷八十六、《宗統編年》卷三十二。

⑧ 文震亨：字啟美，常州人，天啟年間爲貢恩，崇禎初年爲中書舍人，給事武英殿，書、畫有家風，山水韵格兼勝。明亡，絶粒死，年六十一，謚節愍。參《中國古今書畫名人大辭典》70頁。

⑨ 文肅公：王錫爵（1534-1611），字元馭，號荆石，嘉靖年間進士，官至禮部尚書兼文淵閣大學士，謚文肅。參《中國古今書畫名人大辭典》67頁，"王錫爵"條。

**釋于宋**①

于宋，文肅公家曾孫。于宋，名本光。生即茹齋，五歲搦管作大士像，年二十，皈依靈巖繼起和尚。後游京師，卓錫磐山禪院，前後起建精舍數十楹。善畫山水，守家法，設色淡雋，兼工寫真。年八十餘，歸葬其父母，卒於竺塢山堂，即文肅公故廬也。

**釋成衡**②

成衡，善山水，康熙間嘗供事内廷，聖祖賜大臣書扇，後面多衡畫，款題“臣僧成衡謹寫”，筆意古雅，蓋取法於王少司農③。

**釋上睿**④

上睿，字目存，號蒲室子。工山水，布置深穩，氣暈沖和。嘗與王石谷同游都門，蓋得其授者，自是能品。詩亦工秀。宗門中，工筆墨者，目存其傑矣。

**釋梵林**⑤

梵林，山水有南宗二家卷，一雲林，一梅花道人⑥，爲時所稱。好雲游，常在禾中⑦，余⑧嘗求其遺迹，不概見也。

**釋明中**⑨

明中，字大恒，號烎虛，俗姓施，桐鄉人。幼薙度於禾中楞嚴寺。雍正間游

---

① 釋于宋：指本光，《國朝畫徵續錄》卷下作“釋于宋”，《國朝畫識》卷十四作“本光”，無僧傳，浙江嘉興金粟山廣慧寺有本光請上堂公案數則，參《嘉興藏》第25册《密雲禪師語録》卷十二、《乾隆藏》第154册《密雲禪師語録》卷九。

② 成衡：清僧，號湘南，嘉興錢氏。初住邑之香海寺，戒行精嚴，兼工書畫。後主天津海波寺。康熙六十年，御賜香海寺額並紫衣、萬壽爐、《心經》等。後歸香海寺寂。無僧傳，明州《阿育王山續志》有成衡禮舍利塔詩偈一首。參《中國佛寺史志彙刊》第12册《明州阿育王山續志》卷十五、《中國佛教人名大辭典》196頁。

③ 王少司農：參前文《國朝畫徵録》卷下“王原祁”注。

④ 上睿：參前文《國朝畫徵録》卷下“目存”注。

⑤ 梵林：清僧，字宏修，山陰人。主雲門寺。工詩善畫，山水宗雲林、仲圭，爲時所稱。無僧傳，參《中國佛教人名大辭典》629頁、《中國古今書畫名人大辭典》408頁。

⑥ 梅花道人：參前文《御定佩文齋書畫譜》卷五十八“梅沙彌”注。

⑦ 禾：浙江嘉興舊稱“禾”。

⑧ 余：《國朝畫徵録》作者張庚。

⑨ 明中（1711–1768）：清僧，字大恒，號烎虛，世稱中禪師。桐鄉施氏。七歲祝髮，依秀水楞嚴寺含明和尚習儒釋諸書。乾隆四年，得法於無礙永覺。嘗侍世宗講禪學。六年主西湖聖因寺，移山陰乾峰，歸天竺，二十二年主淨慈，有《烎虛詩鈔》及《語録》。有錢塘淨慈寺沙門釋明中僧傳，參《大藏經補編》第27册，《新續高僧轉》卷十、《中國佛教人名大辭典》359頁。

京師，得法于無礙永覺禪師①，歸住杭州聖因寺，兼攝天竺講習。乾隆丁丑春，移主南屏淨慈，今上南巡，蒙賜紫衣。性好畫，嘗謂："結習未能除。"山水得元人法，信手運綴，氣味清遠，兼善寫生，人不能求也。善詩，與舒明府雲亭②最契合，倡和尤多。

**釋名一③**

名一，白蓮住持僧名一，號雪樵，嘗學其詩畫云。

① 永覺禪師：明代人，曹洞宗祖，有《永覺和尚洞上古轍語錄》，收錄於《卍續藏》第125册。

② 舒明府雲亭：明府，縣令官名；舒瞻，字雲亭，乾隆年間進士，平湖知縣，有《蘭藻堂集》。

③ 名一：清僧，字雪樵，一字敦牧，號田衣，海鹽印氏。薙髮於新豐鎮南院，主嘉興朱明寺、白蓮寺。能詩，兼工書畫，聞名一方，有《田一詩鈔》，又輯《禪林詩品》。參《晚晴簃詩匯》一九六、《中國佛教人名大辭典》242頁。

# 畫友錄

清黄鉞撰，成書年代不詳。本書收入清畫僧二人。本書所據底本爲民國十七年（1928）上海神州國光社排印綫裝善本，臺北"國家圖書館"善本室藏，索書號 205. 1741/6369/23424-0043。

## 畫友錄

釋天曉　釋碧澄

**釋天曉**①

釋天曉，興國庵首座。能詩畫梅。

**釋碧澄**②

碧澄，號荻舟，吉祥寺僧，山水學漸江③。

---

① 天曉：清僧，安徽蕪湖人，興國寺首座。能詩，善畫墨梅。無僧傳，參《中國佛教人名大辭典》61 頁。

② 碧澄：暫無相關資料。

③ 漸江：參前文《讀畫錄》卷二"釋漸江"注。

# 履園畫學

清錢泳撰，成書年代不詳。本書收入畫僧三人。本書所據底本爲民國十七年（1928）上海神州國光社排印綫裝善本，臺北“國家圖書館”善本室藏，索書號307. 28 6369/23424-0012。

## 履園畫學

釋主雲　釋鐵舟　釋懶庵

**釋主雲**①

僧主雲，吴興人，爲西湖淨慈方丈。工山水，能書，俱宗華亭尚書，今之巨然②也。余③每至湖上，主雲必攀留坐談，終日不倦，年七十餘，尚能作書畫。

**釋鐵舟**④

僧鐵舟，湖北武昌人。工蘭竹，能詩，天姿清妙，有名江淮間。畫當勝于鄭

---

① 主雲：指際祥，《墨香居畫識》卷五稱“祥”，《墨林今話》卷五和《清畫家詩史》壬下稱“際祥”，字主雲，仁和人。持戒行，熟内典，書畫名著一時。住錢塘淨慈寺。所至梵宇，次第復興。無僧傳，參《中國佛教人名大辭典》167 頁、905 頁。

② 巨然：宋開元寺僧，工山水，師法董源，皆臻妙理，南方山水畫派宗祖，與董源並稱。參《中國古今書畫名人大辭典》74 頁。

③ 余：即“錢泳”。初名鶴，字立群、臺山、梅溪，號梅花溪居士，工篆隸，擅山水、花卉。參《中國古今書畫名人大辭典》774 頁。

④ 鐵舟：清僧，江夏人，能鼓琴，工書畫，兼精醫術。居上海太平寺。得潤筆貲，贈寒素弗惜。著有《傷科闡微》，未刊而卒。無僧傳，參《中國佛教人名大辭典》1136 頁。

板橋①，亦貫休②、齊己③一流人也。歿葬虎邱後山，余④爲題其墓。

**釋懶庵⑤**

僧懶庵，俗姓沈，長洲人，爲畫禪寺方丈。工山水，能詩。今退院，住善慶庵，築精舍數間，種竹澆花，有蕭然自得之致。

---

① 鄭板橋：鄭燮（1693-1766），乾隆元年進士，工詩詞，善書、畫，畫擅花卉、木石，尤長蘭竹。蘭葉之妙，以焦墨揮毫，皆草書之中堅，長撇運之，多不亂，少不疏，脱盡時習，秀勁絶倫。書亦有别致，隸、楷參半，自稱六分半書。參《中國古今書畫名人大辭典》730 頁，“鄭燮”條。

② 貫休（832-912）：五代僧，俗姓姜，名休，字德隱，一字德遠，工篆隸，天復年間入蜀，先主王建賜紫衣，號禪月大師。詩名高節，兼善草書，謂之姜體，時人比諸懷素；善畫道釋，師閻立本。未詳法嗣，有詩偈傳世，參丁福保《佛學大辭典》“貫休”條。

③ 齊己：唐僧，自號衡嶽沙門，初捨俗入大溈山，晚歲作荆州僧。以詩書並稱，留心書翰，筆迹灑落。參《中國古今書畫名人大辭典》667 頁。

④ 余：即“錢泳”。

⑤ 懶庵：指“明澈”，《履園畫學》作“懶庵”，《墨林今話》卷十三和《清畫家詩史》壬下作“明澈”，號懶庵、觀性，又號一石庵主，蘇州沈氏。年二十於郡之南禪寺削髮，住獅子林，退隱善慶庵，潛心宗乘，復工詩畫。無僧傳，參《中國佛教人名大辭典》371 頁、1136 頁。《中國古今書畫名人大辭典》244 頁，“明澈”條。

# 墨梅人名錄

清童翼駒撰，成書於乾隆年間。全書以《圖繪寶鑑》和《畫史會要》爲底本，收錄歷代畫梅名家一百餘人。本書收入明代畫梅名僧三人。本書所據底本爲《百部叢書集成》第55册《得月簃叢書》本，臺北“國家圖書館”善本室藏，索書號083. 2 8467 v. 55：5。

## 墨梅人名錄

釋雪心　釋玉庭　釋妙琴

**釋雪心**①

釋雪心，明，善畫墨梅。見《畫史會要》

**釋玉庭**②

釋玉庭，明，松江人，居超果寺，善墨梅。見錢福《鶴灘集》

**釋妙琴**③

釋妙琴，明，字無絃，華陽人，善詩，工書畫。自稱梅屋老人，畫梅入妙品，又以畫牛得名，人稱牛和尚。見郭棐④《四川總集》

---

① 雪心：參前文《御定佩文齋書畫譜》卷五十八“釋雪心”注。

② 玉庭：參前文《御定佩文齋書畫譜》卷五十八“釋玉庭”注。

③ 妙琴：參前文《御定佩文齋書畫譜》卷五十八“釋妙琴”注。

④ 郭棐：字篤周，明嘉靖年間進士，授禮部主事，有《粵大記》《嶺海名記》《四川通志》。

# 明清畫僧集粹（下）

## 國朝畫識

清馮金伯撰。成書年代不詳。全書十七卷，收錄清初至乾隆末年九百餘名畫家傳記。本書收入卷十四《方外》明清畫僧六十九人。本書所據底本爲民國十三年（1924）上海中華書局聚珍仿宋排印本，臺北“國家圖書館”善本室藏，索書號 307. 2 0325/23380。

### 【卷十四】方外

普荷　自修　宏瑜　詮修　髡殘　宏仁　無可　超揆
止嵓　道濟　藥地　通證　照初　覺徹　半山　宗泰
楚琛　深度　雪箇　智得　止中　宗渭　芘水　上睿
覆千　成衡　達真　超瀚　懶雲　本光　自扃　焉文
兆先　居易　照遠　戒聞　淨憲　白丁　目存　梵林
未然　七處　掃葉　參石　雪笠　山語　巨來　靈壁
圓顯　掩麓　永徹附聽竹　珂輪　鑒微　大振　普澤
一智　元逸　實如　實栴　大嵓　通徹　大涵　性潔
心一　元宏　實源　明中　名一

**普荷**①

普荷，一作通荷，號擔當，雲南普寧州人，唐氏子，名泰，字大來。年十三，補弟子員，天啟中，以明經入對大廷，曾執贄於董思白之門。過會稽，參雲門湛然禪師，回滇未幾，聞中原亂，遂薙髮從無住禪師，受戒律，結茅雞足山。工詩，有《修園集》，儒生時作。《橛庵草》，則出世後詩也。善書，取法於雲林，其自題云："大半秋冬識吾心，清霜幾點是寒林。荆關代降無踪影，幸有倪存空谷音。"又云："老衲筆尖無墨水，要從白處想鴻濛。"可以得其意矣。《畫徵錄》

**自修**②

自修，江寧孫公無修，名自修，以甲子鄉薦授陽江令，有慈惠聲，遷貳大同，感時亂，忽遣兩愛姬，棄家薙髮，爲罽麟和尚弟子。游迹浙中，自號曰"與然"。巖棲谷汲，縛茅於人迹罕至地，顏曰"懸溪庵"。浙人多稱之曰"懸溪和尚"。云"肩薪負重以自給"。其子，間關往省，敕斷家事，惟以學道讀書相勉而已。甲午示寂。庵中，公素精繪事，出世後，尚時時點染數峰以自適，予③見其所作《寒梅册子》寄胡君，念約者，楚楚有致。黄山漸江上人④繪事爲世所重，然聞上人一水一石，皆脱胎於公云。《賴古堂集》

**宏瑜**⑤

宏瑜，號月章，善山水，學大癡⑥法，兼長仙佛，書真草俱佳，前明中書舍人，姓王氏，名作霖，會稽人。《畫徵錄》

月章，爲明季中書後，有出世之思，皈依雪嶠和尚，畫仿子久，善仙佛諸像。《圖繪寶鑑續纂》

---

① 普荷：參前文《國朝畫徵續錄》卷下"普荷"注。

② 自修：清僧，名無修，號興然。江寧孫氏。明天啟四年，受陽江令，有惠聲。弘光中，入史可法幕。後薙髮爲僧，住浙懸溪庵，人稱懸溪和尚。工畫山水臘梅。參《中國佛教人名大辭典》216頁。

③ 予：《賴古堂集》作者周亮工。

④ 黄山漸江上人：即"宏仁"或"弘仁"，參前文《讀畫錄》卷二"漸江"注。

⑤ 宏瑜：參前文《國朝畫徵錄》卷下"弘瑜"注。

⑥ 大癡：參前文《國朝畫徵錄》卷下"大癡"注。

**詮修**①

詮修，字二勝，自號蒙泉道人。本姓李，名子柴，爲諸生，能詩，工八分，善畫人物、花鳥，居邑之平樂浦，樹園木，蒔藥草，畜禽魚，以自娛。奉母至孝。乙酉城破，去髮鬚爲僧，始叩剖石壁，後入牧雲門②之室，爲嗣法弟子。喜居深山，初入武康萬山中，繼聞武夷九鯉之勝，挾一徒以行，有處士③黄鈍者，敬而禮之，請主雲門寺，又被靈巖於鳳山，錙素雲集，指以萬計。然務下人有所興作，則負畚鍤與賤役同工，當機説法，風回電轉，不可嚮邇。乙巳九月示微疾化去，所著詩文名《樹下草》。《崑新合志》

**髡殘**④

髡殘，石谿和尚，名髡殘，一字介丘，楚之武陵人，幼而失恃，便思出家。一日，其弟爲置氈巾禦寒，公取戴於首，覽鏡數四，忽舉翦碎之，并翦其髮，出門竟去，投龍山三家庵中，旋歷諸方，參訪得悟。後來金陵，受衣鉢於浪杖人⑤，杖人深器之，以爲其慧解處，莫能及也。公品行、筆墨俱高出人一頭地，所與交者，遺逸數輩而已。繪事高明，然不輕爲人作。予⑥從瑤星張子與⑦交，因乞作册子數幅，公欣然命筆，自題云："殘山剩水是吾道人家些子活計，今被櫟園老子奪角爭先，老僧衹得分爐頭半箇芋子，且道那半箇，聻⑧他日獨覿面，

---

① 詮修：清僧，字二勝，自號蒙泉道人。本姓李，爲崑山諸生。能詩，工書善畫。順治二年，城破爲僧。始叩剖石弘壁，後嗣法牧雲通門。喜居深山，有處士黄鈍者請主雲門寺，又説法於蒲之靈巖鳳山，錙素雲集，著有《樹下草》，同里葛芝作《蒙泉子傳》。無僧傳，參《中國佛教人名大辭典》885 頁、《中國古今書畫名人大辭典》618 頁。

② 牧雲門禪師（1599~1671）：即通門禪師，字牧雲，號卧庵，一號㮇叟，世稱牧雲通門禪師。天童圓悟禪師嗣法，南嶽下三十四世，臨濟宗。江蘇常熟人，俗姓張，博通外學，善詩書。二十歲禮謁虞山興福寺法乘洞聞禪師出家，後參謁密雲圓悟，於寧波府天童禪寺得法契悟。明崇禎十三年（1641）出世嘉興府古南寺，咸稱古南和尚。順治九年（1653），繼席天童寺，順治十一年（1654）謝事天童，隱遁鶴林，居無定所，康熙十年（1671）示寂石湖靜室。著有《牧雲和尚語錄》二十卷、《牧雲和尚七會餘錄》六卷、《嬾齋别集》十四卷。參林孟蓉《明清禪宗"牧牛詩祖"之研究》，巴蜀書社，2019 年 5 月版，128 頁。

③ 處士：隱士。

④ 髡殘：參前文《國朝畫徵錄》卷下"髡殘"注和《讀畫錄》卷二"石谿和尚"注。

⑤ 浪杖人：參前文《讀畫錄》，"浪杖人"亦作"浪丈人"，即覺浪禪師。

⑥ 予：《讀畫錄》作者，周亮工。

⑦ 張子與：明代人，字公路，善詩，能書篆，兼工鐫印，爲時所稱。

⑧ 聻：《讀畫錄》作"聵"。

而再與一頓。”《讀畫録》

石谿和尚吾鄉武陵人，俗姓劉，幼有夙根，具奇慧，不讀非道之書，不近女色，父母强婚不從，乃棄舉子業，廿歲削髮爲僧，參學諸方，皆器重之。報恩覺浪、靈巖繼起，兩長老尤契合有年。性鯁直，寡交識，輒終日不語。又善病，居幽棲山絶頂，閉關掩竇，一鐺一几，偃仰寂然，動經歲月，間作書畫自娱，深得元人大家之旨，生辣幽雅，直逼古風。《青溪遺稿》

石公善病，若不暇息，且又不健飯粒，入口者可數也。每以筆墨作佛事，得無礙三昧，有扛鼎移山之力。與子久、叔明①馳驅藝苑，未知孰先，殆維摩以病説不二法門者耶②？《青溪遺稿》

舉天下言詩，幾人發自性靈？舉天下言畫，幾人師諸天地？舉天下言禪，幾人抛卻故紙摸著自家鼻孔也？介大師箇中龍象，直踞祖席，然絶不作拈椎豎拂惡套，偶然游戲濡吮，輒擅第一。此幅自云：“效顰米家父子③，正恐米家父子有未到處，所謂不恨我不見古人，恨古人不見我耳。”《青溪遺稿》

石谿工山水，奥境奇闢，緬邈幽深，引人入勝。《畫徵録》

石公爲堂頭④，住牛首寺，畫奇創無煙火氣。《圖繪寶鑑續纂》

**宏仁⑤**

宏仁號漸江，歙人，俗姓江，名韜，字六奇，少孤貧，性孤，以鉛槧養母。一日負米行三十里不逮期，欲赴練江死，母大殯後不婚，不宦。游幔亭，皈報親，古航師圓頂焉，後返新安。歲必數游黄山，每歎武夷之勝，勝在方舟泳游。而黄山之奇，海市蜃樓，幻於陸地。殆反過之，師將省墓界口，并詣鳩兹，别湯燕生，然後入山，研究性命之學，皆不獲如願，臨終擲帽大呼我佛如來觀世音而逝。墓在披雲峰下，友人蒔梅花數十本，以大招之，從師志也。善畫，初學一

---

① 叔明：王蒙，字叔明，號黄鶴山樵，又署黄鶴山中樵者，自稱香光居士，趙孟頫外孫，畫從趙孟頫風韵中來，以王維、董源、巨然爲宗。山水别創一格，亦善人物，在元爲四大家之一。

② 維摩稱病，出自《維摩詰經》，亦名《淨名經》，經文旨爲維摩居士稱病，佛遣諸比丘、菩薩探問其病，藉此問病與大衆、文殊師利菩薩論説佛法。

③ 米家父子：指米芾和米友仁“二米”，父子所作戲墨曰“米家山水”或“米家樣”。

④ 堂頭：佛家用語，住持之意。

⑤ 宏仁：參前文《讀畫録》卷二“釋漸江”注和《國朝畫徵録》卷下“釋弘仁”文。

峰①，晚法雲林②，已入清閟③三昧，尤好繪黄山松石，人爭寶之。《黄山志》

宏仁，前明諸生，甲申後爲僧，嘗居齊雲，工詩文，山水師倪雲林，新安畫家多宗清閟者，蓋漸師道先路也。余④嘗見漸師手迹，層巒陡壑，偉峻沈厚，非若世之疏林、枯樹，自謂高士者比也。《畫徵錄》

漸江畫初師宋人，爲僧後悉變爲元人一派，於倪⑤、黄⑥兩家尤爲擅長。《圖繪寶鑑續纂》

**無可⑦**

無可，無可大師予庚辰同榜方密之也。公名以智，幼稟異，慧生名門，少年舉進士，自詩文詞曲，聲歌書畫，雙鈎填白，五木六博，以及吹簫撾鼓、優俳、評話之技，無不極其精妙。三十歲前，極備繁華。甲乙後薙髮受具，耽嗜枯寂，粗衣糲食，有貧士所不能堪者。於是謝絶一切，惟意興所至，或詩，或畫，偶一爲之，然多作禪語，自喻而已，不期人解也。施尚白⑧云："予昔同無道人自蒼梧抵廬山，見其乘興作畫，多用秃筆，不求甚似。嘗戲示人曰：'若猜此何物，此正無道人得無處也！'拈此二語，則道人之禪機畫趣，亦露一斑矣。"《讀畫錄》

僧無可，江南桐城人，吉州青原山堂頭，付嘯峰法，博奥淹雅。著《通雅》⑨、《庖莊》⑩，經世出世皆備，字作張草⑪、二王⑫，亦工畫，極文秀逼古。《圖繪寶鑑續纂》

**超揆⑬**

輪庵法名超揆，俗姓文氏，名果中，翰林震亨⑭子，文肅公侄。父歿家落，

---

① 一峰：黄公望號。
② 雲林：山水畫家倪瓚，見前注。
③ 清閟：指"清閟閣"，爲倪瓚所創。
④ 余：《國朝畫徵錄》作者張庚。
⑤ 倪：指山水畫家倪瓚。
⑥ 黄：指山水畫家黄公望。
⑦ 無可：參前文《讀畫錄》卷二"釋無可"注。
⑧ 施尚白：參前文《讀畫錄》卷二"施尚白"注。
⑨ 《通雅》：全書二十四門，五十二卷，入《四庫》，爲方以智所撰著之百科全書。
⑩ 《庖莊》：原名爲《藥地炮莊》，是方以智"以禪解莊"之著。
⑪ 張草：張旭草書之謂。
⑫ 二王：指書法中王羲之、王獻之。
⑬ 超揆：參前文《國朝畫徵續錄》卷下"釋輪庵"注。
⑭ 翰林震亨：指文震亨，參前文《國朝畫徵續錄》卷下"文震亨"注。

走京師，佐總戎桑格定滇逆，得官不仕，旋薙髮。善詩文筆札，工畫。山水多寫生平游歷之名山異境，故獨開生面，不落時蹊。聖祖南巡迎駕，召入京，恩賚優渥，年七十餘示寂，賜塔玉泉山，予謚文覺禪師，異數也。《畫徵錄》

**止嵓**①

豁堂，名止嵓，號菽庵，本姓郭，杭州人。住西湖淨慈寺，詩畫俱優善，師仿元四大家。《圖繪寶鑑續纂》

墨香②按豁堂，徐姓，名繼恩，國變後爲僧，所著有《同凡集》二卷，王新城尚書目爲湯惠休帛道猷之流。

**道濟**③

道濟，字石濤，號清湘老人，又號大滌子，又自號苦瓜和尚，又號瞎尊者。前明楚藩後也。畫兼善山水、蘭竹，筆意縱恣，脱盡窠臼，晚游江淮，人爭重之，一時來學者甚衆，今遺迹維揚④尤多。《畫徵續錄》

予⑤不善竺乾氏教⑥，而與石師游以畫、以書、以詩，而石畫尤著，蓋睥睨古今，横溢矩矱⑦者也。吴肅公《街南文集》

石濤道行超峻，妙繪絶倫，王麓臺⑧嘗云："海内丹青家不能盡識，而大江以南，當推石濤爲第一，予與石谷⑨皆有所未逮觚賸。"

---

① 止嵓：又作正嵓，《國朝畫識》卷十四作"止嵓"，《國朝畫家筆錄》卷一和《清畫家詩史》壬下皆作"正嵓"，字豁堂，餘姚徐氏，《杭州府志》作金陵郭氏。居杭州淨慈寺，善畫，仿元四大家。王漁洋言其詩無蔬笋氣。有《同凡草》。無僧傳，參《晚晴簃詩匯》一九五、《中國佛教人名大辭典》84 頁。

② 墨香：《國朝畫識》作者馮金伯，字冶堂，號墨香，江蘇南匯人，能書，工詩，擅畫山水，《國朝畫識》收錄清初至康熙九百餘名畫家傳記，乾隆五年成書。參《中國古今書畫名人大辭典》586 頁，"馮金伯"條。

③ 道濟：參前文《國朝畫徵續錄》卷下"釋道濟"注。

④ 維揚：揚州别稱。

⑤ 予：吴肅公。

⑥ 竺乾：古印度僧人别稱；竺乾氏教，即釋教。

⑦ 矩矱：法度之意。

⑧ 王麓臺：參前文《國朝畫徵續錄》卷下"王原祁"注。

⑨ 石谷：爲王翬之字，清代"虞山畫派"之創始者。

**藥地**[①]

藥地，名宏智，施侍講閏章[②]云："《藥公拈佘浮雲一洗萬峰出作畫并題短歌》見貽[③]，依韵報謝：藥公別具神仙筆，照夜青藜[④]逢太乙[⑤]。手翻滄海弄白日，興酣筆落如箭疾，千巖萬壑何周密。爲我倒縮蓬萊歸一室，雲蒸霧合，天地一半空，風雨泉聲出。"《愚山集》

**通證**[⑥]

通證，字超澄，號語石，羅姓，父眉山[⑦]，從事丹青，有名三吴間。證祝髮於圓津禪院[⑧]，禪誦外嗜畫，以太倉王鑑[⑨]爲師，王時敏[⑩]扁[⑪]其居曰"墨花禪"。山陰高士戴易[⑫]贈詩云："松雪楊林喚鳥頻，雲林老去不逢人。即今留得殘山在，何日圓津一問津?"太倉王[⑬]撰詩云："老筆仍將董巨師[⑭]，蒼茫雲樹墨淋

---

① 藥地：即無可。參前文《讀畫録》卷二"釋無可"注。

② 施侍講閏章：即施尚白、施潤章。侍講，唐置侍講學士，其職爲講論文史，以備君主顧問，明清則爲太子或皇帝講學。

③ 見貽：見贈或贈予。

④ 青藜：借指讀書人夜半苦讀。

⑤ 太乙：太一，道家之謂道，萬物的本源。

⑥ 通證：指通真，《國朝畫識》卷十四作"通證"，《甌缽羅室書畫過目考》附卷和《國朝畫家筆録》卷一作"通真"，字超澄，又字月江，號語石，青浦羅氏。父眉山，從事丹青，有名三吴間。證祝髮於圓津禪院，嗜畫山水，以太倉王鑑爲師，王時敏匾其居曰墨花禪。一時名流，時贈以詩贊其畫。世稱墨畫尊者。無僧傳，參《中國佛教人名大辭典》616頁。

⑦ 眉山：指燈甫禪師，圓津寺僧，從事丹青，有名三吴。字眉山，彭山張氏。初以居士身參西山鑒，後自薙鬚髮，廣參知識。謁鐵壁慧機於平山，問答無滯，傳以衣拂。出住三教，繼遷靈峰、圓通、石峰、興隆、東明、草堂、開化八席。晚年游鄂城，訪卧雲，退休於齊安燕雲山雪堂。有《草堂規制》《金剛大義》《析疑略釋》《栗園典要》《三字經説》《内篇詮釋》。參《卍續藏》第84册《續燈正統》卷十七《忠州東明眉山燈甫禪師傳》、《中國佛教人名大辭典》1062頁。

⑧ 圓津禪院：爲江南古刹，歷經元、明，清順治年間由住持通證禪師修葺。

⑨ 太倉王鑑（1598-1677）：江南太倉人，字元照，一字圓照，號湘碧，又號染香庵主，人稱"王廉洲"，明末清初"四王"之一。善臨摹元四家山水，用墨濃潤，與侄時敏互相砥礪，並臻其妙，爲清代四王之一。參《中國古今書畫名人大辭典》73頁。

⑩ 王時敏（1592-1680）：江南太倉人，字遜之，號煙客，又號西廬老人、西田主人，明萬曆年間進士，入清不仕，歸隱。工詩文，善書，少時與董其昌、陳繼儒揚榷畫理，多所啟發，爲一代畫苑領袖，明末清初"四王"之首。參《中國古今書畫名人大辭典》47頁。

⑪ 扁："匾"之别字。

⑫ 戴易：山陰人，字枝南，善吟詠，詩文書畫稱譽一時。參《中國古今書畫名人大辭典》791頁。

⑬ 太倉王：指太倉王鑑。

⑭ 董巨師：指山水畫家董源、巨然。

漓。箇中三昧無人識，輪與禪翁獨自知。”王原祁詩云：“初地工夫學巨然，清溪灌木起雲烟。廿年精進頭陀老，可入米家①書畫船。”其爲名流推挹如此。《青浦縣志》

語石，初字月，予爲之更今字焉。其尊人眉山，喜丹青。是時，吾邑弱水②、潘君，精於繪事，眉山從游有年，故其染翰迴出人群。余曾見語石持示二幀，如《黄鶴山樵》、如《梅花庵主》，蒼潤絶倫。今語石以二人見背，祝髮空門，資性穎敏，禪誦之外，究心畫理，亦受業於弱水，弱水亟稱其筆性之妙，與其尊人不相上下，可以稱雄於翰墨之林矣。葉國華《繭園集》

《陸慶臻題語石畫卷》：“語公大師，禪隱漕溪精舍，妙契宗旨，遂行無上法，三昧禪悦。餘閒間作山水小景，寫其天真，涉筆所之，輒有拈花微笑③之趣。弟子碧士侍説法，來日且久，親睹墨妙亦有年，時於此中憬有悟入，大師深加激賞。一日遂以閒中所作清玩示之，亦微露衣拂，心傳也。展對晨夕，見其嶺迴溪轉，雲樹窈深，點染人天，迴絶凡徑，直是一派禪機流演，不當作藝事觀矣。爲志數言，用章法寶。”《薺庵稿》

**照初④**

照初，字貞朗，號雪庵，程姓，父舜龍，新安縣學生，家於崑山。照初年十三來慈門寺出家，旋住圓津禪院，與通證爲法兄弟，亦以畫名。《青浦縣志》

貞朗薙髮空門，朝夕梵唄，儼如老宿，復以其暇，游神書畫，并裒集⑤名人韵士詩文翰墨，盈笥累篋，嗜之甚深，若枕席以之矣。葉國華《繭園集》

**覺徵⑥**

覺徵，字省也，號白漢，嘉興人，居西湖之南高峰，能書，善畫，所作山

① 米家：米芾、米友仁父子所創之“米家樣”。

② 弱水：即明末清初之秦鏞，明崇禎年間進士，明亡，獨居弓河之上，築千休館，講學讀書，十年後卒，有《易續圖説》。

③ 拈花微笑：禪宗美麗的傳説，經典中言，佛於靈山拈花説法，法席上僅迦葉尊者會心微笑。因此，“拈花微笑”成爲禪宗言語道斷的示法緣由。

④ 照初：清僧，字貞朗，號雪庵，崑山陳氏。年十三出家於慈門寺。旋住圓津禪院。善畫，並喜集名人韵士詩文翰墨。無僧傳，參《中國佛教人名大辭典》863頁、《中國古今書畫名人大辭典》619頁。

⑤ 裒集：編纂文章資料。

⑥ 覺徵：指僧白漢，《御定佩文齋書畫譜》卷五十八作“釋白漢”，此處《國朝畫識》卷十四作“覺徵”，字省也，號覺徵，又號梅道人。參前文《御定佩文齋書畫譜》卷五十八“釋白漢”注。

水，細皴重染，雖一樹一石，過於重巒疊障之妙。《圖繪寶鑑續纂》

覺徵，字省也，又號眉道人，兼善山水，筆意秀整，庚①曾祖荆石先生《松泉獨坐小照卷》師所補圖，森蔚之致，足以移情。題曰："以此松石情，依彼巖壑坐。悠然見素心，静對松溪悟。"書法亦佳②，爲虞昌寫，精湛有生氣。昌字大生，不知何許人。《畫徵錄》

**半山③**

半山，寧國人，俗姓徐，好游覽，善山水，宣池之間，多奉爲楷模。《畫徵錄》

僧半山，宣城人，遨游名勝，筆墨娱情，善寫山水，運筆圓勁，布置空闊，出自天資，與作手迥别。《圖繪寶鑑續纂》

僧半山，俗姓徐，名在柯，寫山水橅④雲林、仲圭⑤、石田⑥三家筆意。《今畫偶錄》

**宗泰⑦**

宗泰，字古笠，法藏寺僧，受法於費隱和尚⑧，時濡墨⑨作顛草或作小畫，後復往徑山高庵，自號高庵道人。《平湖縣志》

墨香⑩按：費隱，字通容，石門僧，能詩畫。

---

① 庚：即《國朝畫徵錄》作者張庚。

② 書法亦佳：《國朝畫徵錄》原文作"書法亦佳照"。

③ 半山：即在柯，參《國朝畫徵錄》卷下"釋半山"注。

④ 橅：同"摹"，法式、規範。

⑤ 仲圭：吴鎮（1280-1354），號梅花道人，參前文《御定佩文齋書畫譜》卷五十八"梅沙彌"注。

⑥ 石田：指沈周（1427-1509），字啟南，號石田，自稱白石翁，吴門畫派創始人，山水承家法，凡宋元名手皆能變化出入，獨於董源、巨然尤得心印，中年以黄公望爲宗，亦醉心吴鎮。其人物、花鳥皆入神品。參《中國古今書畫名人大辭典》164頁，"沈周"條。

⑦ 宗泰：清僧，字白山，號古笠，海鹽繆氏。年十八受具於華山三昧，歸侍費隱通容，久之受法，後住徑山高庵，自號高庵道人。善草書，工蘭石，暇輒寄情吟詠。有《閲世堂稿》。無僧傳，參《中國佛教人名大辭典》456頁、《中國古今書畫名人大辭典》248頁。

⑧ 費隱和尚：清四明天童寺沙門，字費隱，姓何氏，福清人，幼孤，依慧山出家。年十四矣，初參壽昌，經有省，後參博山、來顯，聖澄俱以法器目之。曾集《續五燈嚴統》名氏，清《高僧摘要》和《新續高僧傳》有傳，參《卍續藏》第87册《高僧摘要》卷一和《大藏經補編》第27册《新續高僧傳》卷二十二。

⑨ 濡墨：蘸潤墨汁。

⑩ 墨香：爲《國朝畫識》、《墨香居畫識》作者馮金伯之號。

**楚琛①**

釋楚琛，字青璧，從超果寺珂雪瑩公②薙髮，隨天童密老人受具，同師住吴興之棲雲山，癸未歲歸隱超果西來堂，杜門③養道，兼游情翰墨，善畫工詩。徑山雪老人④與夷白⑤、珂雪⑥兩兄弟往還三十餘年，青公時於座下，領其謦欬⑦單涓，庵曰："青公方外芝蘭⑧，宗門巢許⑨，其詩清華秀拔，迥出塵表。"《雲山酬唱》

**深度⑩**

僧深度，廣東人，住於佛山，善山水，粵中首望。《圖繪寶鑑續纂》

---

① 楚琛：清僧，字青璧，華亭人。從超果寺珂雪瑩公薙髮，隨天童密老人受具。同師住吴興之棲雲山，後歸隱超果西來堂。游情翰墨，能詩善畫。清雅超俗，見重於世。無僧傳，參《中國佛教人名大辭典》855 頁。

② 珂雪瑩公：即常瑩，號珂雪，超果寺僧，工山水，與趙石齊名，曾爲董文敏倩筆。參前文《御定佩文齋書畫譜》卷五十八"釋常瑩"注。

③ 杜門：閉門。

④ 徑山雪老人：紹興府雲門雪山高圓信禪師，鄞縣朱氏子，年九歲，聞誦彌陀經，水鳥樹林，悉皆念佛念法念僧，遂知信向佛乘。至二十九歲棄家，後訪秦望山妙禎山主豁然大悟。萬曆四十三年遷徑山千指庵，後於廬山開先，再遷嘉禾東塔，晚住越之雲門。順治丁亥八月二十六日示疾，世壽七十七，僧臘四十八。門人弘歇編《雪嶠信禪師語錄》十卷行世。法子弘覺道忞禪師在《牧雲和尚懶齋别集》有題徑山雪老人畫扇。參《卍續藏》第 82 册《五燈全書》卷六十四和《乾隆大藏經》第 153 册《雪嶠信禪師語錄》。

⑤ 夷白：周慶孫，字雲田，蘇州國學生，事母孝，娶曲阜孔氏，既而孔氏招之，將爲之援例得官，率妻子往，舟覆於河，妻子俱死，慶孫僅以身免，遂意絕進取，奉母家居，虔修淨業，自號夷白居士。參《卍續藏》第 78 册《淨土聖賢錄續編》卷三。

⑥ 珂雪：珂雪居士方叔壯，生平不詳，奇然禪師嗣法髮弟子，曾爲奇然禪師語錄撰序。參《嘉興大藏經》第 36 册《奇然智禪師語錄》。

⑦ 謦欬：談笑。

⑧ 芝蘭：芷和蘭，皆爲香草，詩文中喻爲優秀弟子。

⑨ 巢許：巢父和許由，用以指稱有高潔志向的隱士。

⑩ 深度：清僧，字孟容，南海佛山賴氏。明諸生，明亡後易服入萬壽寺。善繪山水，筆力遒勁，一時聲噪五羊。詩清削幽異，字近仿衡山，遠則長公，時稱三絕。著有《素庵詩鈔》。無僧傳，參《中國佛教人名大辭典》669 頁。

**雪箇**①

僧雪箇，南昌人，工寫意花卉，奇奇怪怪，巨幅不過朵花片葉，善能用墨點綴。《圖繪鑑寶續纂》

**智得**②

僧智得，住南嶽，畫山水，層巒疊嶂，皆得古法。《圖繪寶鑑續纂》

**止中**③

止中，號香雪，華亭人，山水學珂雪一派④，筆墨秀潤，丘壑冷落。

**宗渭**⑤

釋宗渭，字筠士，號芥山，崑山人，從松江超果寺青壁公⑥薙染，能詩善畫，瀟灑拔俗，可謂蓮社白眉⑦。張洮侯云："筠公年雖少，有入世之才，而優出世之慧者是也。其詩節亮而味腴，深得唐人三昧，極爲宋荔裳⑧、周釜山⑨兩先生所稱。《雲山酬唱》

宗渭，字紺池，少學詩於宋荔裳觀察，中年後游西堂尤侍講之門，得所傳授，所著有《紺池小草》。嘗謂門人曰："詩貴有禪理，勿入禪語。"故其詩無蔬笋氣，兼工山水，筆亦超俊，所著有《紺池小草》。《墨林韵語》

---

① 雪箇：清初畫僧傳棨（1626-1705），字刃庵，號雪箇，天啟間生於南昌，順治年間子夭妻死，投容庵禪師出家。康熙間得瘋病，於南昌市肆間忽大笑忽大哭，後由其侄領至家中治疾。病愈後還俗，居南昌，賣畫爲生，書畫款以"八大"或"八大山人"居多。相關文獻參考林孟蓉《明末清初遺民僧初探：以清初四畫僧題圖詩爲例》第二節四畫僧傳之"傳棨"文。參考學愚編《佛教思想與當代應用》下，2015年12月，北京，宗教文化出版社，276-495頁。

② 智得：清僧，湖南人，住南嶽，善畫山水，層巒疊嶂，皆得古法。無僧傳，參《中國古今書畫名人大辭典》563頁。

③ 止中：清僧，號香雪，華亭人，住滬上。山水學珂雪一派，筆墨秀潤，丘壑冷落。無僧傳，參《中國佛教人名大辭典》83頁、《中國古今書畫名人大辭典》12頁。

④ 珂雪一派：指常瑩山水畫派，參前文《明畫錄》卷五山水名僧"釋常瑩"。

⑤ 宗渭：清僧，字筠士，又字紺池，號芥山。華亭人。住從松江超果寺。能詩善畫，山水超俊，詩有禪理，得唐人三昧，有《紺池小草》。無僧傳，參《中國佛教人名大辭典》459頁、《中國古今書畫名人大辭典》248頁。

⑥ 青壁公：即楚琛。

⑦ 白眉：喻傑出者。

⑧ 宋荔裳：宋琬，號荔裳，順治年間進士。歷官按察使，工詩，與施潤章齊名，有《安雅堂集》。參《清詩別裁》、《晚晴簃詩匯》卷二十四。

⑨ 周釜山：名茂源。

**苽水**①

吾友王石谷四十年前往來晉陵，即與苽水大師商榷筆墨，極相友善。己卯秋，過虞山，因得一見於西林精舍，别去二年，復遇耕煙草堂，并見所畫長縑②小幅，位置點染，直抉宋、元人神髓。宜乎！石谷有水乳之合也。《湊竹題跋》

**上睿**③

上睿，字目存，號蒲室子，工山水，布置深穩，氣量沖和，嘗與王石谷游都門，蓋得其指授者，自是能品。詩亦工秀，宗門中工筆墨者，目存其傑矣。《畫徵續錄》

睿，字目存，吴縣人，工畫山水、花卉、人物，俱師法古人，南宗北宗兼善。當路薦入京師，旋以疾告歸，方外中淡於榮利者。《歸愚詩傳》

僧目存，山水得法於清暉老人④，花鳥則酷似甌香居士⑤，詩亦工妙。嘗題《張憶孃簪花圖》云："笑摘穠香壓髩⑥鴉，懶將時勢鬬鉛華。他年得入維摩室，不許簪花許散花⑦。"卷中題詠，幾及百人，當時稱目存此詩爲擅場焉。《墨林韵語》

**覆千**⑧

覆千，平湖人，善山水，游京師，見知於聖祖，（聖祖）詔師王原祁，遂爲司農代筆。後居萬壽寺，御書"棲心樹"三字以賜之。《畫徵錄》

**成衡**⑨

成衡，善山水，康熙間嘗供事内廷，聖祖賜大臣書扇，後面多衡畫，款題

---

① 苽水：江蘇常州人，善畫山水，無僧傳。

② 縑：繪畫用絹。

③ 上睿：指目存，《國朝畫徵錄》卷下稱"目存"，《國朝畫徵續錄》卷下、《國朝畫識》卷十四、《甌鉢羅室書畫過目考》附卷、《國朝書畫家筆錄》卷一、《清畫家詩史》壬下皆稱之爲"上睿"。參前文《國朝畫徵錄》卷下"目存"注。

④ 清暉老人：即"王翬"。

⑤ 甌香居士：即惲壽平（1633–1690），初名格，字壽平，號南田，别號雲溪外史。晚居城東，號東園草衣，遷白雲渡，號白雲外史。詩格超逸，書法得褚遂良神髓，畫筆生動，時稱三絶，唯以没骨花卉見稱，獨開生面，海内宗之，有常州畫派之稱。參《中國古今書畫名人大辭典》570頁，"惲壽平"條。

⑥ 髩：同"鬢"。

⑦ "維摩室"與"散花"的典故出自《維摩詰經》，經文中有"維摩説法，天女散花"之記載。

⑧ 覆千：參前文《國朝畫徵錄》卷下"釋覆千"注。

⑨ 成衡：參前文《國朝畫徵錄》卷下"釋成衡"注。

“臣僧成衡謹寫”，筆亦古雅，蓋取法於王少司農①。《畫徵錄》

**達真②**

達真，字簡庵，姓楊氏，内閣學士③瑄之叔，受度於松江超果寺，居西來堂，尋居廣富林之福城庵，戒律精嚴，通内外典，兼書畫，尤工翎毛花卉。户部尚書王鴻緒以其畫扇進御，聖祖仁皇帝稱善，於是四方爭購之。雍正六年，世壽七十有四，忽諭徒衆曰：“汝等善自護持，明午吾當游矣。”衆問：“師何之?”曰：“他家自有通霄路，不向他人行處行。”至期，檀信雲集，遂沐浴更衣，向衆作禮而化。《婁縣志》

**超瀚④**

釋超瀚，字瀚海，號墨仙，潘墊人也，爲僧於杏溪靜室。喜吟詠，兼工書畫，並有逸趣，嘗自題其焚修之室曰“梅子熟也”，其精於禪悟可知。卒年八十有三。《奉賢縣志》

**懶雲⑤**

釋懶雲，善畫花井，與楊晉⑥、徐玫⑦同時。《百福庵畫寄》

**本光⑧**

于宋，名本光，文肅公家冢曾孫也。生即茹齋，五歲搦管⑨作大士像，年二十皈依靈巖繼起和尚。後游京師，卓錫於磐山禪院，前後建精舍數十楹。善畫山

① 王少司農：指王原祁。

② 達真（1655-1728）：清僧，字簡庵，松江楊氏。出家超果寺，工翎毛花草，王鴻緒嘗以其扇進呈。通内典，能詩，工書。無僧傳，參《中國佛教人名大辭典》709頁、《中國古今書畫名人大辭典》620頁。

③ 内閣學士：明清兩代政務機構官職。

④ 超瀚：清僧，字瀚海，號墨禪，奉賢人。爲僧於杏溪靜室，喜吟詠，畫有逸趣。無僧傳，參《中國佛教人名大辭典》705頁、《中國古今書畫名人大辭典》558頁。

⑤ 懶雲：釋明奇，字具如，别號懶雲，吴興人也。始開堂于平湖上乘寺，次遷小崇福，再住香積寺，後住維揚天寧禪寺，方丈退院後隱居西湖之北，書法絕倫，禪學精奥，面如滿月，暮年往來雲居，即雲巢嗣法和尚也，今塔在西溪。參《雲居聖水寺志》卷二。

⑥ 楊晉（1644-1728）：字子和，一字子鶴，號西亭、谷林樵客、鶴道人，又署野鶴，山水爲王翬入室弟子，善畫牛，多寫意，兼及花鳥、蟲草。參《中國古今書畫名人大辭典》653頁。

⑦ 徐玫：應爲“徐玫”，清康熙年間畫家，字彩若，號華塢，工花鳥、人物，生動盡致。參《中國古今書畫名人大辭典》393頁“徐玫”條。

⑧ 本光（1649-1729）：參前文《國朝畫徵續錄》卷下“釋于宋”注。

⑨ 搦管：手執筆書寫。

水，守家法，設色淡雋，兼工寫真。年八十餘，歸葬其父母，卒於竺塢山堂，即文肅公故廬也。《畫徵續錄》

**自扃**①

僧自扃，號道開，結廬於吴門山塘，詩字並佳，又善山水，得意外之趣。《圖繪寶鑑續纂》

**焉文**②

僧焉文，山陰人，出家於徑山，書善小楷，畫仿大癡。《圖繪寶鑑續纂》

**兆先**③

僧兆先，字朗如，號虚亭，隱西湖，寫山水。初宗北苑④，變出己意，好峰巒，深邃幽遠多姿，更善鐫章、隸書。《圖繪寶鑑續纂》

**居易**⑤

僧居易，漢口人，工山水，而水墨花卉，雙鈎並工，詩亦成家。《圖繪寶鑑續纂》

**照遠**⑥

僧照遠，字可一，住會稽之頭陀庵，參宗受戒，文字悉佳，又畫元人山水，筆意差乏流動之趣。《圖繪寶鑑續纂》

**戒聞**⑦

僧戒聞，字解三，松江楓涇人，客都下⑧閲藏二次，胸中自是不凡。詩文短

---

① 自扃（1601-1652）：清僧，字道開，吴門周氏。出家虎丘，通詩書，詩如石田，畫宗巨然，師事蒼雪。通賢首、慈恩教義，每講《圓覺》《涅槃》《楞伽》妙義雲委。順治九年自攜李歸虎丘，與蒼雪訣别，説偈而寂。參《大藏經補編》第 27 册《新續高僧傳四集》卷六十三《虎邱雲巖寺沙門釋自扃傳》、《中國佛教人名大辭典》217 頁。

② 焉文：浙江紹興人，工楷，擅畫。參《中國古今書畫名人大辭典》406 頁。

③ 兆先：一作兆光，字朗，號虚亭。工隸，擅山水。參《中國古今書畫名人大辭典》89 頁。

④ 北苑：南唐畫家董源，官北苑使，世稱董北苑。參《中國古今書畫名人大辭典》637 頁“董源”條。

⑤ 居易：清僧，漢口人。善畫山水花卉，水墨雙鈎。工詩。無僧傳，參《圖繪寶鑑續纂》卷三、《中國佛教人名大辭典》470 頁、《中國古今書畫名人大辭典》239 頁。

⑥ 照遠：清僧，字可一，紹興人。住會稽之頭陀庵。工繪山水，得元人筆意。文字悉佳。參《圖繪寶鑑續纂》、《中國佛教人名大辭典》864 頁。

⑦ 戒聞：參前文《國朝畫徵錄》“釋戒文”注。

⑧ 都下：京都。

札精妙入神，又畫元人山水，筆墨沉厚，不亞於惲本初①。《圖繪寶鑑續纂》

戒聞，華亭人，客游於都。善山水，仿元人筆法，風味淡逸。其托款名姜睿②，莫測其意。豈名曰戒聞而懼令聞之彰與？詩文亦佳。《畫徵錄》

**淨憲③**

淨憲，字匡雪，善詩畫，得法於三宜，住西郊香萃庵。《嘉興府志》

**白丁④**

白丁，雲南人，善畫蘭，鄭板橋⑤稱其作畫不令人見，畫畢微乾，用水噴噀⑥，其細如霧，筆墨之痕因茲化去。又云："石濤和尚客揚州，數十年見其蘭幅極多，學一半，撇一半，未嘗全學也。"詩曰："十分學七要抛三，各有靈苗各自探。當面石濤還不學，何能萬里學雲林？"《書畫略記》

**目存**

目存，不知何許人也，號尋濬，工山水，長於臨摹，其仿唐子畏者尤妙，蓋其所得力也。《畫徵錄》

**梵林⑦**

梵林，山水有南宗二家卷，一雲林⑧，一梅華道人⑨，爲時所稱好。雲游常在禾中⑩，余⑪嘗求其遺迹，不概見也。《畫徵錄》

**未然⑫**

未然，金陵人，善山水。《圖繪寶鑑續纂》

---

① 惲本初：即惲格、惲壽平。

② 姜睿：《國朝畫徵錄》作"姜容"，目前暫無相關資料。

③ 淨憲：清僧，字匡雪，號岫峰。秀水蒲氏。開法梵受禪院。出愚庵門下。山水摹董、巨然，善詩畫，五言得唐法。有《語錄》及《棲賢詩集》。無僧傳，參《中國佛教人名大辭典》407 頁。

④ 白丁：清僧，法名行民，字過峰、祖陶。明楚藩裔。國亡家破後，感傷離亂，入滇爲僧。通經論，嫻世典。康熙中游化江淮，士衆求道，景從雲集。善繪蘭竹，譽滿吴越。揚州鄭板橋少時依之學畫，遂成大家。無僧傳，參《中國佛教人名大辭典》158 頁。

⑤ 鄭板橋：鄭燮（1693-1765），乾隆元年進士，工詩詞，善書、畫，畫擅花卉、木石，尤長蘭竹。

⑥ 畫畢微乾用水噴噀：指水墨畫中的渲染技法，"噀"即用嘴噴水。

⑦ 梵林：清僧，字宏修，山陰人。主雲門寺。參前文《國朝畫徵續錄》卷下"釋梵林"注。

⑧ 雲林：指倪瓚。

⑨ 梅華道人：指吴鎮。

⑩ 禾：浙江嘉興之故稱。

⑪ 余：《畫徵錄》作者張庚。

⑫ 未然：暫無相關資料。

**七處**①

七處，金陵人，善山水。《圖繪寶鑑續纂》

**掃葉**②

掃葉，金陵人，山水精妙。《圖繪寶鑑續纂》

**參石**③

參石，金陵人，山水最精。《圖繪寶鑑續纂》

**雪笠**④

雪笠，金陵人，善蘭竹。《圖繪寶鑑續纂》

**山語**⑤

山語，金陵人，善山水。《圖繪寶鑑續纂》

**巨來**⑥

巨來，江寧人，善山水，曹通政寅，鑒賞家也，極稱其能。《畫徵錄》

**靈壁**⑦

靈壁，號竹憨，吴江人。善山水、蘭竹、花草、果品，多墨筆，自率胸臆，脱略恣肆，逸品之亞也。兼長草書。《畫徵錄》

**圓顯**⑧

圓顯，字文海，得法於靈巖，居忍草庵，輯《忍草乘略》，能詩，亦善畫。《無錫縣志》

---

① 七處：清僧，金陵人。明宗室，明亡後出家爲僧，居金陵佛寺。禪餘作山水圖，禪趣清逸，爲世所珍。無僧傳，參《中國佛教人名大辭典》7 頁。

② 掃葉：清僧，金陵人，嘗住棲霞寺、雞鳴寺等。山水精妙。無僧傳，參《中國佛教人名大辭典》636 頁、《中國古今書畫名人大辭典》407 頁。

③ 參石：清僧，金陵人。工畫，山水最精。無僧傳，參《中國佛教人名大辭典》689 頁、《中國古今書畫名人大辭典》406 頁。

④ 雪笠：清僧，金陵人。善蘭花。無僧傳，參《中國佛教人名大辭典》635 頁、《中國古今書畫名人大辭典》411 頁。

⑤ 山語：清僧，金陵人，遍住蔣山諸寺。善繪山水，世大夫尊事之。參《中國佛教人名大辭典》39 頁。

⑥ 巨來：參前文《國朝畫徵錄》卷下“釋巨來”注。

⑦ 靈壁：參前文《國朝畫徵錄》卷下“釋靈壁”注。

⑧ 圓顯：清僧，字一性，號樗巢，無錫陸氏。明末諸生，明亡爲僧，出家於知微山房，住忍草庵，戒行精勤，博通梵典，不出山門五十年，爲時所重。有《惠山記》《忍草庵剩略》《樗巢吟稿》。參《中國佛教人名大辭典》875 頁、《中國古今書畫名人大辭典》620 頁。

**掩麓**①

掩麓，字再牧，廣化寺僧，工山水，沈太史宗敬②稱之。《婁縣志》

**永徹**③ **聽竹附**

釋永徹，字環照，俗姓吴，幼出家於精嚴寺之清隱房，參香嚴老人，於普明④遇一異僧，秘授金針，能開一二十年瞽目。性恬淡，兼善蘭竹，士大夫雅重之。其徒孫聽竹，亦善畫，且能世其業。《嘉興府志》

**珂輪**⑤

西林老衲珂輪，能畫，贈之以詩："寒畦餘凍菜，野渚生荒煙。雪塘何限景，應倩惠崇傳。"《歸田集》

**鑒微**⑥

朱昆田⑦題《鑒微上人折枝蔬果老圃三蔬》，錢舜舉《豳風·七月》⑧，馬和之："未如釋子彌天秀，淡著鉛黄⑨寫折枝⑩"。《笛魚小藁》

**大振**⑪

大振，上元人，工畫。《江南通志》

---

① 掩麓：清僧，字再牧，住婁縣廣化寺，工山水，沈太史宗敬稱之。無僧傳，參《中國佛教人名大辭典》636頁。

② 沈太史宗敬：沈宗敬（1669–1735），字南季，又字恪庭，號獅峰，亦作獅峰道人，或號卧虚山人。康熙年間進士，精音律，工詩書，山水師倪、黄，兼巨然法，筆力古健，水墨居多。太史，明清稱欽天監，修史之职，舊稱翰林。參《中國古今書畫名人大辭典》164頁。

③ 永徹：清僧，俗姓吴，字環照，止精嚴寺，善蘭竹，爲士大夫推重。性恬淡，嘗遇神僧授金針，能開一二十年瞽目。無僧傳，參《中國佛教人名大辭典》177頁。

④ 普明：指普明寺。據《嘉興府志》記載，普明寺在縣東南十五里，晉天福元年，僧惠明建。元遭兵火，明正統丙辰，僧宗琳重建。嘉靖中倭火毁，崇禎間里人嚴韡轢居士復基，清順治五年僧仁領重建。參明于尚齡《嘉興府志》卷五十九。

⑤ 珂輪：清僧，號西林老衲，善畫。無僧傳，參《中國佛教人名大辭典》477頁。

⑥ 鑒微：清僧，善畫蔬果，無僧傳。

⑦ 朱昆田（1652–1699）：字文盎，號西畯，秀水人，朱彝尊之子，善書，得推拖撚拽法。參《中國古今書畫名人錄》109頁。

⑧ 出自《詩經》。

⑨ 鉛黄：繪畫顔料，指鉛粉和雌黄。鉛黄，另有二意義，一爲古時婦女化妝用品，一爲古時稱校勘之事。

⑩ 折枝：花卉畫法之一，指畫折枝下來的部分，而不是畫整株植物，稱之爲折枝。

⑪ 大振：清僧，上元人。學貫内外，工書畫，住靈谷寺。無僧傳，參《中國佛教人名大辭典》26頁、《中國古今書畫名人大辭典》8頁。

**普澤**①

曇上人普澤，住上海鐸庵，工畫山水花鳥。《百幅庵畫寄》

**一智**②

一智，字石峰，休寧人，山水用筆亦竦爽可喜。《畫徵錄》

**元逸**③

僧元逸，字秋遠，住嘉興祥符寺，後結茅西郊而棲靜焉，博雅好古，植木栽花，書學二王④之小楷，畫學子久⑤之高曠。《圖繪寶鑑續纂》

**實如**⑥

實如，字寄舟，張文敏照⑦嘗稱其書，亦善畫。《婁縣志》

黄宫允之雋⑧《畫蘭歌次韵答僧寄舟》："開士⑨畫蘭眉宇凉，必題佳什三擅長。筆花攜走疲津梁，肩挑日月脚踏霜。白雲蓬蓬⑩來西方，杯渡谷水超崑岡。昔朝閶闔⑪今遠望，人間天上秋茫茫。游覽不妨三宿桑，相逢令我思雁黄。同此風格生毫光，寫貽一枝王者香。香流水墨吹滿堂，壓倒俗眼皆驚惶。"《唐堂集》

僧寄舟，平湖人，曾住吾松龍門寺，工寫蘭，師其筆墨者甚多。《書畫略記》

---

① 普澤：清僧，號曇潤。住上海鐸庵，書宗東晉，畫法宋元。談禪意旨微遠，有支遁風。時人以爲書畫禪。無僧傳，參《中國佛教人名大辭典》797 頁。

② 一智：清僧，字廩峰，亦作石峰，號黄海雲航護遷客。休寧人。通佛儒各家之説，工畫山水，用筆疏爽，爲世推重。無僧傳，參《中國佛教人名大辭典》4 頁。

③ 元逸：清僧，嘉興人，康熙間住邑之祥符寺，善書畫，聲名四被，日本人常以百金求其尺幅，所得悉歸常住與濟貧困。無僧傳，參《中國佛教人名大辭典》68 頁、《中國古今書畫名人大辭典》14 頁。

④ 二王：指王羲之、王獻之。

⑤ 子久：爲黄公望之字，號大癡，又號大癡道人、一峰道人。

⑥ 實如：清僧，字二泉，號寄舟。平湖人。歷主西湖靈隱、松江龍門、上海法華、邯上小金山。善書畫，工詩詞。無僧傳，參《中國佛教人名大辭典》951 頁。

⑦ 張文敏照：張照（1691–1745），江南婁縣人，字得天，號涇南，别號吾囱，晚號天瓶居士。康熙年間進士，官至刑部尚書。性地高明，深通釋典，詩多禪語，書法初學董其昌，後繼顔、米，氣魄渾厚。兼能畫蘭、墨梅，疏花秀蕊，極其秀雅。參《中國古今書畫名人大辭典》540 頁，"張照"條。

⑧ 黄宫允之雋：黄之雋，康熙年間進士，字若木、石牧，號吾堂，晚號石翁、老牧。

⑨ 開士：菩薩之異名，此處爲對僧人之敬稱。

⑩ 蓬蓬：形容白雲多且密而凌亂。

⑪ 閶闔：宫殿，借指京都。

**實栴**①

語公徒。焦士寫墨竹，入能品。後有實旃繼之。栴，字旭林，游維揚，住維摩院。盧運使見曾②《紅橋雜詩》云："足繭千山消未曾，軟塵過眼莫生憎。綠楊城郭紅橋寺，合著雲龕老畫僧。"蓋指實栴也。《青浦縣志》

王少司寇昶③《題實栴畫册》："旭公，釋者也，以畫爲游戲，予於弱冠時，曾識之。蓋圓津禪院④距予居里許，所謂漕溪草堂墨花禪⑤，時時步屧⑥過焉。自語石⑦、貞朗⑧二公即以書畫名，旭公繼起，挾其藝游邗溝，一時名士流連傾慕，如册中陸南香⑨、盧雅雨⑩兩文，可想見其高韵已。南香以工詞名，予嘗定交於金閶，及予客雅雨所，知旭公與予同鄉，往往問訊。及之今，兩君先後下世，而旭公之化去亦久矣。旭公於語公爲孫，而旭公之後，岳庵及今三世下振華，四世下慧照，咸以工書畫、精篆刻見稱。昔，吾家元禮謂：'未有七葉之中人人有集如吾門者。'信乎？文字之傳有運會焉？士大夫不能及其子孫，而苾蒭獨能守之至六、七傳而其道勿替。然則，覽斯册也，可爲語、貞諸公慶，亦可爲士大夫、子孫愧矣。"《述庵文集》

**大嵓**⑪

山陰詩僧，大嵓有《偶然作畫戲題二絶》云："愛絶溪山此結廬，苔花青長

---

① 實栴：清僧，一作續栴，字旭林，青浦周氏。祝髮於圓津禪院。游維揚，住維摩院。以書畫名，尤善寫竹，爲盧雅雨所稱。無僧傳，參《中國佛教人名大辭典》952 頁。

② 盧運使見曾：即盧見曾（1690－1768），字抱孫，號澹園，又號雅雨山人，康熙年間進士，乾隆初，任兩淮運史。

③ 王少司寇昶：王昶，字德甫，號述庵，又號蘭泉，乾隆年間進士，有"吴中七子"之譽，因平定金川有功，累官至刑部右侍郎。參《中國古今書畫名人大辭典》43 頁。

④ 圓津禪院：爲江南古刹，歷經元、明，清順治年間由住持通證禪師修葺，通證住持於禪頌外嗜"畫"，故有"墨畫尊者"之稱。

⑤ 漕溪草堂墨花禪：爲通證禪師修葺圓津禪院的建築之一，其中"墨花禪"爲語石作畫處。

⑥ 屧：木屐。

⑦ 語石：即圓津禪院住持通證。參前文《國朝畫識》卷十四"通證"注。

⑧ 貞朗：即照初，字貞朗，號雲庵，爲通證法兄弟，擅水仙、木石、梅竹、山水。無僧傳，參《中國古今書畫名人大辭典》619 頁。

⑨ 陸南香：即陸培，字翼鳳，號南香，一號南薌，又號白蕉，雍正間進士，善詞，著有《白蕉詞》四卷、《菊江唱和詩》、《煙草唱和集》。

⑩ 盧雅雨：盧見曾，字澹園，又字抱孫，號雅雨，康熙年間進士，著有《雅雨堂詩文集》。

⑪ 大嵓：清僧，山陰人，能詩善文，山水亦佳。無僧傳，參《中國佛教人名大辭典》29 頁。

屐痕疏。桐陰瑟瑟路幽寂，夜靜月明聞讀書。”“村流一帶碧鱗鱗，向晚微風動白蘋。隔岸煙生漁浦靜，半船明月載詩人。”《越風》

**通微**①

通微，字恒徹，杭州人，松江雨花庵僧，僧工寫意花鳥禽蟲。《書畫紀略》

**大涵**②

釋大涵，字雁黄，號喫雪子，既而合雁宕、黄山以自號，曰“雁黄”。俗姓潘，吴江人，九歲爲沙彌，既長，入靈巖，事月涵爲弟子。常游南嶽，繼居黄山之軒轅臺。後陳侍郎元龍巡撫廣西，大涵遂游粤，從漓江至羊城，縱觀羅浮③，歸至肇慶而逝。其學，禪一詩二，亦能畫老松、怪石。《黄瘠堂集》

**性潔**④

性潔，字冰壺，秀水人，寫真爲鮑嘉入室弟子，好學嗜古，臨摹舊迹不倦，山水雖非所長，而鑒賞獨精。嘗曰：“吾鄉山水鮮能脱浙習者，近復爲王巘之邪説所誤，非真有志有識者不能振也。”每見石谷畫，輒命同學臨之。薛宣來禾，悉遣諸弟從其學。年五十餘，歿於天寧寺之寶蓮房，畫弟子巢敬，經紀其喪。敬，字林可，寫真得其傳，山水師薛宣。《畫徵錄》

**心一**⑤

心一，太倉人，王氏世僕，後爲僧，棲息於水雲寺，山水善臨摹諸家。《畫囊》

---

① 通微：清僧，字恒徹，錢塘人。出家松江雨花庵，工畫，花卉禽蟲，極蒼秀精能之致。無僧傳，參《中國古今書畫人名大辭典》409 頁。

② 大涵：清僧，字雁黄，一字窮聖，吴江潘氏。九歲出家，長入靈巖。從師游南嶽。禪理文心，俱極超妙。遁走雪中，以雪充飢，因號喫雪子。後歷住溫州雁宕、安徽黄山、海寧安國等寺。康熙中，陳元龍招之游羅浮，於肇慶鼎湖山而寂。有《黄山草》《西湖草》《補陀南參集》《彈指集》《桂羅壯游集》《鹽官剩草》等，有僧傳。參《大藏經補編》第 27 册，《新續高僧傳四集》卷六十四海寧安國寺沙門釋大函傳、《中國佛教人名大辭典》28 頁。

③ 羅浮：山名，廣東省東江北岸。

④ 性潔：參前文《國朝畫徵錄》卷下“性潔”注。

⑤ 心一：清僧，太倉王氏世僕，後爲僧，棲息水雲庵，頗通經教，善詩畫，山水善臨摹諸家。無僧傳，參《中國佛教人名大辭典》114 頁、《中國古今書畫人名大辭典》12 頁。

**元宏**①

元宏，字石庭，會稽人，著有《高雲詩集》，善畫。《越風》

**實源**②

實源，初名三友，居白鶴江，投來青閣出家，自稱梅花舩子，放參之暇，喜寫梅。張大司寇照③構別業於橫雲山，請其住院，適鑿井有甘泉之應，更名曰一泉。後居蘇州小花山。乾隆十六年，翠華南幸，實源進呈《梅花》長卷，上嘉之。晚年北游至京師，尋住保定蓮花寺，久之入滅。《青浦縣志》

僧一泉，青浦人，善墨梅，縱橫恣肆，不爲前人繩墨所拘。《今畫偶錄》

**明中**④

明中，字大恒，號烎虛，俗姓施，桐鄉人。幼薙髮於禾中楞嚴寺。雍正間游京師，得法於無礙永覺禪師，歸住杭州聖因寺，兼攝天竺講席。乾隆丁丑春，移主南屏淨慈，今上南巡，蒙賜紫衣。性好畫，嘗謂："結習未能除盡山水。"得元人法，信有運綴，氣味清遠，兼善寫生，人不能求也。善詩，與舒明府雲亭⑤最契合，倡和尤多。《畫徵錄》

明中于雍正十三年參方至京師，世宗于千僧中選留有根器者二十人侍講佛樓，中與焉，特旨住吉祥苑池南參究禪學。乾隆元年還本籍，六年主聖因寺，二十二年移住淨慈。聖駕南巡賜紫衣三次，三十三年退院，命法嗣實蔭代其事。工詩，善畫山水。《道古堂集》

---

① 元宏：清僧，字石庭，號杜鵑和尚。會稽姚氏。年十七祝髮。康熙間主京都彌陀寺，嘗召對暢春園，賦詩稱旨。康熙四十六年至天津海光寺，與成衡建關結夏，箋疏《楞嚴》。精於書畫，詩尤工。有《杜鵑集》《高雲詩集》。無僧傳，參《兩浙輶軒錄》卷三十九、《中國佛教人名大辭典》64頁。

② 實源：清僧，初名三友，號一泉，又號梅花舩子，青浦人。居白鶴江，投來青庵出家。寓奉賢。工詩善畫，復能詩。後游京師，往禮五臺，遂不復返。無僧傳，參《中國佛教人名大辭典》953頁、《中國古今書畫名人大辭典》664頁。

③ 張大司寇照：即張照，字得天，號涇南，又號天瓶居士。司寇，官名，職掌邢獄、糾察等事。

④ 明中（1711－1768）：清僧，字大恒，號烎虛，世稱中禪師。桐鄉施氏。七歲祝髮，依秀水楞嚴寺含明和尚習儒釋諸書。乾隆四年，得法於無礙永覺。嘗侍世宗講禪學。六年主西湖聖因寺，移山陰乾峰，歸天竺，二十二年主淨慈。有《烎虛詩鈔》及《語錄》，有僧傳。參《大藏經補編》第27册《新續高僧轉四集》卷十清錢塘淨慈寺沙門釋明中傳。

⑤ 舒明府雲亭：指舒瞻。

師秀而腴，天性沖和，能以儒通佛法，旁及繪事，大癡[1]之縝密，雲林[2]之疏秀，師兼有之，間亦寄意篆刻，尤長於詩，著有《茓虚詩鈔》。《飛鴻堂印人傳》

西湖淨慈寺僧明中，字大恒，《題姚梅村册》云："風香村路屐雲白，草堂衣氣韵清迴。"近日詩僧罕有及者，大恒能書畫，頗亦不俗。《半谷居詩話》

**名一**[3]

名一，號雪樵，白蓮寺住持，嘗學明中詩畫。《畫徵續録》

---

① 大癡：黄公望之號。

② 雲林：倪瓚之號。

③ 名一：參前文《國朝畫徵録》卷下"名一"注。

# 墨香居畫識

清馮金伯撰，成書年代不詳。全書十卷。本書收入明清畫僧十八人。本書所據底本爲《清代傳記叢刊》第72册《藝林類》7，臺北明文書局1985年影印本，臺北“國家圖書館”藏，索書號782. 1708 835574 v. 72。

## 【卷一】

釋淡成　釋爾幾　釋曇輝

**釋淡成**①

淡成，住超果寺之西來堂，達真位下三四輩徒也，善寫意花鳥。

**釋爾幾**②

爾幾，亦西來堂僧，畫筆酷似其前輩。

**釋曇輝**③

曇輝，松江西林寺僧，善山水，能鼓琴。

---

① 淡成：清僧，住南雁超果寺，善寫意花鳥。無僧傳，参《中國佛教人名大辭典》669頁、《中國古今書畫名人大辭典》407頁。

② 爾幾：清僧，住南雁超果寺，畫筆高妙，有古意。無僧傳，参《中國佛教人名大辭典》917頁、《中國古今書畫名人大辭典》668頁。

③ 曇輝：清僧，松江西林寺僧。善山水。能鼓琴。無僧傳，参《中國佛教人名大辭典》1044頁、《中國古今書畫名人大辭典》755頁。

## 【卷二】

釋寄塵　釋本曜

### 釋寄塵①

寄塵，長沙僧，寄塵以貿易往來荆襄間，居無定所。吴古心②宅湘陰③，日引以酬唱，如《東坡倅杭》④ 之得，行同思聰也。後予⑤居勺庭，寄塵適至鄂渚，知予係古心梓里，屬安副車嘉謨⑥邀至曇華寺，置酒相酌，極其款洽。微酣，出素箑⑦，寫蘭一枝並題句以贈。詩畫俱工，後亦不復相見。

### 釋本曜⑧

本曜，字振華，號晴崖，住珠溪之圓津寺，語石之法裔也。工山水，筆甚蒼老，嘗得墨井⑨仿石田翁⑩《夜雨止宿圖》，晴崖亦臨一幅，上有西樵⑪題云："揮毫紙墨兩相融，豈但烟巒皴染工。竹逕留賓清氣襲，山齋話雨白雲濛。胸中

---

① 寄塵：清僧，長沙鐵佛寺沙門無迹，字寄塵，湘潭彭氏。幼寄佛寺便薙度，性穎異，誦經即會其旨，既長，工書畫，喜吟詠，嘉慶間棲長沙鐵佛寺，故有鐵佛無迹之謂。後往閩粵易名航海道人，隨地易名，不居於物，凡所游處達官文士悉欣慕之。參《大藏經補編》第 27 册《新續高僧傳四集》卷六十五《清長沙鐵佛寺沙門釋無迹傳》。

② 吴古心：吴世賢，乾隆年間進士，字掌平，號古心，工詩，有《古心堂詩文稿》《香草齋集》；亦善蘭竹，隨筆揮灑，不拘古法，别有雅趣。參《中國古今書畫名人大辭典》177 頁"吴世賢"條。

③ 湘陰：湖南岳陽。

④ 《東坡倅杭》：即《東坡倅杭詩詞》。

⑤ 予：《墨香居畫識》作者馮金伯。

⑥ 安副車嘉謨：副榜貢生。副車，清代鄉試副榜貢生。

⑦ 箑：竹編的扇子。

⑧ 本曜（1722–1784）：清僧，字振華，號晴崖，吴縣童氏。祝髮青浦圓津禪院，爲旭林弟子。精篆刻，善山水。筆墨稍暇，率徒耕作。受歙人方楚厓醫法，寂後王昶撰塔銘。有《墨花禪印譜》。無僧傳，參《中國佛教人名大辭典》146 頁、《中國古今書畫名人大辭典》75 頁。

⑨ 墨井：清初畫家吴歷，字漁山，號墨井道人、桃溪居士，工詩，著有《墨井詩鈔》。少孤，清廉自好，於世俗多不屑意。曾學畫於太常王時敏，得其指授。參《中國古今書畫名人大辭典》194 頁"吴歷"條。

⑩ 石田翁：明朝畫家沈周，字啟南，號石田、白石翁，創吴門畫派。

⑪ 西樵：明末清初王士禄，字伯受，一字子底，號西樵，又號西樵山人、負苓子，順治年間進士，善詩，與其弟士祜、士禛合稱"三王"，著有《十笏草堂詩集》《表徵堂初刻》《西樵》。參《中國古今書畫名人大辭典》27 頁"王士禄"條。

早斷塵氛擾，腕底能通造化功。墨井墨花①參妙諦，後先嗣響石田翁。”語石爲廉州②高足，其作畫處曰“墨花禪”，乃西廬③所贈隸書額也。

## 【卷三】

釋覺銘　釋昌顯

### 釋覺銘④

覺銘，字慧照，一字靜遠，住持珠溪圓津寺。圓津⑤自語公以畫開山，得婁水正傳⑥，其法嗣若焦士、南林、雪槎⑦、丹崖⑧，咸喜翰墨，工點染，將及數傳，宗風勿替，亦禪門所罕見。今慧師⑨於禪悦餘閒，特精山水，更善吟詠，爲王藩伯述庵⑩所激賞。戊申四月，余⑪同邵西樵⑫、陳東橋⑬、褚文洲⑭過訪，讀畫、論詩，流連竟日。別後，蒙寄畫幅，并和余圓津訪畫詩三十二韵，不特押韵工穩，而情詞亦復清麗。東坡所云“語帶煙霞從古少，氣含蔬筍到公無”⑮，慧

---

① 圓津寺是“墨花禪”的發源地。

② 廉州：爲明末清初四王之王鑑，字元照，一字圓照，號湘碧，江南太倉人，崇禎年間舉人，後任廉州知府，世稱“王廉州”。

③ 西廬：指王時敏（1592–1680），字遜之，號煙客，又號西廬老人、西田主人。

④ 覺銘：清僧，字慧照，號靜遠，自署雲間方外畫史。青浦謝氏。依圓津振華祝髮，住珠溪圓津寺，爲語石四代法孫。喜吟詠，善山水，得師祖傳。輯有《圓津小志》六卷。無僧傳，參《中國佛教人名大辭典》1128頁、《中國古今書畫名人大辭典》820頁。

⑤ 圓津：指圓津草堂，也就是圓津禪院。

⑥ 婁水正傳：指“婁東畫派”，即清初至中晚期以江蘇太倉“四王”所發展出的畫派。

⑦ 雪槎：語石四代孫，善翰墨，工點染。無僧傳，參《中國古今書畫名人大辭典》411頁。

⑧ 丹崖：語石四代孫，青浦人，圓津寺僧。無僧傳，參《中國古今書畫名人大辭典》12頁。

⑨ 慧師：指覺銘。

⑩ 王藩伯述庵：即王述庵，王昶（1725–1806），字德甫，一字琴德，號蘭泉，晚號述庵。

⑪ 余：《墨香居畫識》作者馮金伯。

⑫ 邵西樵：名玘，字梱庭，號西樵。

⑬ 陳東橋：陳逵，原名夢鴻，字吉甫，號東橋，工六法，善寫蘭，韵格清絕，兼善竹石，亦能山水，曾刻墨蘭譜，著有《東橋詩鈔》。參《中國古今書畫名人大辭典》491頁。

⑭ 褚文洲：褚華，字秋萼，號文洲，諸生，工書，有《寶書堂詩鈔》。

⑮ 蘇東坡《贈詩僧道通》：雄豪而妙苦而腴，只有琴聰與蜜殊。語帶煙霞從古少，氣含蔬筍到公無。香林乍喜聞薝蔔，古井惟慚斷轆轤。爲報韓公莫輕許，從今島可是詩奴。參《中國古今書畫名人大辭典》876頁。

師其近之矣。

**釋昌顯**①

昌顯，慧遠②徒。昌顯字洪道，亦能寫山水。戊申荷月，予重游圓津，洪道寫贈尺幅，仿倪高士，疏林遠岫，筆甚清灑。

## 【卷四】

釋漏雲

**釋漏雲**③

漏雲，漏雲住上海之鐸庵時，往來石笋里，從恒齋先生④游，喜談詩，亦能寫梅。

## 【卷五】

釋祥　釋毓恒　釋仁惠附別禪

**釋祥**⑤

吴興釋主雲，名祥，住荻港之演教禪寺，係歸安古刹。主雲書畫皆宗法董文敏香光⑥，而其畫尤有骨力，并工韵語。所居寺内寶像頹壞，院宇傾圮，主雲矢願重新，不辭勞勤，焚膏繼晷，手寫山水千有餘幅，倩工陸續裝池，廣送檀越，每幅募化青蚨一貫⑦。人既念其誠，又愛其畫，求無不應，甫一載而功德完滿，是殆能以筆墨作緣事者。

---

① 昌顯：清僧，字宏達。住青浦圓津禪院。寺中先世皆工詩畫。顯雅好製藝，發爲文章。並工岐黄術，有就醫者，不分貧富悉心診視，年五十八卒。無僧傳，參《中國佛教人名大辭典》358 頁。

② 慧遠：指慧照靜遠，爲前文覺銘之徒弟。

③ 漏雲：明照，清僧，字漏雲。吴江陳氏。初侍文覺師，晚住上海鐸庵。戒律精嚴，兼工詩畫。有《漏雲居詩草》。無僧傳，參《中國佛教人名大辭典》369 頁、《中國古今書畫名人大辭典》244 頁。

④ 恒齋：李文炤，字元朗，號恒齋，康熙間舉人。

⑤ 釋祥：指際祥，字主雲，仁和人，住淨慈寺。無僧傳，參前文《履園畫學》“釋主雲”注。

⑥ 董文敏香光：即董其昌，字玄宰，號思白、香光居士，萬曆間進士，通禪、精鑒，工詩文，擅書畫，尤善山水。

⑦ 青蚨一貫：爲一千錢。

**釋毓恒**①

毓恒，雅南名毓恒，武林觀音寺之住持僧也。其所構之別院爲靜居庵，則在南屏淨慈寺間。予偕友人玩月湖上，嘗托宿焉。雅南居靜居日甚少，故未得相晤，見其所寫墨蘭頗有秀致。

**釋仁惠**②**附別禪**③

仁惠，吾郡龍門寺僧，大詮初名仁惠，後更名際權，號日棹。旋道行高潔，工詩，善寫墨蘭，得寄舟筆法。其徒別禪，工山水。

## 【卷六】

釋篠衫　釋侃峰

**釋篠衫**④

篠衫，揚州老衲，寫竹得鄭板橋法⑤，亦善花卉。

**釋侃峰**⑥

侃峰，住嘉興之蓮花庵，工寫墨蘭，人亦樸懋。

---

① 毓恒：清僧，字雅南，住杭州靜居庵，墨蘭頗秀，又工山水。參《中國佛教人名大辭典》919頁。

② 仁惠：清僧，名際權，字大銓，號棹旋，又號聽雪，松江李氏。住婁縣龍門寺，道行高潔，初爲打飯僧，後工畫能詩，善繪蘭竹。無僧傳，參《中國佛教人名大辭典》90頁。

③ 別禪：清僧，婁縣人。住邑之龍門寺。從師仁惠學畫，特精山水。無僧傳，參《中國佛教人名大辭典》297頁、《中國古今書畫名人大辭典》122頁。

④ 篠衫：清僧，住揚州。寫竹得鄭燮法，亦善花草。無僧傳，參《中國佛教人名大辭典》1051頁。

⑤ 鄭板橋：見前注。

⑥ 侃峰：清僧，住嘉興蓮花庵，工寫蘭。無僧傳，參《中國佛教人名大辭典》387頁、《中國古今書畫名人大辭典》236頁。

## 【卷七】

釋石莊　釋際慧

**釋石莊**①

石莊，號石頭和尚，金陵人，卓錫於揚州湖上之桃花庵，生平喜結文字緣。年逾七旬，老而彌篤，故過揚名士咸樂與之交。其畫山水，筆則沉著，墨則濃郁，有磊落之概，無蔬笋之氣。其徒西崖，能墨竹，宗文湖州②。孫竹塘③，學畫於吴堯圃④，亦稱善才，惜不永年。重孫甘亭⑤、善田⑥，皆喜畫，從袁竹室游⑦，駸駸⑧乎，克紹石頭衣鉢矣。

**釋際慧**⑨

際慧，字静蓀，號雪舟。幼聰慧，喜讀書，其母梁孺人，皈心淨域，遂命披剃於風橋法華寺。梁孺人長齋歸佛，依子繙經，意泊如也。後梁孺人八帨辰，適雪舟主無錫之南禪方丈，一時士大夫景孺人之霜節，重雪舟之梵行，贈言成帙，雪舟彙而刻之，題曰《繼德集》。又奉母命，撰著《禪宗心印》十卷，今已付梓。母歿後退棲於硎⑩山麓之何亭，禪誦餘閒，或吟小詩，或寫雜卉以遣興，而

---

① 石莊：清僧，名道存，號石頭和尚，上元人。披薙於郡承恩寺，主懷陰湛真，復卓錫揚州桃花庵，通禪教，擅文章，工畫山水，善吹洞簫，名士樂與之交。無僧傳，參《中國佛教人名大辭典》152頁、《中國古今書畫名人大辭典》86頁。

② 文湖州：擅畫墨竹。參《大藏經補編》第18册，《佛教繪畫史料》卷五。

③ 竹塘：即竹堂，清僧，法名根定，字竹堂，住江寧天界寺，與清涼僧海岳皆以詩畫自娱，爲名人讃賞。無僧傳，參《中國佛教人名大辭典》733頁、《中國古今書畫名人大辭典》91頁。

④ 吴堯圃：雍正年間瓷畫家。

⑤ 甘亭：即宣澍，石莊重孫。無僧傳，參《中國古今書畫名人大辭典》294頁。

⑥ 善田：甘亭徒，字小石，善彈琴，工畫側柏樹。無僧傳，參《中國古今書畫名人大辭典》556頁。

⑦ 袁竹室：袁慰祖，字竹室，長州人，工詩畫。參《中國古今書畫名人大辭典》356頁“袁慰祖”條。

⑧ 駸駸：指時間過得很快，事物日漸壯大。

⑨ 際慧：清僧，字静生，號静蓀，又號雪舟。吴之程氏。工雜畫，墨竹尤妙。年十三依蘇州法華寺純白薙染。依杭州靈隱巨濤義果受具。初學經教，繼謁憨初、澹如諸尊宿，復造無錫南禪，參長慶安蒙印可，遂嗣法席。乾隆四十九年退居蘇之支硎山法音精舍。有《禪宗心印》。無僧傳，參《中國佛教人名大辭典》906頁。

⑩ 硎：山名，支硎山。江蘇省蘇州市西，又名報恩山、南峰山。

墨菊尤妙。雪舟繪事蓋本於其師祖石鐘和尚云。石鐘已見前編。

## 【卷九】

釋清月

**釋清月**①

清月，揚州僧，清月字品蓮，號藕船道人，梵行孤高，善琴，工詩，尤精蘭竹。會倩吾友李漁②，以筆墨見貽。

## 【卷十】

釋宣澍

**釋宣澍**③

宣澍，金陵承恩寺僧。宣澍，字甘亭，工詩，能畫山水。

---

① 清月：清僧，又名律月，字品蓮，號藕船道人。揚州人。住杭州雲林寺。通禪教慎戒行，梵行高潔，精蘭竹，善琴工詩，有《品蓮吟草》。無僧傳，參《中國佛教人名大辭典》661-662頁、《中國古今書畫名人大辭典》409頁。

② 李漁：明末清初人，善文學戲曲，初名爲仙侣，字謫凡，入清後改爲“漁”，號笠翁，流寓金華、杭州等地，終老於杭州，有《閑情偶寄》。

③ 宣澍：石莊重孫，清僧，字甘亭，住揚州桃花庵，遷承恩寺。淹通百家，善畫山水，工篆刻。無僧傳，參《中國佛教人名大辭典》526頁。

# 墨林今話

清蔣寶齡撰，成書於道光年間。全書十八卷，收錄乾隆至道光年間江浙一帶書畫家千餘人。本書收入畫僧十四人。本書所據底本爲民國十四年（1925）中華書局排印聚珍仿宋本，臺北“國家圖書館”善本室藏，索書號 205. 1741. 6322/23377。

## 【卷四】

釋石莊

**釋石莊**①

釋石莊道存，又號石頭和尚，金陵人，居揚州之桃花庵，《墨香畫識》云：“石莊生平喜結文字緣，年逾七旬，老而彌篤，過揚名士喜與之交。其畫山水，筆墨沉著，有磊落之概。”《揚州畫舫錄》云：“石莊畫師查二瞻②，善吹洞簫，其徒西崖、竹堂③、古濤皆工畫，自是庵④以畫傳。”竹堂，兼刻竹根圖書，名與潘老桐埒。孫甘亭，畫如其師，詩人朱質⑤與之善。甘亭之徒善田，字小石，善彈琴，工畫側柏樹。竹堂以上，皆上元人。甘亭以下，皆揚州人。墨香⑥又云：“西崖，工墨竹，宗文湖州。竹堂學畫於吴堯圃。甘亭、善田皆從袁竹室游，畫得其傳。”

---

① 石莊：參前文《墨香居畫識》卷七“釋石莊”注。

② 查二瞻：查士標（1615-1698），安徽休寧人，字二瞻，號梅壑、梅壑散人，明諸生，書學米芾，近似華亭，畫法學倪高士。用筆疏簡，惜墨如金，氣韵荒寒，與孫逸、汪之瑞、僧弘仁並稱海陽四大家。參《中國古今書畫名人大辭典》297 頁。

③ 竹堂：參前文《墨香居畫識》卷七“竹塘”注。

④ 庵：指揚州桃花庵。

⑤ 朱質：清詩人，字二亭，江都人，天性純篤，工詩，著《二亭詩鈔》六卷。

⑥ 墨香：馮金伯。

## 【卷五】

釋際祥

### 釋際祥①

釋際祥，號主雲，吴興人，初住荻岡之演教寺，後主南屏淨慈寺席，書畫俱學董香光，而畫尤古淡有神，間似石師道人②。其在荻岡時所居院宇傾圮，矢願重新，乃手寫山水千餘幅廣送檀樾，人愛其畫，各爲解囊，甫一載而土木工畢，雲構爛然。其後住西湖，里人復葺留雲室止之。又工詩，述庵侍郎③稱其佳句云："桃花香似飯，水氣冷於冰。"《題畫云》："路繞西湖西復西，夕陽紅樹板橋低。秋風記得春歸日，花落柴門水滿溪。" 芸臺相國④撫浙時贈以楹帖云："南屏⑤秋色歸詩版，北苑⑥春山證畫禪。" 其見重於名，公不虚也。

## 【卷六】

釋寄塵

### 釋寄塵⑦

釋寄塵，衡麓湖南湘鄉人，工書法，善蘭竹、敗荷、殘菊，縱筆則佳。嘉慶初，滄州李味莊先生⑧任松太道，寄塵與江夏鐵舟⑨同至滬城，有《載將書畫到江南圖》，一時題者如雲。旋游閩南，隨使者往琉球，没於舟中，慶晴村將軍爲葬於福州之烏石山。寄塵亦工詩，《游長壽寺》句云："淨壇風掃地，清課月爲

---

① 際祥：參前文《履園畫學》"釋主雲"注和《墨香居畫識》卷五"釋祥"注。

② 石師道人：指王原祁，參前文《國朝畫徵錄》卷下"王原祁"注。

③ 述庵侍郎：指王昶。

④ 芸臺相國：阮元（1764－1849），清乾隆年間進士，字伯元，號芸臺，清乾嘉學派經學家。參《中國古今書畫名人大辭典》127頁"阮元"條。

⑤ 南屏：山名，浙江杭州西湖十景之一。

⑥ 北苑：指董源。

⑦ 寄塵：參前文《墨香居畫識》卷二"釋寄塵"注。

⑧ 李味莊：李廷敬（？－1806），乾隆年間進士，字景叔，號寧圃，一字味莊。工詩文，能書，清乾隆年間倡提風雅。

⑨ 江夏鐵舟：指韵可，號鐵舟，又號木石山人，故江夏名家子。

鐙。”隨園太史①賞之，《讀畫閒評》云：“寄廛寓五羊城，以書畫名傾海國，服飾豪奢有過於紈絝子者。花船妓扇，靡不乞其字迹，以炫一時。”故隨園贈詩有“幾筆銀鈎字，珠娘扇上皆”，蓋實錄也。

## 【卷七】

釋韵可

**釋韵可②**

釋韵可，號鐵舟，又號木石山人，故江夏名家子，善鼓琴，工書法，尤擅寫石竹花卉。渡江而東，名噪吴越。自巨室、富商，以至酒樓伎館，靡不乞其筆墨。初寓滬瀆，後居虎阜，時亦游禾中、魏塘，及吴興苕③霅④間，所至人倒屣。潤筆既豐，得以資揮霍，或贈寒素，弗惜也。余⑤於丁丑歲始視公於齊女門外之寓庵，時林君雙樹、徐君二卯咸在，遂於平遠山樓置酒小飲，疏窗手拓，頓豁心眼，空青遠翠，都入几席。醉後，余爲作《山樓秋訪圖》，至日暮而返。越一載，公自苕上歸，得病，遽示寂。所存古法書、名畫及其遺迹甚多。弟子某遠在楚中，鐍置一室，煙雲散盡，惜哉。夢樓太史云：“所見琴師多矣，上人疾徐清濁，動中古音，賞會徘徊，使人意遠。”趙蓉湖太守⑥云：“上人畫，縱筆趁意，侍者日磨斗墨，供其揮灑，數十幅俄頃立就。因戲謂之曰：‘古人惜墨如金，阿

---

① 隨園太史：指袁枚（1716－1798），字子才，號簡齋，別號隨園老人，時稱隨園先生。清乾隆年間進士，擅詩、賦、駢文、小品文、筆記，清代八大駢文家之一，與紀昀並稱，著有《隨園詩話》《小倉山房文集》《子不語》《祭妹文》。參《中國古今書畫名人大辭典》354 頁“袁枚”條。

② 韵可：原《墨林今話》卷七將“韵可”錯刊爲“可韶”，今查閱更正爲“韵可”。清僧，字鐵舟，號木石山人。武昌黄氏。乾隆中住蘇州李王廟。工書法，善花卉、蘭竹，書近蘇米，花卉似徐青藤。渡江而東，名噪吴越。又工詩，善鼓琴，醫術濟世。晚居上海太平寺，得筆潤，輒贈寒素。著有《傷科闡微》，未刊而卒。無僧傳，參《中國佛教人名大辭典》1106 頁、《中國古今書畫名人大辭典》809 頁“韵可”條。

③ 苕：苕溪，在今浙江省湖州市。

④ 霅：霅溪，在今浙江省湖州市。

⑤ 余：《墨林今話》作者蔣寶齡。

⑥ 趙蓉湖太守：趙學轍，嘉慶年間進士，字季由，號蓉湖，書法顏、米、趙、董諸家，兼工篆隸，并擅墨竹、蘭、石。參《中國古今書畫名人大辭典》691 頁“趙學轍”條。

師揮墨如土。’”公書法近蘇、米，爛然天真，意趣自作。水墨花卉似徐青籐①，論者謂“非深於臨池不能也”。間作倪、黄山水，蕭寥荒率，亦有畫外遠致。性通脱，游戲塵海，不拘禪律。聞其化去時，真如了徹，蓋得西來大意者。昔雙樹居士②與公至好，欲爲作傳，未果旋歿。余雖掇其大略志之，然未盡十之五也。鐵公題畫詩，不自檢點，隨手而書，輒多疵句，然亦有風韵，極佳者爲存三首。《題墨梅》云：“冷光十里斷行迹，僵到詩人一屋寒。惟有溪頭老梅樹，五更風雪不相干。”《墨荷》云：“曾向西湖載酒歸，香風十里弄晴暉。墨池留得枯荷在，可有秋聲到客衣。”《墨桃花》云：“漁郎去後雨濛濛，從此仙源路不通。一夜春風十千樹，人間悵望早霞紅。”又《壬戌寒食日晤改七薌》一絶云：“桃花片片打紅潮，寒食逢君别恨消。記否當年中酒處，透簾斜日不聞簫。”

## 【卷八】

釋覺銘

**釋覺銘**③

青浦慧上人覺銘，號静遠，珠溪圓津寺語石四代孫，能詩，尤善六法，嘗至京，師從名公卿游歸，王蘭泉司寇④、錢竹汀宫詹⑤、梁山舟侍講⑥，咸訂爲方外交，由是詩畫日益。公數十年來以煙雲爲禪悦，至老弗衰，其畫雖本祖法，而老筆蕭疏，脱略蹊逕，得之思翁⑦爲多。自篆圖章曰“雲閒方外”，今年七十有五。曾見其水墨小幀，《自題》云：“老樹凌煙冷，溪頭晚景深。收綸閒倚棹，雲水自無心。”書法亦有樸老之致。《墨香畫識》云：“圓津自語公以畫開山，得

① 徐青籐：即徐渭，字文長，號青藤老人、青藤道士。

② 雙樹居士：林雙樹居士，目前暫無相關資料。

③ 覺銘：參《墨香居畫識》卷三“釋覺銘”注。

④ 王蘭泉司寇：即王昶（1724-1806）。

⑤ 錢竹汀宫詹：即錢大昕（1728-1804），清乾隆年間進士，官至少詹事，字及之，一字曉徵，號辛楣，又號竹汀，精金石小學，擅隸書。參《中國古今書畫名人大辭典》772頁“錢大昕”條。

⑥ 梁山舟侍講：梁同書（1723-1815），字元穎，號山舟，晚號不翁，乾隆年間進士，官至侍講。博學多聞，精工書法，初法顔、柳，中年以米家法，晚年自成一格，任運自然。兼擅人物、花卉，宕逸有奇致。參《中國古今書畫名人大辭典》432頁“梁同書”條。

⑦ 思翁：即董其昌。

婁水正傳，其法嗣若焦士、南林①、雪槎②、丹厓③，咸喜翰墨，工點染，將及數傳，宗風勿替，亦禪門所罕見。今慧師於繪事之外，更喜吟詠，一時名士咸心折，尤難得已。”墨香與上人酬唱甚多，答其《寄懷》一絶云：“雲構翛然水一灣，息機誰似遠公閒。去時預約來時候，興在涼秋澹靄間。”

## 【卷九】

釋雪島

**釋雪島**④

釋雪島，又號萍香，湖北黄梅縣人，寫蘭石，曾住吴中，有小印曰“行腳三十年”。見其贈人小幅，《自題》有“最喜梅花香雪海，兩三間屋曉煙浮”之句，詩書畫俱無蔬筍氣。

## 【卷十一】

釋因成

**釋因成**⑤

同邑釋因成，號靜緣，又號埽葉頭陀，自幼薙染，爲郡中獅林法嗣，今住北山破腹禪居，善寫梅，筆意清簡，得逃禪老人法⑥。又能山水、蘭、石，工小詩，近日緇流中韵士也。《山居》絶句云：“世網牽纏三十春，香臺原不著纖塵。林間猿鳥還相識，我是寒山舊主人。”“荒巖野寺遠官曹，自種青麻織布袍。有時鄰翁晚相過，聽松直到月輪高。”“杖策尋詩到處留，芊緜草緑小溪頭。生憐

---

① 南林：清僧，青浦人，住珠溪圓津寺，語石四代孫，亦工山水。參《中國古今書畫名人大辭典》294 頁。

② 雪槎：語石四代孫，善翰墨，工點染。

③ 丹厓：參《墨香居畫識》卷三“丹崖”注。

④ 雪島：清僧，字萍香，黄梅人，善畫蘭石。參《中國佛教人名大辭典》634 頁。

⑤ 因成：清僧，號靜緣，又號掃葉頭陀，常熟人。自幼薙染，郡中獅林法嗣，住北山破腹禪居。善寫梅及山水蘭竹，筆意清簡，小詩亦佳。無僧傳，參《中國古今書畫名人大辭典》90 頁。

⑥ 逃禪老人：指楊無咎，參前文《御定佩文齋書畫譜》卷五十八“逃禪老人”注。

飛絮無禪力，又逐東風上畫樓。”子蕭太史①嘗稱賞之。

## 【卷十二】

釋靈湛

### 釋靈湛②

釋靈湛，號鏡庵，崑山人，曾主杭六通寺席，退居吴門，晚得北郭禪室，曰“金井庵”。翦茆薙草，灌畦種蔬，自號華溪禪隱。庵故有“白業堂”，已廢，公爲經營久之，别葺一室，復其名嗣。又搜得南來老人所遺詩卷及文待詔③所書“白雲鄔”額，心益喜，即請其友嚴同甫④書楹帖紀之。公禪行甚高，能詩，善山水、梅、菊，兼佛像人物，其畫山水合宋、元諸家，法備氣足，或潑墨爲米老雲山，或惜墨作倪迂小景，無不工。好交山人野叟，瓶盎⑤蕭然，恒出伊蒲饌⑥供客。一日，忽謂余⑦曰：“塵囂苦煩，欲作打包計。天台、石梁之間，遍歷所在，吾將老焉。”未幾，遽示寂，所儲古今人迹及金石圖章、文房翫物，多佳者。自公化去，散去莫可問矣。

① 子蕭太史：即“子瀟太史”，孫原湘（1760–1829），清嘉慶年間進士，字子瀟，一字長真，晚號心青，自署姑射仙人侍者，善行楷、古隸，精畫梅，兼工墨蘭、水仙。參《中國古今書畫名人大辭典》383頁“孫原湘”條。

② 靈湛：清僧，號鏡，崑山人。俗姓吴，名彭年，號天壺散人，自稱華溪禪隱。仁和通寺僧。有《萍踪草》，無僧傳，參《中國佛教人名大辭典》1153頁。

③ 文待詔：即文徵明。

④ 嚴同甫：即嚴寅，字同甫，號介堂，晚號菊隱山人，善詩，工篆書，兼作山水。參《中國古今書畫名人大辭典》821頁“嚴寅”條。

⑤ 瓶盎：食器。

⑥ 伊蒲饌：素齋。

⑦ 余：《墨林今話》作者蔣寶齡。

## 【卷十三】

釋明澈

### 釋明澈①

釋明澈，號懶庵，長洲人，俗姓沈，爲蘭初先生天中之孫。主獅林寺席有年，退院於西山鳳巢後，又得精舍於北城，曰“善慶”，葺而居之。中有夢樓太守②書額，曰“煑糙米鐺居”，旁室曰“肖雲棲”，竹徑幽深，籬落間多種梅花，禪侶三四，魚梵清寂。又多藏名人妙墨，偶作山水，宗思翁、廉州，脱略繩墨，秀淨雅潔，嘗畫小景自娱曰：“吾於此中作汗漫游，不必蠟登山屐也。”詩不多作，其《庵居》一絶云：“静掩柴關向碧蘿，日長車馬少經過。山童不耐閒庭澹，添得秋花屋角多。”道光乙酉年示寂，世壽五十有一，法嗣如德，號借雲，元和人，工行楷書，兼善畫蘭，得衡山③、古白④兩家意，繼主獅林席。

## 【卷十四】

釋達曾　釋證渟　釋韫堅

### 釋達曾⑤

釋達曾，號竺峰，震澤人，南潯東藏寺僧。自爲沙彌時，志量闊遠，便思振興梵宇。及長，才識過人，凡重任鉅舉，及人所難能之事，獨喜當之，無倦色。震邑有崇福永樂寺者，在麻溪之濱，久廢，師往爲募貲重建，務極宏麗，凡數載，訖工仍返東藏。東藏亦舊刹，而寮舍不多，規模甚狹，師乃相度其勢，逐漸改營，弗吝所費，既久，遂成名藍。平生澹泊自持，能鼓琴，吟小詩。畫梅，師

---

① 明澈：清僧，又作明徹，字懶庵，號觀性，又號一石庵主。參前文《履園畫學》“釋懶庵”注。

② 夢樓太守：爲“王文治”，字禹卿，號夢樓，乾隆進士，官至翰林侍讀，工書，擅花卉，尤喜梅。參《中國古今書畫人名大辭典》30 頁。

③ 衡山：指文徵明，名壁，字徵明，號衡山居士。

④ 古白：生卒年不詳，明代畫家，字古白，工詩、文，善書法、山水，寫蘭，萬曆年間諸生。

⑤ 達曾：號竺峰，震澤楊氏，住南潯東藏寺。康熙中，住松江超果寺，募興梵宇，頗著勞績，工詩，善畫墨梅，又善彭琴。無僧傳，參《中國佛教人名大辭典》，710 頁。

煮石山農①，疏峭歷落，得法外意。弟子悟詮，號柳橋，儒家子，嗜古精鑒，工書，所蓄端硯皆上品。柳公弟子證渟，號墨緣，尤以六法著。東藏之名遂播遠邇，過者咸欲取片墨，且訂塵外交焉。竺公所著《香影庵詩》半皆己丑年所作，和②余《寒宵煨芋》詩云："風聲蕭蕭響隔廊，寒宵對坐未覺長。月到小窗見松影，詩聯短句搜枯腸。南鄰送炭舊有例，稱我冬來煨芋計。地爐熾火暗分香，只有兩人知此味。三更已過興尚賒，解渴更煮松蘿茶。寒威凜冽敗棉薄，只恐來朝吹雪花。"《早起》五絶云："凍雲遮日光，黄葉落如雨。草堂門未開，但聞鳥相語。"他如"半塔頹成畫，一溪清入秋。磬聲涼似水，茶味澹於僧"，並可采入禪林韵語。

**釋證渟③**

證渟，亦震澤人，初號梅田，其稱"墨緣"者，余④所贈也。幼習楷法，兼畫山水，俱有秀挺之致。余初至潯，在乙酉秋假榻寺樓，墨緣以畫請業，願爲方外弟子。余并勉其學詩，相契甚洽。越四年復至，則其畫與詩俱進，畫更超詣，欲參香光之席，蓋其慧根既深，又加篤嗜，故能如是之速。武進湯雨生都督⑤今藝苑領袖，見其所作，極稱賞，即馳縑素乞其畫，而墨緣已抱疾不能起。辛卯六月竟化去，年纔二十九，惜哉。墨緣體素弱，清削見骨，而負氣兀傲，其於緇流，罕有合意，獨喜親才藝之士，固亦矯矯自拔者。詩多散佚，僅存己丑以前所錄本。《菁山偶成》云："白雲破處飛鳥還，欲上苔梯足力艱。松竹密蒙青不了，誰能畫此夕陽山？"《贈曉峰》云："一笑相逢氣誼投，澹無言語對清秋。山童正熱茶爐火，與座松風閣上頭。"《靜院》云："靜院沉沉秋氣添，月痕如雪滿前

---

① 煮石山農：王冕（1287－1359），字元章，一字元肅，號老村，又號竹堂、煮石山農、山農、飯牛翁、梅花屋主。善畫竹，尤工墨梅，亦工刻印。參《中國古今書畫名人大辭典》50 頁"王冕"條。

② 和：唱和。

③ 證渟：又作"證停"，清僧，初號梅田，更號墨緣，震澤人。蔣寶齡弟子，工書法，善山水，具有秀挺之致，湯貽汾亦極稱賞之。卒年二十九。無僧傳，參《中國古今書畫名人大辭典》809 頁"證停"條。

④ 余：《墨林今話》作者蔣寶齡。

⑤ 湯雨生：湯貽汾（1778－1853），字若儀，號雨生，晚號粥翁。工詩文、書、畫，精山水、工花卉點染，閒淡超脱，善畫梅，有神韵，兼寫松柏，頗能入古，爲婁東畫派之繼承者。參《中國古今書畫名人大辭典》574 頁"湯貽汾"條。

檐。關情籬下霜枝瘦，卻恨清香不透簾。”《題費子苕①環溪種柳圖》云：“溪流十里漾漣漪，溪上應須柳萬枝。來歲春風二三月，知君栽遍葉如眉。”“次第煙光染綠痕，流鶯聲到竹間門。漁人打槳重來此，忽訝穠陰又一邨。”《冬夜步月》五絶云：“同行過溪西，何處月明好？一碧浸澄波，下視天下小。”其他可誦者甚多，余爲别錄一册，以俟賞音。

**釋韞堅②**

釋韞堅，原名昌印，號石生，甘泉韋氏子，脱白於焦山，爲巨超和尚③法孫。壬辰春，行脚至松陵，寓平望通濟禪院，余友王徵士硯農④悉其能畫，訪之，旋以所作山水便面并詩寄余，筆趣淹潤，妙於用墨。詩亦有清致，《題畫》五絶云：“斜陽古寺明，遠澗飛泉語。風吹一杵鐘，松聲忽成雨。”適余編次是卷，因附於末。

## 【卷十五】

釋超然　釋明儉

**釋超然⑤**

釋超然，字友蓮，號松溪，海寧白馬寺僧，工書，善蘭竹。近日方外以筆墨著者，海昌⑥爲盛，而能承家學則推白馬廟焉。松公書學董文敏，藏其佳帖最

---

① 費子苕：費丹旭（1802-1850），字子苕，號曉樓，晚號偶翁，又號環渚生，工寫照，瀟灑自然，兼工山水、花卉，清靈淡雅。參《中國古今書畫名人大辭典》565 頁“費丹旭”條。

② 韞堅：清僧，原名昌印，號石生，甘泉韋氏，脱白於焦山，爲巨超法孫。畫山水，氣韵淹潤，妙於用墨，亦能詩。無僧傳，參《中國佛教人名大辭典》1095 頁。

③ 巨超和尚：指清恒，乾隆道光年間詩僧，字巨超，號借庵，清江南鎮定慧寺、焦山寺僧。有《借庵詩鈔》，《新續高僧傳四集》卷六十五有丹徒焦山定慧寺沙門釋清恒傳，參《大藏經補篇》第 27 册、《中國佛教人名大辭典》663 頁“清恒”條。

④ 王徵士硯農：徵士即隱士，王硯農，一爲道光間舉人王之佐，字硯農，工吟詠，兼擅畫蘭。一爲光緒年間王承田，字硯農，能詩，工書。與蔣寶齡相近者應該爲道光舉人王之佐。參《中國古今書畫名人大辭典》29-41 頁。

⑤ 超然：清僧，字友蓮，號松溪，海寧人，住白馬寺，工書，善畫蘭竹。無僧傳，參《中國佛教人名大辭典》702 頁。

⑥ 海昌：地名，指今浙江海寧。

夥，暇則臨摹不肯輟管。人以縑素請者，必扃户①爲之，勿令窺視，故書畫多有靜妙之致。

**釋明儉②**

釋明儉，字智勤，號几谷，丹徒王氏子，出家小九華山，能詩，書摹晉人法帖，工畫山水、花卉。山水出入荆關③、馬夏④，下筆如風，墨采沉鬱，與海昌釋六舟善，嘗共客黄巖總鎮⑤湯公所，偕游雁蕩六日，窮極幽奧。歸畫長卷紀勝，寶山張問秋⑥題曰《雁山雙錫圖》，雪瀑雲嵐湧現紙上，乃奇作也。曩⑦嘗訪于吴門，適于他往，特以小幅見貽，疏略荒冷，别是一種《雙錫圖》，今藏六舟處，題者已夥。

## 【卷十六】

釋明辰

**釋明辰⑧**

釋明辰，號問樵，揚州建隆寺方丈，以琴名江南北，時往來焦山，方外之勝流也。道光初年，吴中琴會稱極盛，師嘗一至，老友鄭山人恒從之游，余未獲見。聞其禪誦之暇，夙好畫梅，不必遠師古人，下筆輒有逸趣，亦工八分，摹鄧石如⑨者幾可亂真。平生琴弟子極多，有丹徒羽士袁清甫⑩，名澄，傳其指法。

---

① 扃户：閉門。

② 明儉：字智勤，號几谷，丹徒王氏，出家小九華山真武殿，能詩善畫，與海昌六舟善，嘗與偕游雁宕歸，畫《雁山雙錫圖》，雪瀑雲嵐，湧現紙上，一時推爲奇作。咸同往來焦山。住海雲庵。無僧傳，參《中國佛教人名大辭典》371頁、《中國古今書畫名人大辭典》244頁。

③ 荆關：爲五代十國北方畫派荆浩和關仝之稱，作品以雄渾、宏大著稱。

④ 馬夏：爲南宋四家之馬遠、夏圭，以畫山水著稱。

⑤ 黄巖總鎮：地名，浙江黄巖鎮。

⑥ 張問秋：即張朝桂，嘉慶年間舉人，字問秋，號楣生，善寫意花卉，有逸趣，尤精梅、菊。參《中國古今書畫名人大辭典》539頁“張朝桂”條。

⑦ 曩：從前。

⑧ 明辰：清僧，字問樵，江都江氏。善詩畫，並精琴理，有名於時。住揚州建隆寺，尋隱京口八公洞半壑庵。無僧傳，參《中國佛教人名大辭典》361頁。

⑨ 鄧石如（1743-1805）：原名琰，字頑伯，號完白山人，工篆刻，自成一派，世稱鄧派。

⑩ 袁清甫：名澄，字清甫，清道光年間道士，工山水，學於周子京，筆力蒼厚。

清甫又工山水，學於同邑周子京①，筆甚蒼厚，滄浪僧六舟爲余②言。

## 【卷十七】

釋了義　釋道昱　釋正性

### 釋了義③

釋了義，初名常清，號松光，主南屏淨慈寺，工詩畫，善琴弈。山水得奚鐵生④指授，有《妙香軒詩鈔》。《題畫》云："誰家亭榭水西灘，天宇澄空眼界寬。點點秋鴻飛未了，遙山一桁耐人看。""行過南屏又赤山，一條略彴跨潺湲。道人傍晚鐘敲罷，纔得功夫看白鷗。"其徒青雨⑤，亦善詩畫，早卒。

### 釋道昱⑥

釋道昱，字香海，本越郡陳氏子，繼單斗南居士後，因多病披緇，曾誅茆⑦西之溪花鄔，尋居東郭，隱修蘭若。精宗教，工詩律，偶作畫，不落前人窠臼。居恒枯坐一室，長吟自樂。《湖上》句云："新釀只供名士飲，好山不厭野僧看。"徒圓宗⑧，字芥山，亦擅詩畫，並精琴理。

### 釋正性⑨

釋正性，號墨癡，山陰人，嘗寓山塘怡賢丈室。畫墨竹，能作巨幀，直幹挺

① 周子京：周鎬，字子京，嘉慶、道光年間畫師，工山水。

② 余：《墨林今話》作者蔣寶齡。

③ 了義：清僧，一名常清，號松光，又號訥庵。屯溪王氏。研習經論，過目不忘。參徑山雪得法。乾隆間主杭州靜慈。禪誦之餘，工詩善丹青，徒衆從之學，淨慈畫風見稱於時。有《妙香軒詩鈔》。無僧傳，參《中國佛教人名大辭典》16 頁。

④ 奚鐵生（1746-1803）：原名鋼，字鐵生，一字純章，又號夢龕，別署鶴渚生、蒙泉外史、蒙道士、奚道士、散木居士。善書、畫、篆刻，工四體，兼工山水、花卉、蘭竹。

⑤ 青雨：即"達宣"，清僧，字青雨，海昌人，師事了義，得其法，繼席錢塘淨慈寺。工詩善畫，尤精草隸，有《茶夢山房吟草》。無僧傳，參《晚晴簃詩匯》卷一九七、《中國佛教人名大辭典》709 頁。

⑥ 道昱：字香海，本越郡陳氏子，因多病披緇，曾誅茆西溪花鄔，尋居東郭，隱修蘭若，精宗教，工詩律，作畫不落窠臼。居恒枯坐一室，長吟自樂。無僧傳，參《中國佛教人名大辭典》811 頁。

⑦ 誅茆：芟除茅草，引申爲結廬安居。

⑧ 圓宗：清僧，字芥山，杭州人。幼依香海道昱出家，日侍左右，得昱善繪真傳，終以山水花卉命家，盛名一時。無僧傳，參《中國佛教人名大辭典》869 頁、《中國古今書畫名人大辭典》620 頁。

⑨ 正性：清僧，號龍池道人。住宜興龍池寺，工畫水墨大竹，筆勢雄偉入神。無僧傳，參《中國佛教人名大辭典》126 頁。

立，有精鋭之氣。又嘗見其畫貓一幅，綴以片石疏花，亦妙。

## 【卷十八】

釋雪舫　釋達受　釋明明

**釋雪舫**①

焦山釋雪舫覺堂，號水晶庵主，餘姚人，工行草書，善寫竹，行腳所至，鬻②書畫自給。嘗畫《綠天詩意小影》，吴越名流多題贈之作。雪舫本詩僧借庵法嗣③，故借公贈作甚多。《焦山送雪舫南歸》四律中二句云："塵沙刼已成三世，書畫船應過一生。"紀實也。雪舫詩如《過焦山呈借庵老人》中有"心如山靜應多壽，名以人傳豈在時"之句，亦可傳。

**釋達受**④

釋達受，號六舟，海昌白馬廟僧，故名家子，耽翰墨，不受禪縛，行腳半天下，名流碩彥，無不樂與交游。精鑑别古器及碑版之屬，阮太傅⑤以"金石僧"呼之。間寫花卉，得青藤老人⑥踪逸之致，篆隸飛白⑦，鐵筆⑧並妙，搨手精絶，能具各器全形，陰陽虚實，無不逼真。嘗拓古銅器二十四種，同人各綴以折枝花卉裝成巨卷，古雅絶倫，觀者詫爲得未曾有。儲藏甚富，懷素小《千文》真迹，愈爲希世之珍，故又號"小綠天庵僧"。一至都門⑨即掉頭返，今主西湖淨慈寺。

---

① 雪舫：清僧，字覺堂，自號水晶庵主，餘姚人，借庵法嗣。工行草，善山水並寫竹。行腳所至，賣書畫自給。無僧傳，參《中國佛教人名大辭典》634頁。

② 鬻：賣。指雪舫賣畫自給自足。

③ 借庵法嗣：參前文《墨林今話》卷十四"巨超和尚"注。

④ 達受：清僧，字六舟，又號秋檝，海寧姚氏。祝髮城北白馬禪院。梵課精進，兼好儒書，於六書章草，無不精通。嗜金石，收藏彝器碑版甚富，得懷素大小草千字文墨迹，鈎摹上石，賦詩紀之。阮元太傅以金石僧呼之。初住蘇州滄浪亭火雲庵，遷主杭州南屏，厭酬應，退居海寧。有《祖庭數典錄》《六書廣通》《兩浙金石補遺》《白馬廟志》《天竺山志》《雲林寺志》。無僧傳，參《晚晴簃詩匯》卷一九七、《中國佛教人名大辭典》709頁。

⑤ 阮太傅：即阮元，參前文《墨林今話》卷六"蕓臺相國"注。

⑥ 青藤老人：即徐渭。

⑦ 飛白：指傳統書畫中用墨韵所製造出來的留白，并藉留白處與墨的對比來表現畫面中的虚與實。

⑧ 鐵筆：指篆刻。

⑨ 都門：京都城門，借指京都。

法徒予樵，亦善山水、兼刻，惜早卒。

**釋明明**①

和尚明明，字髡殘，俗姓艾，字石船，上元人。初爲羽流，後募游四方，工人物、花卉，曾作菊花百種，對花寫照，各極形似。晚歲始祝髮，居不二庵，即龔半千②半畝園故宅，有印曰“白頭皈佛一生心”。暇則挑覽山川，以畫自娛。湯雨生都督最重之。圓寂後，都督挽一聯曰：“出了家成了藝傳了名，安得心撒得手瞑得目。”

---

① 明明：暫無相關資料。

② 龔半千：龔賢（1618-1689），又名豈賢，字半千，又字野遺，號半畝，又號柴丈人。工詩文，善行草，所作山水喜用濃墨，曾自寫小照，作掃葉僧，爲金陵八大家之首。參《中國古今書畫名人大辭典》837頁“龔賢”條。

# 甌鉢羅室書畫過目考[①]

清李玉棻撰，成書於光緒年間。全書共四卷，收錄清代畫家近千人。本書收入附卷《釋氏》畫僧十七人。

## 【附卷】釋氏目錄

道濟　正嵒　宏仁　通真　髡殘　上睿　達真

寶源　明中　石莊　真覺　韵可　寄塵　相潤

達受　明明　量雲

### 道濟

道濟[②]，一名原濟，字石濤，號大滌子，又號苦瓜和尚、瞎尊者、清湘陳人、清湘遺人、清湘老人。勝國楚藩後人，工山水、蘭竹、花木，脱盡窠臼，兼隸書。王翬推爲第一作手。余[③]藏有設色《畫張僧繇訪友圖》長幀，長丈許，寬僅九寸，樹色山光，青紫絢爛，而筆意奇矯，風神灑落，直前無古人，後無來者。行書長識末語云："癸卯秋日邗上吴山亭喜雨作畫，是一快事，不愧此紙。"數百年物，舊藏吴門鄒氏，鈐有藏印爲"無上妙品"，餘見不具錄焉。

### 正嵒

正嵒[④]，字豁堂，號菽庵，一號藕漁，又號耦餘，晚號南屏隱叟。俗姓徐，名繼思，浙江仁和人，感時爲僧，主常熟三峰方丈。工山水，直接踵於宋、元諸家，著《同凡集》。皂陰方尚書藏有設色山水大册，深得倪、黄神韵，蓋亦私淑奉常也。

---

① 本書所據底本爲《清代傳記叢刊》第74册《藝林類》11，臺北明文書局1985年影印本。臺北"國家圖書館"藏，索書號782. 1708 8355 74 v. 74。

② 道濟：參前文《國朝畫徵續錄》卷下"道濟"注。

③ 余：《甌鉢羅室書畫過目考》作者李玉棻。

④ 正嵒：即《國朝畫識》卷下所述之"止嵒"，參前文"止嵒"注。

**宏仁**

宏仁①，字漸江，號梅花古衲，安徽歙縣人，俗姓江，名韜，字六奇。勝國諸生，山水師雲林，新安畫家宗清閟②，蓋漸江導先路也。江小雲觀察③藏有設色山水大幀，款署仿倪迂，而筆繁墨焰，兼具大癡蒼厚，爲精絶之作。心泉上人藏有墨山水長卷，筆意薈萃，元季諸家，非僅學雲林者也。

**通真**

通真④，字超澄，號月江，又號語石。江蘇青浦人，俗姓羅，祝髮於圓津禪院。山水宗巨然，工詩，曾於古肆⑤見有墨山水大幀，展軸妄擬。廉州審識之，則山根隙中鈐有語石朱文印章，無款識，一時不能記憶，俟考。悉聞歸馮展雲司寇⑥矣，失之交臂，至今悵怏。

**髡殘**

髡殘⑦，字白禿，一字介邛⑧，號石谿，一號茰壤，又號殘道者、庵住行人。江蘇武陵人，俗姓劉，住金陵牛首山，工山水，好寫奇闢奥景，誠元人之勝概，全從蒲團中得來，題識多寓興亡之感。余⑨藏有設色山水長幀，長丈許，寬盈尺，老筆槎枒⑩，氣韵雄秀，而與所藏石濤畫恰成對幀，款署爲袁居士畫，末語云："癸卯於梅閉關静養一年，作此不覺於芙蓉峰"。合掌所見，其畫甚多，此爲精絶。

**上睿**

上睿⑪，字潯濬，號目存，又號蒲室子，江蘇吴縣人。山水得王翬指授，花

---

① 宏仁：即弘仁、漸江，參前文《續畫錄》卷二"釋漸江"注。

② 清閟：指"清閟閣"，爲倪瓚所創。

③ 江小雲觀察：江清驥，道光年間舉人，字小雲，號頤園，工篆、隸、行、草。參《中國古今書畫名人大辭典》103 頁"江清驥"條。

④ 通真：即《國朝畫識》卷下所述之"通證"，參前文《國朝畫識》卷下"通證"注。

⑤ 古肆：指古董店鋪。

⑥ 馮展雲：即馮譽驥，道光年間進士，字仲良，號展雲，生平廉潔，嗜書畫，仿王翬畫，秀潤工緻。參《中國古今書畫名人大辭典》590 頁"馮譽驥"條。

⑦ 髡殘：即石谿，參前文《讀畫錄》卷二石谿和尚注。

⑧ 邛：應爲"邱"。

⑨ 余：《歐鉢羅室書畫過目考》作者李玉棻。

⑩ 槎枒：樹木參差不齊之語。

⑪ 上睿：即目存，參前文《國朝畫徵錄》卷下"目存"注。

鳥得惲格真傳，著餘習吟。宜春宇少司農藏有設色山水大幀，幾與虞山①兩家②相並，古肆見有設色《三友圖》大幀，極似石田。

**達真**

達真③，字簡庵，江蘇婁縣人，俗姓楊，受度超果寺，工花鳥。王鴻緒④以其畫進呈，仁廟⑤稱爲能品，工詩。沈揖甫比部藏有《竹陰睡鳥圖》立幀，清雅工麗，無疏笋氣習。

**賓源**

賓源⑥，字三友，號一泉，又號梅花禪子，江蘇青浦人，張文敏公照構别業於横雲山，請其主之。辛未南巡呈進《梅花》長卷，嘉其縱横，不拘矩矱。工詩。張蓮生司馬藏有《墨梅》立幀，惜絹本剥落，存此以備一家。

**明中**

明中⑦，字大恒，號烎虛，一號嘯崖，浙江桐鄉人，俗姓施，主南屏淨慈寺。山水得元人之氣韵。高廟南巡，三賜紫衣，著《烎虛詩鈔》。江小雲觀察藏有墨山水小卷，筆意高古，得吴歷⑧用墨法。

**石莊**

石莊⑨，號石頭和尚，江蘇上元人，祝髮於揚州桃花庵。山水得古法，喜結文字緣，精鑑藏。高懿伯駕部藏有墨山水紙本立幀，用筆不多，純以趣勝。

---

① 虞山：指虞山畫派。

② 兩家：指虞山畫派和婁東畫派。

③ 達真：清僧，字簡庵，松江楊氏。出家超果寺，工翎毛花卉，王鴻緒以其畫進呈聖祖，通内典，能畫，工書。無僧傳，參《中國佛教人名大辭典》709 頁、《中國古今書畫名人大辭典》620 頁。

④ 王鴻緒（1645–1723）：康熙年間官至户部尚書，字季友，號儼齋，又號横雲山人，精鑑賞，收藏書畫甚豐。參《中國古今書畫名人大辭典》69 頁。

⑤ 仁廟：清康熙廟號爲仁，臣子行文尊稱仁廟。

⑥ 賓源：清僧，爲一泉之法號，青浦人，投來青閣出家。

⑦ 明中：參前文《国朝畫徵錄》卷下“釋明中”注。

⑧ 吴歷（1632–1718）：清初六畫家之一，字漁山，號墨井道人，見前注。

⑨ 石莊：參前文《墨香居畫識》卷七“釋石莊”。

**真覺**

真覺[①]，字見心，江蘇揚州人，俗姓朱，主文昌閣，山水師錢叔寶[②]。江小雲觀察藏有《仿李營邛山水》立幀，似沈石田[③]，别具會心。

**韵可**

韵可，字驥舟，號木石山人，湖北武昌人，主吴門李王廟。工花卉、蘭竹，高華健爽，迥出凡塵。景劍泉[④]閣學藏有設色《花木》大册，亦古亦豔，葉有題識。心泉上人藏有《荷花》大幀，墨葉紅花，愈濃愈雅。

**寄塵**

寄塵[⑤]，字衡麓，湖南湘鄉人，工書畫，時與韵可稱南北和尚。譚警齋農部藏有墨花卉卷，極縱横之妙，幾步懊道人後塵。古肆見有《臨二王帖》三則短卷。

**相潤**

相潤[⑥]，字琇琳，號竹荞，廣東南海人，主海幢寺，工詩畫，著《竹荞吟卷》。何伯瑜處士[⑦]藏有墨山水卷，博大渾成，儼似石濤行草題識。

**達受**

達受[⑧]，字六舟，號小綠天庵僧，浙江海寧人，主滄浪庭大雲庵，工篆隸、鎸刻，精考證，時呼"金石僧"，家西園主人[⑨]藏有隸書屏四幀。

---

① 真覺：清僧，字見心，長洲朱氏，住吴中主文星閣。工書法，繪畫山水。參《中國佛教人名大辭典》557-558 頁。

② 錢叔寶：錢穀（1508-1578），字叔寶，自號罄室，少孤貧，及長，游文徵明門下，工水墨點染，山水蘭竹，無不兼妙。參《中國古今書畫名人大辭典》777 頁"錢穀"條。

③ 沈石田：爲沈周（1427-1509）號，字啟南，自稱白石翁，吴門畫派創始人。參前文《國朝畫識》卷十四"石田"注。

④ 景劍泉：景其濬，字劍泉。參《中國古今書畫名人大辭典》559 頁"景其濬"條。

⑤ 寄塵：參前文《墨林今話》卷六"釋寄塵"。

⑥ 相潤：清僧，字秀林，一字琇琳，號竹庵，新會朱氏。住廣東海幢寺。博通儒佛，工詩畫，能屬文，詩格清妙，畫宗石濤，有《竹庵吟卷》。參《中國佛教人名大辭典》484 頁。

⑦ 何伯瑜：即何昆玉，字伯瑜，精岐黄之術，篆刻宗浙派，精鑒别，尤善模拓彝器。參《中國古今書畫名人大辭典》147 頁"何昆玉"條。

⑧ 達受：參前文《墨林今話》卷十八"釋達受"。

⑨ 家西園主人：目前有二説，一爲道光年間進士方濬頤，一爲李翰文，兩者皆收藏書畫甚豐。

## 明明

明明①，字髡殘，號石船，江蘇上元人，俗姓艾，工花卉人物，湯貽汾雅重之，居不二庵，即龔半千②半畝園故址也。李伯香上舍藏有設色《瓶梅》小幀，頗逸趣。

## 量雲

量雲③，字蓮衣，湖北武昌人，主杭州天竺寺方丈，工隸書，程容伯光錄④藏有隸書屏四幀。

---

① 明明：參前文《墨林今話》卷十八“釋明明”注。

② 龔半千：即龔賢，參前文《墨林今話》卷十八“釋半千”注。

③ 量雲：指定濤，字量雲，號蓮衣。學通内外，能詩，擅草隸，道光中，主席杭州天竺寺。無僧傳，參《中國佛教人名大辭典》466 頁“定濤”條、731 頁“量雲”條。

④ 程容伯：即程恭壽，道光年間舉人，字容伯，晚號人海，善書。

# 寒松閣談藝瑣録

清張鳴珂撰，成書於光緒年間。全書共六卷，乃續《墨林今話》而成，收録清咸豐至光緒年間名畫家三百餘人。本書收入卷六畫僧七人。本書所據底本爲《清代傳記叢刊》第 74 册《藝林類》11，臺北明文書局 1985 年影印本，臺北"國家圖書館"藏，索書號 782. 1708 8355 74 v. 74。

## 【卷六】

釋虚谷　釋芥航　釋雪舟　釋修梅

釋允中　釋根雨　僧竺崖

### 釋虚谷

釋虚谷①，名虚白，以字行，揚州人，工畫。嘗爲曾文正公②寫照，又能山水、花竹，聲譽極重。其性孤峭，非相知深者未易得片楮③也。同治間游吴門，獅林寺僧諸瞿④邀予⑤相見，爲予寫照一幅。歲癸巳，予出都至滬，聞虚谷在城内，褰裳⑥訪之。吴伯滔⑦爲作《海上訪僧圖》，予賦一詩云："歷碌輪號⑧卷著鞭，朅⑨來海上訪枯禪。關河跋涉三千里，香火因緣廿四年。勝地難忘吴苑樹，歸裝猶帶薊門⑩烟。匡廬蓮社今零落謂諸瞿，回首前游一罔然。"然後有人出其所

---

① 虚谷：清僧，名覺庵，號紫陽山民，廣陵朱氏。披緇入山，書畫自娱，山水花鳥，落筆清超，書法古冷絶俗，爲鎮江竹林寺西堂，後寂於上海城西關廟，有《虚谷和尚詩録》。參《中國佛教人名大辭典》637 頁、《中國古今書畫名人大辭典》408 頁。

② 曾文正公：即曾國藩。

③ 片楮：指小紙片。

④ 諸瞿：名貫徹，亦揚州人，住獅林寺。

⑤ 予：指張鳴珂。

⑥ 褰裳：撩起下裳。

⑦ 吴伯滔：吴滔（1840-1895），字伯滔，號鐵夫，又號疏林。善書畫，山水蒼秀淋漓，花卉墨色濃厚，皆自成一家。參《中國古今書畫名人大辭典》189 頁"吴滔"條。

⑧ 號：音嚎，嚎叫。

⑨ 朅：去也。

⑩ 薊門：薊邱，古地名，今北京城西德勝門外西北。

畫《秋林獨步圖》，予題七古云："棱棱[1]鴛瓦霜華滋，楓林紅葉紛離披。向晚不見停車賞，吾谷西風日夜吹。褒衣[2]深帽苦無侶，微步空山與誰語？獨立蒼茫錦樹林，悲秋心事知何許？虛公原是振奇人，卅載論交茂苑[3]春。人事滄桑彈指傾，海濱握手劇酸辛。"諸瞿，名貫徹，亦揚州人，住獅林寺，喜予書，索作册頁，昕夕摹之，頗得用筆之法。後至虞山，主方丈，與翁叔平尚書[4]極相得。歲辛卯，溯江游匡廬[5]，偕易實甫觀察[6]訪予德化縣署，挑燈話舊，歡若平生。出《一蒲團外萬梅花圖》索題，爲賦《念奴嬌》云："疏林微雨，悄飛來，孤鶴翩翻爲侶。萬疊青山古寺，添種樹梅無數。鄧尉[7]移春，維摩説法[8]。花落紛如雨。一蒲團外，贊公曾賦新句。　薄暮香氣濃薰，禪心欲破，忙唤扁舟去。高唱大江西上曲。一笑相逢南浦。蓮社攢眉[9]，天池洗盞，好向匡廬住。流泉招隱，訪君應認樵路。"

**釋芥航**

釋芥航[10]，大須，焦山寺僧，工畫墨竹，署款亦落落大方。歲癸巳，予[11]游焦山不晤，惜未一問是否尚在人間也，但作紀游詩云："造化幻靈奇，江心跱運崿。巖竇自玲瓏，天然謝雕鑿。高人昔棲隱，三詔被雲壑。肥遯辭軒冕，野性狎蝯鶴。姓氏空山留，到今稱無怍。我來值暮秋，清氣滿寥廓。冷楓綴新紅，叢篁隕敗籜。一徑踏黃葉，遂上松寮閣。雛僧導之游，林麓窮探索。怒濤憾石壁，涼

---

① 棱棱：寒冷貌。

② 褒衣：此處指寬大的衣服。

③ 茂苑：古苑名，又名常州苑，今江蘇吴縣西南。

④ 翁叔平：翁同龢（1830–1904），字叔平，一字聲甫，號韵齋，自署松禪，晚號瓶生或瓶齋居士，咸豐年間進士，官至户部尚書，善書，同光年間書家第一，亦作山水雜畫，隨意點染，古趣盎然。參《中國古今書畫名人大辭典》343頁"翁同龢"條。

⑤ 匡廬：指江西廬山，相傳殷周之際有匡俗七兄弟結廬於此。

⑥ 易實甫：易順鼎（1858–1920），光緒年間舉人，字實甫，一字仲實，别號哭庵、一廠居士。

⑦ 鄧尉：山名，漢有鄧尉隱居於此，故名鄧尉，以產梅稱。

⑧ 維摩説法：出自《淨名經》，維摩詰居士以"病"説般若不二之法。

⑨ 攢眉：皺起眉頭，痛苦的神態。

⑩ 芥航：大須，清僧，字芥航，晚號不不頭陀，鹽城蔡氏。善畫蘭竹。年十二出家，於樊汊水陸寺受戒，至焦山爲月輝所重。通《法華》、《華嚴》及儒家經史。咸豐十一年主焦山定慧寺，置藏經室，立禪誦堂。不時講説，以薰修文字，誘掖披緇入山。參《新續高僧傳四集》卷四十八、《中國佛教人名大辭典》29頁、《中國古今書畫名人大辭典》8頁。

⑪ 予：指張鳴珂。

雲起芒屩①。方丈最清淨，莊嚴垂瓔絡。天風時一吹，殿角鳴疏鐸。古鼎澤光潤，經幢字鏟削。鶴銘弃虛廊，刓②缺不可拓。蔬笋出齋厨，堆盤恣啖嚼。不參米汁禪，茗飲勝杯酌。平生山水緣，茲游信堪樂。夕陽催客歸，空江一舟泊。"

**釋雪舟**

釋雪舟③，南屏寺僧，善畫山水，嘗訪予德化縣廨，觧予作《龍潭禱雨圖》，一時題者紛然。予最愛同年曹朗川太守秉濬④，用東坡《和李邦直沂山禱雨有應》體韵一詩云："呼籲豈無聞？鼎鐺猶有耳。况神本聰明，至誠能有幾？二麥未種晚禾枯，奔走官吏汗如洗。賢侯禱畢下山來，但見龍潭倏忽起雲雷。沛然一雨四郊足，旱苗興起青成堆。癡龍貪睡作牛吼，一秋不雨曾知否？憂民念切怨龍慵，親齎文檄鞭神龍。爲君作雨滋大旱，歸之造物誰爲功？二千石叨天庾粟，袖觀旱潦誰之責？披君此圖意惘然，禱之無靈心自劾。時豫章各屬缺雨屢禱未應"

**釋修梅**

釋修梅⑤，匡廬山僧，善畫墨梅。

**釋允中**

釋允中⑥，石門人，南屏方丈，善山水，用筆高超，絶似巨然。南屏多名僧，最著者六舟和尚達受，阮太傅⑦呼爲"金石僧"也。甲寅夏來禾，寓蓮隱庵，因得相見，出其所拓《二十四氣圖》及《千歲國卷》相評賞。又爲予畫《琴隱園主小像》，甚相契合。六舟已載《今話》，故不復贅而附識逸事於此。

---

① 屩：音決，草鞋。

② 刓：音玩，削刻。

③ 雪舟：即際慧，清僧，字靜生，號靜莯，又號雪舟，吴之程氏。工雜畫，墨竹尤妙。年十三依蘇州法華寺純白薙染，依杭州靈隱寺巨濤果受具。初學經教，繼謁憨初、澹如諸尊宿，復造無錫南禪，参長慶安蒙印可，遂嗣法席。乾隆四十九年，退居蘇之支硎山法音精舍，有《禪宗印心》。《正源略集》卷一六記載雪舟为南岳下三十九世，長慶安法嗣。無僧傳，參《卍續藏》第 85 册、《中國佛教人名大辭典》633 頁、906 頁。

④ 曹朗川太守秉濬：曹秉濬，字朗川，同治年間進士，官至江西南昌知府。

⑤ 修梅：僧，江西人，擅畫蘭。無僧傳，參《中國古今書畫名人大辭典》333 頁。

⑥ 允中：清僧，似石門人，或云字作石門。曾主杭州南屏，詩畫馳譽於時。參《中國佛教人名大辭典》119 頁、《中國古今書畫名人大辭典》13 頁。

⑦ 阮太傅：即阮元。

**釋根雨**

釋根雨①，楞嚴寺僧，性通脱，飲酒、食肉，無所不可。善畫蘭，風枝露葉，瀟灑自如。根雨本農家子，迫於避仇，祝髮空門，蓋其中有大不得已者。動心忍性，曾益不能，未可概以戒律繩之也。

**釋竺崖**

釋竺崖②，鹽官盧氏子，行脚晉陽，住文殊院，喜收藏名迹，與士大夫游。工書，有筆力，格似蘭臺③，畫蘭清勁，墨采煥發。曾募修文殊院，刊《金剛經》，嘉善曹廉鍔④書，錢塘吴振棫⑤爲《跋》，甚爲時重，戒行精堅。蓉鏡附識

① 根雨：清僧，住上海楞嚴寺。善畫蘭，風枝露葉，瀟灑自如。無僧傳，參《中國古今書畫名人大辭典》330 頁。

② 竺崖：無僧傳，暫無相關文獻資料。

③ 蘭臺：爲阮元號。

④ 曹廉鍔：字敦良，一字劍花，號菊辰，又號掬澄，嘉善人，有《雙橋草堂詩稿》。

⑤ 吴振棫（1792–1870）：字仲雲，號再翁，嘉慶年間進士，官至雲貴總督。

# 國朝書畫家筆錄

清末民初竇鎮撰，成書於宣統年間。共四卷。本書收入卷一還俗畫僧一人、卷四《方外》附錄明清畫僧二十七人。本書所據底本爲《清代傳記叢刊》第74冊《藝林類》11，臺北明文書局1985年影印本，臺北“國家圖書館”藏，索書號782. 1708 8355 74 v. 74。

## 【卷一】

朱耷

**朱耷**① 工書畫

朱耷，字雪箇，江西人，故明宗室，國變後匿其姓名，號八大山人，遁奉新山中爲僧。一日，忽發狂疾，或大笑，或痛哭，裂其浮屠服，焚之。獨身佯狂市肆間，履穿踵決，拂袖蹁躚，市中兒隨觀譁笑，人莫識也。工書法，行楷學大令、魯公②，狂草頗怪偉，其畫以簡略勝精密者尤妙絶。山水、花鳥、竹木，均生動。亦喜畫水墨芭蕉、怪石、蘆雁、汀鳧，翛然無俗韵。喜飲，貧士及市人、屠沽邀之飲輒往，醉後墨瀋淋漓，不自愛惜。嘗寓僧舍，雛僧嬲之索畫，牽袂捉衿不拒，士友餽遺亦不辭。惟顯貴人欲以數金易一石不得，或持綾絹至，直受之，謂將以爲襪。以故貴顯人求其書畫反從貧士、山僧、屠沽購之。忽大書啞字於門，自是對人不交一言，或招其飲則縮項撫掌，笑聲啞啞然，蓋其胸次滂浡鬱結，別有不能自解之，故世乃目之曰狂士、曰高人，淺之乎測山人矣。嘗見山人書畫款題“八大”二字，必連綴其畫，“山人”二字亦然，類哭之笑之字意，蓋有在也。

---

① 朱耷：參前文《國朝畫識》卷十四“雪箇”注。

② 大令、魯公：指王獻之和顔真卿。

## 【卷四】方外附錄

道濟　髡殘　宏仁　正嵒　上睿　通真　圓通
普荷　達真　常瑩　靈壁　宏瑜　半山僧
圓顯　明瑜　德新　達乘　申和尚　石莊
真覺　明遠　韵可　達受　友月　量雲　大須
釋半橋

**釋道濟**　工書畫

道濟，字石濤，一字大滌子，號苦瓜和尚，又清湘老人。前明楚藩之後。工山水、竹蘭、花木，設想超逸，布局古雅，筆意縱横排奡①，以奔放勝人，脱盡畫家窠臼。尤精分隸書，王翬②推爲第一作手，每成一畫與古人相合，蓋功力之深，非於唐、宋諸家心領神會，烏克臻此。著《論畫》一卷，詞意玄妙，全從經典中得來。

**釋髡殘**　工畫

髡殘，字白秃，一字石溪，號石道人，又號殘道者，楚之武陵人，俗姓劉，幼失恃，遂自剪其髮，投龍三三家庵，旋游諸名山參悟，後來金陵受衣缽於浪杖人③，住牛首寺。工山水，筆墨蒼莽高古，境界夭矯奇闢，處處有引人入勝之妙，盛夏展玩，頓消煩暑。蓋胸中一段孤高奇逸之氣，畢露毫端，誠元人勝概也。然不輕爲人作，雖奉以兼金④，求其一筆不可得；至所欲與，即不請亦以持贈。品行高出人一頭地，所與交者，遺逸數輩而已。

**釋宏仁、正嵒**　工畫

宏仁，字漸江，號梅花古衲，安徽歙縣人，本江姓，名韜，字六奇。前明諸生，甲申後棄去爲僧，工詩文，山水專師倪雲林，遂臻妙境，偶亦摹仿元季諸家，當時極有聲譽，新安畫家多宗清閟法者，蓋漸江導先路也。

正嵒，字豁堂，號藕漁，晚號南屏隱叟，俗姓徐，名繼思，浙江仁和人。感

---

① 排奡：形容文筆矯健矯健。
② 王翬（1632–1717）：見前注。
③ 浪杖人：參《讀畫錄》卷二“浪丈人”注。
④ 兼金：泛指多量的金銀錢帛。

時爲僧，主常熟三峰方丈，工山水，直接踵於宋、元諸家，頗多神韵，著《同凡集》。

**釋上睿、通真、圓通** 工畫

上睿，字濬濬，號目存，又號蒲室子，吴縣人，詩工秀雅潔，與惠士奇、張大受結詩社。山水布置深穩，氣韵沖和，得王耕煙①指授，花鳥得惲南田②真傳。或云畫長於臨摹，其仿唐子畏尤入妙，蓋其生平所得力也。

通真③，字超澄，號月江，又號語石，青浦人，俗姓羅，祝髮圓津禪院，工詩，山水宗巨然。

圓通④，號杲道人，順治初，卓錫福慧庵，相傳爲明季進士，文章詩畫無不精。

**釋普荷、達真** 工畫

普荷，字擔當，雲南普寧州人，俗姓唐，名泰，字大來。年十三補邑諸生，天啟中，以明經入對大廷，嘗執贄於董思翁⑤之門。甲申後薙髮，結茅雞足山，工詩，畫仿顛米、倪迂，筆墨枯淡，極有神韵，所作往往純用枯筆，有神無迹，而靈秀之氣騰溢紙上，真能脱盡煙火氣者。

達真⑥，字簡庵，婁縣人，俗姓楊，受度超果寺。工詩，善花鳥，清雅工麗。

**釋常瑩⑦、靈壁、宏瑜** 工書畫

常瑩，字珂雪，浙江嘉興人，俗姓李，名肇亨，字醉鷗、日華子。工詩書，

① 王耕煙：即王翬（1632-1717），號耕烟散人。

② 惲南田：即惲壽平（1633-1690），見前注。

③ 通真：《國朝畫識》作“通證”，參《國朝畫識》卷十四“通證”注。

④ 圓通：清僧，號杲道人，順治初，受度於江都福慧庵。傳爲明季進士，明亡爲僧，文章詩畫皆善。無僧傳，參《中國佛教人名大辭典》870頁、《中國古今名人大辭典》620頁。

⑤ 董思翁：董其昌，號思白。

⑥ 達真：清僧，俗姓楊，字簡庵，松江人，受度於超果寺。通内外典，能詩，擅書畫，尤工花卉翎毛。户部尚書王鴻緒以其畫扇進御，聖祖稱善，於是名聞，卒年七十四。無僧傳，參《中國佛教人名大辭典》709頁、《中國古今書畫名人大辭典》620頁。

⑦ 常瑩：參前文《明畫錄》卷五“釋常瑩”注。

善摹褚河南①，山水氣息渾古，風韵靜穆，不入時人蹊徑。所畫用淡墨乾皴②，極有逸致，林木瀟灑蒼鬱，隨意點刷精彩煥發，絶無一毫縱横習氣，片紙尺幅，實如拱璧。

靈壁，號竹憨，吴江人，善草書，兼善山水、蘭竹、花草、果品，多墨筆自寫胸臆，脱落恣肆，逸品之亞也。

宏瑜，號月章，俗姓王，名作霖，前明中書舍人，浙江會稽人。法書真草俱佳，善山水，學大癡法，兼長仙佛。

**釋半山、圓顯、明瑜** 工畫

半山和尚，安徽宣城縣人，俗姓徐，名在柯，好游覽山水，橅雲林、仲圭③、石田④三家，兼取法董、巨，筆思蒼渾，墨氣濃厚，淋漓宣池之間，奉爲模楷焉。

圓顯，字文晦，又字一性，號樗巢，俗姓陸。初居蘇州靈巖寺，康熙初來吾邑惠山草忍庵，工詩善畫，著有《樗巢吟稿》《忍草庵乘略》。

明瑜⑤，字昀熙，無錫板村蔡氏子，祝髮保安寺。康熙中，主席靈巖，工詩善畫，著有《隨雲草》。

---

① 褚河南（596-658）：唐書法家"褚遂良"，字登善，因封爲河南郡公，世稱"褚河南"。參《中國古今書畫人名大辭典》699頁"褚遂良"條。

② 皴：中國山水畫技法，以乾筆側鋒製造出繪畫的效果。

③ 仲圭：即吴鎮。

④ 石田：即沈周。

⑤ 明瑜：字昀熙，無錫蔡氏，祝髮保安寺。康熙中，主席靈巖寺，工詩善畫，著有《隨雲草》。無僧傳，參《中國佛教人名大辭典》368頁、《中國古今書畫名人大辭典》244頁。

**釋德新[①]、達乘[②]、申和尚[③]** 工書

德新字懶牧，吾邑宋村朱氏子，祝髮受戒於惠山，能詩，兼善書法。稍後有達乘，字志清，披薙崇安寺文昌宫，誠樸寧靜，通曉文義，兼工書。晚年主席蘇州靈巖山崇報寺，逾年歸。又有申和尚，住持準提閣，能書，好靜，持戒最嚴，與諸生周暻[④]相友善。暻晚年貧甚，申和尚留宿庵中十餘年，嘗終日相對無言，見者歎爲神交。

**釋石莊、真覺、明遠** 工畫

石莊，號石頭和尚，上元人，祝髮於揚州桃花庵，喜結交文字緣，精鑑藏，山水得古法，用筆不多，純以趣勝。

真覺[⑤]，字見心，揚州人，俗姓朱，主文昌閣，山水師錢叔寶[⑥]，有時筆意似沈石田，别具會心。

明遠[⑦]，字惟善，吾邑膠山王氏子，祝髮文溪庵，工詩善畫，著有《半溪詩草》。

**釋韵可、達受** 工書畫

韵可，字鐵舟，號木石山人，湖北武昌人，善鼓琴，工書法，竹石、花卉尤擅長。筆意超脱，揮灑自如，不襲前人窠臼，惟稍有江湖氣。自楚渡江而東，住吴縣李王廟，時游禾中、魏塘，及吴興苕霅間，所至人爭重之。

---

① 德新：清僧，字懶牧，無錫宋村朱氏。乾隆中，住邑惠山寺，工詩善畫。無僧傳，參《中國佛教人名大辭典》1008 頁、《中國古今書畫名人大辭典》695 頁。

② 達乘：清僧，字志清，無錫王氏，通内外學，善書法。乾隆中，主蘇州靈巖崇報寺。無僧傳，參《中國佛教人名大辭典》710 頁。

③ 申和尚：暫無相關資料。

④ 周暻：暫無相關資料。

⑤ 真覺：僧，俗姓朱，江蘇蘇州人，清代書畫家。工書，擅山水。無僧傳，參《中國古今書畫名人大辭典》337 頁。

⑥ 錢叔寶：即錢穀（1508–1578），見前注。

⑦ 明遠：清僧，字惟善，無錫王氏，住邑中文溪庵，賦性高邁，志在林泉。樂禪修，重戒行，善屬文，工繪畫，有《半溪詩草》。無僧傳，參《中國佛教人名大辭典》368 頁、《中國古今書畫名人大辭典》244 頁。

達受，字六舟，浙江海寧人，白馬廟僧，耽翰墨不受禪縛，行腳半天下。名流碩彥，樂與交游。精別古器及碑版之屬，阮太傅以“金石僧”呼之。篆隸飛白，鐵筆並妙。花卉寫生得青藤①，縱逸之致，隨筆點染，簡淡超脱，古趣盎然，最爲精絶。

**釋友月②、量雲** 工書

友月，宜興化城寺僧，嗜書法，以北海③爲宗，出入顔柳，毗陵④錢伯峒⑤常與游。時有量雲。

量雲⑥，字蓮衣，湖北武昌人，主杭州天竺方丈，工隸書。

**釋大須⑦、半橋** 工書畫

大須，字芥航，鹽城蔡氏子。少孤家貧，披薙於吴門三元宫，後至寶華山參敏通上人⑧，遂悟禪門宗旨。工詩，善書畫。晚年卓錫焦山，自號不不頭陀，兵部尚書彭剛直玉麟⑨與訂方外交。

半橋⑩，宜興水庵僧，佚其名。善畫蘭竹，與姑蘇墨泉⑪僧齊名，而秀逸過之。因畫法宗鄭板橋，號曰半橋，晚更得巨然派，獲其一幀者輒索重價云。

---

① 青藤：指徐渭。

② 友月：暫無相關資料。

③ 北海：“北苑”之錯刊。北苑，參前文《國朝畫識》卷十四“北苑”注。

④ 毗陵：常州古稱，此指惲南田所創之毗陵畫派，或稱常州畫派，以没骨花卉建構見稱。

⑤ 錢伯峒：應爲錢伯坰（1738–1812），江蘇常州人，字魯斯，號漁陂，又號僕射山樵，善書。常州畫派畫家。參《中國古今書畫名人大辭典》77 頁“錢同坰”條。

⑥ 量雲：參前文《甌鉢羅室書畫過目考》“量雲”注。

⑦ 釋大須：參前文《寒松閣談藝瑣録》卷六“釋芥航”注。

⑧ 敏通上人：暫無相關資料。

⑨ 彭剛直玉麟：彭玉麐（1817–1890），字雪岑，號雪琴，又號退省庵主人，謚剛直，官至兵部尚書。善書，亦善畫梅。參《中國古今書畫名人大辭典》579 頁“彭玉麐”條。

⑩ 半橋：清僧，住宜興水庵，善畫墨竹，與姑蘇墨泉僧齊名，而秀逸過之。因企慕板橋書法，故曰半橋。晚歲兼得巨然法。乞其畫者，非重值不得。無僧傳，參《中國佛教人名大辭典》174 頁、《中國古今書畫名人大辭典》74 頁。

⑪ 墨泉：指際珍，字墨泉，宜興人，住蘇州怡賢寺。善畫蘭竹，揮灑自如。無僧傳，參《中國佛教人名大辭典》905 頁、《中國古今書畫名人大辭典》996 頁。

# 嶺南畫徵略

清末民國汪兆鏞撰，成書年代不詳。共十二卷，收廣東地區善畫者四百餘人。本書收入卷十一《方外》明清畫僧二十六人、附女尼二人。本書所據底本爲《清代傳記叢刊》第 74 册《藝林類》11，臺北明文書局 1985 年影印本，臺北“國家圖書館”藏，索書號 782. 1708 8355 74 v. 80。

## 【卷十一】方外

僧徽　今回　今盌　古毫　光鷲　深度　聞一
大汕　自渡　信修　澹盦　德堃　相潤　成果
不齊　勉之　澹然　智力　積良　湛瑩　智度
曇樹　寶筏　善林　雪嵒　常謙

### 僧徽

僧徽①，南海人，善畫龍。齊己有《謝徽上人見惠二龍幛子詩》：“近有五羊徽上人，閒工小筆得意新。畫龍不誇頭角及鬣鱗，只求筋骨與精神。”《南海潘志》引唐釋齊己《白蓮集》

### 今回

今回②，字更涉，本王氏，名鴻暹，字方之。東莞王應華③次子，初應華夢幢幡下碧落而誕生，桂香滿室，因名桂。及長，能詩，善畫蘭竹，不屑世事。明亡，父歿，既葬，遂棄諸生爲僧，有詩云：“寄詩故舊無勞問，猶有僧閒學采薇④。”往來羅浮、雷峰間，後住丹霞。一日過江，遇水暴漲，漂没於巉石之下。

---

① 僧徽：唐僧，善畫龍，釋齊己有《謝徽上人惠二龍幛子詩》。無僧傳，參《中國佛教人名大辭典》933 頁。

② 今回：清僧，字更涉，本姓王，名鴻暹，字方之。東莞人，能詩，善畫蘭竹，不屑世事。明亡，父歿，既葬，投天然函昰爲僧。後主丹霞，一日過江遇難。無僧傳，參《中國佛教人名大辭典》93 頁。

③ 王應華：明崇禎年間進士，字崇闇，號園長。甲申之變，抗清失敗，歸隱水南，善寫蘭竹石木，蕭疏荒率。

④ 采薇：相傳殷商遺民伯夷、叔齊不食周粟，隱居首陽山采薇而食，後將采薇比喻爲隱居山林。

阮《通志》《海雲禪藻》

番禺王蒲衣集《夢王方之》① 詩："昔年共約匡廬隱，今日相逢夢寐間。空歎有魂歸白水，可憐無骨葬青山。數篇遺草留孤韵，一樹殘梅想瘞顔。石上三生人不見，等閒風月幾時還？"《大樗堂集》

**今盌**

今盌②，天然和尚③弟子，順治六年，募修光孝寺，畫筆古澹。阮《通志》《敦復書屋筆記》

**古毫**

古毫④，字月旋，初從頂湖栖壑和尚⑤落髮受具，後還住海幢，侍今無⑥。工水墨蘭石，每踞地灑水學習。順德胡氏藏所作山水小幀有今無題辭。《海雲禪藻》《有所思齋隨筆》

**光鷲**

光鷲⑦，字迹刪，原名顓愷，字麟趾，番禺諸生。明舉人方國驊之次子。鼎革後，國驊隱居授徒，既歿，乃别母學佛於頂湖。聞母訃，褫衣⑧絶食，跣足⑨奔喪，途中哭泣不寐，抵家痛絶而復甦，苫塊⑩一遵儒禮。晚棲大通寺爲僧，梵行精嚴，工詩文，能畫，皆其餘事。著有《楞嚴直説》十卷、《金剛直説》一卷、《老子直説》一卷、《頂湖山志》八卷、《咸陟堂詩文集》二十卷、《鹿湖

① 王方之：僧今回之俗家名。

② 今盌：清僧，天然函昰弟子，順治六年昰重興粵光孝寺，盌奔走募化，備極辛勞。昰他遷，命盌繼席。善長繪畫，名聞嶺南，有語録、詩集等行世。無僧傳，參《中國佛教人名大辭典》93 頁。

③ 天然和尚：暫無相關資料。

④ 古毫：字月旋，初從頂湖棲壑落髮，受具，後還住海幢侍今無。工水墨蘭石。無僧傳，參《中國佛教人名大辭典》134 頁。

⑤ 栖壑和尚：暫無相關文獻資料。

⑥ 今無：清僧，字蟲木，號阿字，番禺萬氏。年十六抵雷依天然函昰得度，信筆注《信心銘》，年二十二奉師命出山海關，千山可器之。康熙十二年請藏入京，十四年回海幢，有《阿字禪師語録》，有僧傳，參《嘉興大藏經》第 38 册《海幢阿字無禪師語録》。

⑦ 光鷲：字迹刪，原名顓愷，字麟趾，番禺諸生。明舉人方國驊之次子，入清學佛於頂湖，晚棲大通寺爲僧。梵行精嚴，工詩文，能畫。無僧傳，著有《頂湖山志》八卷、《咸陟堂詩文集》、《鹿湖草》。參《中國佛教人名大辭典》91 頁。

⑧ 褫衣：解下衣袍。

⑨ 跣足：赤腳。

⑩ 苫塊：指居喪。

草》四卷。《與人論書畫》云："常笑古人十日畫一水，五日畫一石，以有限光陰，事無益之筆墨，王宰今安在哉？而況不如王宰者乎？我輩方寸中現有一幅真山真水，捨卻自家珍，向外馳求，連旬累日，慘澹經營，毫無關於己事，徒供田舍翁疥壁①覆瓿②之用，可惜！可惜！"《觀樂塊然大師③作指頭畫贈詩》云："天地之大一指也，造物化工成造化。山川草木露精神，風雲雷雨供揮灑。混沌初開假即真，大地平沉真復假。高懸一指在虛空，留與人間作圖畫。先生先生人也天，自稱塊然非塊然。手靈心敏破常格，指頭揭出拈花禪。爪生甲長一粟許，涵蓋乾坤④三大千。扁舟過我坐未穩，大驚小怪呈空拳。空拳豎起無名指，一闔一闢機鋒圓。須臾索紙見技癢，管城老矣甘歸田。甲端點墨指點水，濃澹淺深皆至理。溟濛雲水自空來，突兀孤峰從地起。老眼旁觀得未曾，天工人代難思議。大哉，偉丈夫！善哉，奇男子！耳目迴塵根，肝膽無渣滓。浩氣橫空亘古今，萬象森羅方寸裏。區區一指何足多？指天指地須如此。"《咸陟堂集》。《十二石堂山齋詩話》云：《咸陟堂集》，余與曾勉士、熊笛江⑤、黃香石⑥，集資重刊。"

**深度**

深度⑦，字孟容，南海佛山賴氏子，原名鏡，讀書增城白水山，號白水山人。遭亂，逃禪萬壽寺。性澹雅，善山水，筆力遒勁，氣格蒼凝，有沈石田⑧風致，一時聲噪五羊。吳越人官粵者，往往欲求一牋一箑而不可得。詩清削幽異，字近仿衡山⑨，遠則長公⑩，時稱三絕者。有《素庵詩鈔》。阮《通志》《縣志》《粵東詩海》《墨香居畫識》《圖繪寶鑑續纂》。按，阮《通志》以深度、賴鏡作二人，誤也。

---

① 疥壁：在牆壁上塗鴉字畫，如疥瘢，故稱疥壁。

② 覆瓿：自謙之詞，言作品不爲人所重視。

③ 觀樂塊然大師：暫無相關資料。

④ 涵蓋乾坤：爲雲門禪之話頭，雲門三句分別是函蓋乾坤、截斷眾流、隨波逐流，三句分別是一心門、真如門、生滅門，參學者依此參辯。參丁福保《佛學大辭典》"雲門三句"條。

⑤ 熊笛江：即熊景星，字伯晴，號笛江，嘉慶間舉人，工詩、古文，善書畫、山水、花卉。參《中國古今書畫名人大辭典》671頁。

⑥ 黃香石：即黃培芳，字子實，號香石，爲經師三十年，世稱粵岳先生。工詩，善書畫。參《中國古今書畫名人大辭典》608頁"黃培芳"條。

⑦ 深度：清僧，字孟容，南海佛山賴氏。參前文《國朝畫識》卷十四"深度"注。

⑧ 沈石田：即沈周。

⑨ 衡山：即文徵明，名壁，字仲徵，號衡山居士。

⑩ 長公：即蘇軾。

陳恭尹[①]《爲梁藥亭[②]題新得白水山人山水圖歌》："白水山人癯如鶴，神姿雖妙形何弱？拂牋詞翰勢若流，對客清吟復能謔。最工圖畫懶莫比，十日不能成一水。姓氏而今作古人，諸公往往爭遺紙。梁君好事晚得茲，秋山一疊當茅茨。使我枕簟[③]坐其下，當暑忽有清風來。石高氣驕苔蘚黑，疏林索莫生寒色。心魂密與空谷幽，耳目頓覺群峰逼。爲誰畫此空嶙峋？外無題識中無人。幸離俗手免毀裂，得入君家如有神。即今大暑方如焚，安得此圖化爲真。清溪一曲無纖塵，與君高戴華陽巾[④]。"《獨漉堂詩集》

深度《瑤溪村居詩》："山晚雲棲屋，林疏月滿籬。數聲群鳥靜，一片夜蛩[⑤]悲。多病逢人少，長貧愧母慈。年侵不可覺，只有鬢毛知。"《粵東詩海》

深度《題張二喬[⑥]詩集》："水月空花見色新，蛾眉鴉鬢總埃塵。等閑紅袖香銷後，原是青蓮自在人。"於喬墓上植宮柳二株。《蓮香集》

盛氏濠上草堂藏深度山水長卷，用元人淺絳法，極蕭遠之致，款署"羅浮老衲"。又一巨幅，墨瀋淋漓，款題"白水鏡"，無年月，當是讀書山中時作也。《留庵隨筆》

**聞一**

聞一[⑦]，年九十餘，善琴，能畫，説法曹溪。陳恭尹贈詩云："行腳輕千里，高年近百春。雖云方外士，猶是老成人。水筆隨山笠，孤琴伴獨身。曹溪親到後，何者是塵埃？"《獨漉堂詩集》《南華志》

屈大均[⑧]《老僧聞一以畫扇見貽，詩以答之》："老僧能琴復能畫，八十四齡

---

① 陳恭尹：字元孝，號羅浮布衣，工行草，善篆刻、水墨。參《中國古今書畫名人大辭典》484頁。

② 梁藥亭：即梁佩蘭（1629–1705），字芝五，號藥亭，博學多通，與屈大均、陳恭尹並稱嶺南三大家。參《中國古今書畫名人大辭典》433頁"梁佩蘭"條。

③ 簟：竹蓆。

④ 華陽巾：道士帽。

⑤ 蛩：蟋蟀。

⑥ 張二喬：即張喬（1615–1633），字喬倩，一字二喬，廣州名妓，幼能歌曲，工詩，善琴，兼善繪蘭竹。早死，葬白雲山麓，號百花塚。參《中國古今書畫名人大辭典》535頁"張喬"條。

⑦ 聞一：清僧，擅水墨。無僧傳，參《中國古今書畫名人大辭典》866頁。

⑧ 屈大均：名邵龍，字介子，又字翁山，號邵非池。萬曆年間，剃髮爲僧，僧名今種，字一靈，又字騷餘，所居處名死庵，善畫松石、蘭卉。參《中國古今書畫名人大辭典》243頁。

何瀟灑？扇頭貽我瀟湘景①，髣髴聞有飛泉瀉。乞師即來一鼓琴，移將萬壑寒松林。霜鐘一洗青蓮耳，流水長清太白心。"《道援堂集》

**大汕**

大汕②，字厂翁，又號石濂，亦字石蓮，長壽寺僧。與屈、陳、梁三子③交，一時名流，杜于皇、吴梅村、陳其年、魏和公、高澹人、吴園次、宋牧仲、萬紅友、田綸霞、王漁洋、黄九煙諸老，皆與倡和。著《離六堂集》十二卷、《海外記事》六卷。又善繪事，《題對雪擁爐圖寄石谿和尚》云："雞鳴山上雪，此日堆茅堂。老兄凍不死，燒柮生微陽。我欲向往之，相隔溪無梁。可望不可接，心隨鳥飛翔。"自題《寄友人》云："滿林黄葉一溪寒，白日青山卧懶殘。但恐雲深人不見，聊將住處寫君看。"《離六堂集》

陽羨陳其年檢討維崧《喜遷鶯詞序》："石濂和尚自粤東來梁園，爲余畫小像，作《天女散花圖詞》以謝之。"詞云："月明珠館，有帝釋鬘陀，身雲散滿。鮫國旌幢，蠻帆笳吹，萬疊雪傾銀濺。裝罷紅棉粤嶠，看足蒼梧梁苑。饒能事，盡微皴澹抹，黄深絳淺。　　篋衍，有一卷，細膩凝脂，三尺松陵絹。少不如人，師須爲我，畫出鬢絲禪版。旁侍湘娥窈窕，下立天魔蹇產。人間苦，悵碧桃花謝，洞天歸晚。"《湖海樓集》。王漁洋《南海集》有《詠長壽寺英石贈石公詩》

《杭世駿④過離六堂傷石濂大師》有句云："紛紛志乘無公道，締造緣何削此翁？"原注：省、府、縣志皆不言師建寺。《道古堂集》

陳良玉《半帆亭修禊詩⑤》："初地何常感廢興？一番謠啄到南能⑥。把公遺

---

① 瀟湘景：指湖南湘江和瀟水地區的山水風景。十一世紀葉宋迪（1015–1080）依此風景首創《瀟湘八景圖》山水畫作，八個山水意境圖包括：瀟湘夜雨、江天暮雨、洞庭秋月、平沙落雁、遠浦歸帆、煙寺晚鐘、漁林落照、山市晴嵐。參石守謙：《移動的桃花園：東亞世界中的山水畫》，三聯書店，2015年10月，67–144頁。

② 大汕（1633–1705）：字石濂，一作石蓮、石湖，號厂翁。於覺浪道盛處落髪，初居燕之西山，後歷吴門諸剎。康熙六年掃塔曹溪，後主獅子林及廣州長壽諸剎。武林里安寺有偈語數則，工詩善畫。無僧傳，參《中國佛教人名大辭典》23頁、《中國古今書畫名人大辭典》8頁、《中國佛寺彙刊》第21册《武林里安寺志》卷八。

③ 屈、陳、梁三子：指屈大均、陳恭尹、梁佩蘭，三者有嶺南三大家之稱。

④ 杭世駿：雍正年間舉人，字大宗，號堇浦，工書，善寫梅、竹、山水小品，兼作水墨花卉，有書卷氣，古樸盎然。參《中國古今書畫名人大辭典》38頁。

⑤ 修禊詩：古代於水邊齋戒沐浴以除不祥之祭祀文。

⑥ 南能：指南宗禪，由六祖慧能開展而來。

像還堪笑，我亦居家有髮僧。”原注：寺康熙中曾搆獄事，頃睹石濂畫像乃一頭陀。《梅窩詩鈔》 按，澳門普濟禪院有大汕小像，亦一頭陀也。

**自渡**

自渡①，不知何許人，康熙間，托缽於順德西華庵，以左腕作畫，工花鳥，尤善牡丹，卒葬西峰下。《五山志林》。按：南海黄裔劬學盦藏其設色花卉長卷，款署“七十三廢髡，前中翰自渡”。蓋明遺老也，卷首有謝蘭生題識。

**信修**

信修②，海幢寺僧。番禺吕石帆堅贈以詩云：“巨然法屬古沙彌，煙雨名家米虎兒③。”原注：時方作畫。 《遲删集》

**澹盦**

澹盦④，廣州僧，湯貞愍公論畫詩：“更從方外得三人”。原注：“其一澹盦也”。貞愍去粤，澹盦與諸名士合作《雲泉餞别圖》。魏笛生舍人典試廣東還朝，澹盦作《珠江送别圖》以贈。《琴隱園集》《香蘇山館詩鈔》

**德堃**

德堃⑤，字載山，本姓李，江西人。嘉慶間居羅浮寶積寺，清苦自適，能詩，工畫人物，亦喜善寫照。嘗爲譚敬昭寫《雲泉雅集圖》。《珍帚編》《羅浮日記》《聽雲樓詩鈔》《十二石山齋詩話》

廣州六榕寺、肇慶梅庵均有德堃白描佛相人物，筆致超逸，晚歲爲佛寺住持。《留庵隨筆》

德堃爲黄香石作《粤岳山人采芝圖》，今藏潘氏蒴淞閣。《蒴淞閣隨筆》

**相潤**

相潤，字秀林，一字琇琳，號竹莽，海幢寺僧。本姓朱，詩格清妙，畫宗石

---

① 自渡：清僧，康熙間托缽於順德西華庵。能以左腕作畫，工花鳥，尤善牡丹。卒葬西峰下。無僧傳，參《中國佛教人名大辭典》217 頁。

② 信修：清僧，住海幢寺，書畫極佳，番禺吕石帆贈以詩云：“巨然法屬古沙彌，煙雨名家米虎兒。”無僧傳，參《中國佛教人名大辭典》505 頁。

③ 米虎兒：指米友仁。

④ 澹盦：清僧，工詩。湯貞愍論畫詩云：更從方外得三人。其一指澹盦也。無僧傳，參《中國佛教人名大辭典》1065 頁、《中國古今書畫名人大辭典》755 頁。

⑤ 德堃：清僧，字載山，江西李氏。嘉慶間居羅浮寶積寺，能詩，工畫人物，亦喜善寫照。嘗爲譚敬昭寫《雲泉雅集圖》。無僧傳，參《中國佛教人名大辭典》1005 頁、《中國古今書畫名人大辭典》695 頁。

濤、石谿。時喜作焦墨山水。嘗以學《易》，游黄培芳①之門。培芳題其畫曰："翠濕萬古，雲飛六合，盤結胸中，發此奇鬱。"可以想其風概。著有《竹莽吟卷》。《嶺海詩鈔》《劍光樓筆記》

竹莽與張墨池②交善，藏墨池畫最多，以一册贈黄香石。黄跋云："昔南屏僧不借《定武帖》與松雪，今竹莽以此見貽，古今人相越，可爲藝林增一佳話。"澄海高氏藏《墨池畫册》

何伯瑜③處士藏有釋相潤墨山水卷，博大渾成，儼似石濤，行草題識。《翦淞閣隨筆》《甌鉢羅室書畫過目考》

**成果**

成果④，字天懷，又號萬里行脚僧，廣州長壽寺住持，畫梅有逸趣。《翦淞閣隨筆》《大寶經幢館筆記》

**不齊**

不齊⑤，東莞僧，工墨梅。同邑周序鸞⑥題其畫梅云："老僧風骨稱梅花，畫梅自欲成一家。風枝雪蕊隨手出，大氣磅礴生槎枒。一枝南，一枝北，一枝欹斜，一枝直入。人畫梅花只愛工，君畫梅花爭筆力。其力愈健畫愈奇，疏疏密密無不宜。問君何以得此境，笑而不答催題詩。"又云："不齊畫筆如椽大，畫得梅花奇且怪。筆在紙中神在外，紙裁十尺猶嫌隘。倒拖斜刷俱有態，枝長幹短兩無礙。勁氣鬱勃勢不憊，筆力直欲透紙背。"《梅花屋詩鈔》

---

① 黄培芳：字子實，號香石。

② 張墨池：即張如芝，字墨池，一字墨遲，號墨道人，居所爲荷香館，工書，善畫，山水宗王蒙、黄公望，秀潤中有書卷氣。參《中國古今書畫名人大辭典》517頁"張如芝"條。

③ 何伯瑜：即何昆玉，字伯瑜，精岐黄之術，篆刻宗浙派，精鑒别，尤善模拓彝器。參《中國古今書畫名人大辭典》147頁"何昆玉"條。

④ 成果：清僧，字天懷，又字寶樹，號萬里行脚僧。廣州陳氏。主廣州長壽、飛來兩寺。畫梅有逸趣，能詩，有《小浮山齋詩》。無僧傳，參《中國佛教人名大辭典》195頁、《中國古今書畫人名大辭典》96頁。

⑤ 不齊：清僧，東莞人，工畫梅，同邑周序鸞在題其畫梅詩中有"筆在紙中神在外"等讚美表述。有《梅花屋詩鈔》。無僧傳，參《中國佛教人名大辭典》78頁。

⑥ 周序鸞：嘉慶年間舉人，字孟朔，陝西知縣，母喪歸隱，營治園墅，種梅數百本，工詩，善畫梅，好藏金石、書法、名畫。參《中國古今書畫人名大辭典》277頁。

陳曇①《龍沙庵訪不齊不值》詩：“寂寞龍沙寺，佛桑花自開。閉門僧乞食，攜手客同來。削迹離城市，浮踪向水隈。廿年方外友，何日此遭回？”《海騷》

**勉之**

勉之②，大佛寺僧，善畫。博羅韓榮光③贈詩云：“一徑通幽别有天，小欄花氣博鑪煙。樽開白社④招元亮⑤，畫寫青山學巨然。對酒合稱無量佛，披圖同證上乘禪。三生翰墨因緣在，莫訝昌黎⑥愛大顛⑦。”《黄花集》

**澹然**

澹然⑧，博羅金湖庵僧，工畫。韓榮光贈詩云：“十年方丈坐金繩，老對菩提伴一燈。畫法雲山師北苑，宗風衣缽繼南能⑨。松枝豎義如如旨，柏子參禪上上乘。我似昌黎非佞佛，偶緣翰墨識山僧。”《黄花集》

**智力**

智力⑩，光孝寺僧，工詩，梅石高古。《圖繪寶鑑續纂》《光孝寺志》

**積良**

積良⑪，字香國，海雲寺僧，工畫山水，藏名畫甚富。《睹堂集》卷末、《留庵隨筆》

---

① 陳曇：字仲卿，貢生侯補訓導，揭陽教諭，廣東廣州人，擅畫花卉。參《中國古今書畫名人大辭典》502頁。

② 勉之：擅山水，大佛寺僧。無僧傳，參《中國佛教人名大辭典》510頁、《中國古今書畫人名大辭典》289頁。

③ 韓榮光：字祥河，號珠船，道光拔貢，刑科給事中，廣東博羅人，工書擅畫。參《中國古今書畫名人大辭典》789頁。

④ 白社：一指隱士或隱士居處；另一指社團，如詩社。

⑤ 元亮：清僧，字號則，番禺黄氏，少爲傭，目不知書，及爲僧，頓開智慧，曉詩，善書大字。開法順德法林寺，敬禮者衆。參《中國佛教人名大辭典》66頁。

⑥ 昌黎：韓愈，唐，河南人，字退之，郡望昌黎，後人稱韓昌黎。

⑦ 大顛：施澤溥，字濟伯，號大顛子，性澹静，工詩畫，山水近似倪瓚，書法逼仿趙孟頫，一時名士皆心佩其賢。參《中國古今書畫名人大辭典》312頁。

⑧ 澹然：清僧，住博羅金湖庵。工畫，韓榮光贈詩贊云：“畫法雲山師北苑，宗風衣缽繼南能。松枝豎義如如旨，柏子參禪上上乘。”參《中國佛教人名大辭典》1064頁、《中國古今書畫名人大辭典》755頁。

⑨ 南能：中國禪宗有“南能北秀”之稱，南能，指南宗禪法，以慧能爲宗。

⑩ 智力：清僧，住廣州光孝寺，工詩，繪梅石高古。無僧傳，參《中國佛教人名大辭典》744頁、《中國古今書畫人名大辭典》563頁。

⑪ 積良：暫無相關資料。

**湛瑩**

湛瑩①，海雲寺僧，山水筆致超渾，字近謝里甫。《留庵隨筆》

**智度**

智度②，長壽寺僧，性曠逸，工山水，尤長於臨摹。道光初，黎二樵③畫最有名，人爭購之，骨董估時時乞智度，所仿者闌入④多不能辨，於是求畫者日衆。癖喜蒔植，以畫理參之。於水仙花尤出新意，創爲蟹爪、竦螯、擁劍，厥狀維肖，白石清泉，一燈郭索，如遇葦蕭沙水閒。中歲移錫花埭鷲峰寺，寂寥人外垂三十年。地接水雲，復饒花藥，騷人畸士，多與往還。晚年耳苦聾，猶不廢撰述，每據梧⑤讀書，客至大呼，或不知，而好事如故，年八十餘圓寂於鷲峰。《番禺縣志》

許玉彬《贈智度上人》："相别久經歲，相逢曾幾時。看空生老死，妙擅畫書詩。好石過於我，養花何所師？煙塵滿天地，應悔入山遲。"《冬榮館詩集》

沈世良《甲寅上巳過鷲峰寺》詞有"畫禪且覓湯休"之句。原注：寺僧智度工畫。　《楞華閣詞鈔》

**曇樹**

曇樹⑥，字香初，海幢寺僧，工畫梅。《留庵隨筆》

曇樹解吟詠，有句云："晚風移柳港，涼月過花田。"《桐陰清話》

**實筏**

實筏⑦，字蓮西，海幢寺僧，喜藏名畫，所居曰"畫禪堂"。工山水、詩詞，

---

① 湛瑩：清僧，字微山，住海幢寺，能詩，山水筆致超渾，字近謝里甫。無僧傳，參《中國佛教人名大辭典》838 頁、《中國古今書畫名人大辭典》557 頁。

② 智度：長壽寺僧，性曠逸，工山水，尤長於臨摹，中歲移錫花埭鷲峰寺。寂寥人外垂三十年。年八十餘，圓寂於鷲峰。無僧傳，參《中國佛教人名大辭典》752 頁、《中國古今書畫名人大辭典》363 頁。

③ 黎二樵：即黎簡（1747－1799），字簡民，又字未裁，號二樵，亦自稱樵夫，又號石鼎道士。工詩，善書畫，亦能治印。書近晉人，畫法宋、元，山水簡淡，皴擦鬆秀。參《中國古今書畫名人大辭典》700 頁"黎簡"條。

④ 闌入：指摻雜。

⑤ 據梧：一指靠著梧機，一指操琴，此處應該是指靠在梧機上。

⑥ 曇樹：清僧，字香初，海幢寺僧，工畫梅。《桐陰清話》載曇樹《解吟詠》有句云："晚風移柳港，涼月過花田。"無僧傳，參《中國佛教人名大辭典》1045 頁、《中國古今書畫名人大辭典》755 頁。

⑦ 實筏：清僧，字蓮西，韶州人，居海幢寺。喜藏名畫，所居曰"畫禪堂"，工山水、詩詞，有《蓮西詩詞鈔》。無僧傳，參《中國佛教人名大辭典》1116 頁、《中國古今書畫名人大辭典》819 頁。

題楊椒坪《添茅小屋圖》甚佳，著有《蓮西詩詞鈔》。《尺岡草堂遺詩》《五百石洞天揮麈》《粵東詞鈔三編》

潘恕①《贈寶筏》詩："更乞巨然留畫本，萬松山翠繞僧樓。"《雙桐圖詩鈔》

寶筏寫山水，師石谷，游羅浮諸詩最佳。《明月寺》云："羅浮有初地，雲水古叢林。明月只如此，青山常至今。鐘寒三界寂，殿暗一燈深。笑問人間事，梅花何處尋？"張督部之洞、汪學使鳴鑾，宴集海幢寺，聞其名，請一見。寶筏曰："諸公愛和尚詩，非愛和尚也。"辭以病，人服其高。《在山泉詩話》

**善林**

善林②，海幢寺僧，善畫蘭。《綠筠堂詩草》

**雪嵓**

雪嵓③，海幢寺僧，善丹青。《綠筠堂詩草》

**常謙**

常謙④，東莞寺僧，工畫蘭。《翦淞閣隨筆》

## 【卷十一】女尼附

無我　文信

**無我**

無我己⑤，平南王尚可喜宮人⑥，隨王女自悟⑦出家，爲檀度庵尼。工人物，庵有自悟像，披髮，紫衣，蛾眉雙蹙，若重有憂者，相傳即無我手筆也。《南海百

① 潘恕：字鴻軒，山水師沈周，花卉近古法，亦工詩。

② 善林：無僧傳，暫無相關文獻資料。

③ 雪嵓：無僧傳，暫無相關文獻資料。

④ 常謙：無僧傳，暫無相關文獻資料。

⑤ 無我：清尼僧，平南王尚可喜宮人，隨王女自悟出家，爲檀度庵尼。工人物，庵有自悟像，披髮紫衣，蛾眉雙蹙，若重有憂者，傳即無我手筆也。又寫通體小影，支頤枕石而卧，蕉陰苔色，上下掩映，字體娟秀熟練，得《蘭亭》遺意。參《中華大藏經續藏》彙僧部《續比丘尼傳》卷四、《中國佛教人名大辭典》737頁。

⑥ 宮人：一爲嬪妃、宮女之通稱；亦爲負責君王日常生活事務者。

⑦ 自悟：清尼僧，平南王尚可喜之幼女，睹諸兄弟橫恣，憂患成疾，力懇爲尼，王不能奪。康熙四年（1665）選宮婢十人伴隨，卜地南海越井岡陽建檀度庵居。有僧傳，參《中華大藏經續藏》彙僧部《續比丘尼傳》卷四。

詠續編》《寒瓊室筆記》

**文信**

文信芳①，本姓劉，道光間檀度庵尼，梵行清嚴，工山水，學石濤，極蒼莽之致。《海珠邊璅》

① 文信：清尼僧，字芳，俗姓劉。道光間，住南匯檀度庵，梵行清嚴，禪餘頗好筆墨，工山水，學石濤。參《中華大藏經續藏》彙僧部《續比丘尼傳》卷四、《中國佛教人名大辭典》103頁。

# 清畫家詩史

李濬之編撰，刊於1930年。全書二十卷，收錄清畫家兩千餘人。本書收入《清畫家詩史》壬下“釋”部明清畫僧六十四人。本書所據底本爲民國初寧津李氏榆園叢刊綫裝輯本，臺北“國家圖書館”善本室藏，索書號406 7080/24135-0001。

## 【壬下】釋



### 普荷

普荷，一名通荷，號擔當，俗姓唐，名泰，字大來，雲南晉寧州人。五龍山人，解元堯官孫，天啟中，以明經入對大庭。嘗師事董文敏①，並訪陳眉公②，侍硯席，稱門下士。明末薙髮隱雞足山，山水法雲林。有《翛園集》《橛庵草》。

#### 題畫

大半秋冬識我心，清霜幾點是寒林③。
荆關代降無踪影，幸有倪存空谷音。

---

① 董文敏：即董其昌。

② 陳眉公：字仲醇，號眉公，一號麋公，與董其昌齊名。年二十九取儒衣冠焚之，結茅崑山，工詩文、書畫，書近蘇、米，善寫水墨山水、梅、竹，氣韵空靈。

③ 寒林：佛教用語，指尸陀林，亦爲棄尸之處。

冷雨何妨盡作冰，扶持並不用秋藤。
儘教路滑吾有足，踏破街頭鐵一層。

雖在山林也不杉，一川瘴雨潑飛巖。
迤①東六月無冰賣，且把松風薦熟饞。

一樹雙柯帶粉紅，桃開也學傲籬東。
如今舉世爭春色，不許黃花②占上風。

地偏惟恐有人來，畫箇茅堂户不開。
陵谷雖無前日影，老僧指點舊時苔。

## 自題畫竹

畫竹不似竹，只因曾食肉。
今日斷了葷，十指長新綠。

## 山居漫興

近晚當窗坐，月光生一櫺。
有山推不出，挂在壁頭青。

## 尋陽黼洞

仙迹幽難覓，憑高心自閒。
古人不可見，得見古人山。

---

① 迤：曲折進行。
② 黃花：指菊花。

## 送羅次一①

欲送君行未忍行，杜鵑②啼處近清明。
前途無限王孫草③，綠遍關河雨不晴。

## 别王敕木④

旗亭欲雨路全迷，宛轉深林綠更齊。
此去不須愁伴侶，到無人處有猿啼。

## 子規⑤

壠首黄茅翦復齊，子規唤子日初低。
天津橋上收聲後，不到江南莫亂啼。

## 送八德大師⑥歸蜀

小庵結在斷峰西，松桂鬅鬆門户低。
不是燕來尋舊社，老僧不免太孤棲。

## 清明出郭

花近清明色不紅，人家出郭雨兼風。
路邊何物連荒草，一片殘碑上將功。

## 天生橋

道人⑦有志在青霄⑧，未曉焚香上早朝。

---

① 羅次一：暫無相關文獻資料。

② 杜鵑：鳥名，常晝夜鳴叫，聲音淒切，故藉以抒發悲苦哀怨之情。

③ 王孫草：泛指貴族之後。

④ 王敕木：暫無相關文獻資料。

⑤ 子規：杜鵑鳥别名。

⑥ 八德大師：暫無相關文獻資料。

⑦ 道人：泛指修行人。

⑧ 青霄：青天。

山到海邊不入海，掉頭回去搭天橋。

### 僧窗牡丹

金谷①樓臺②酒氣蒸，笙歌③一歇冷如冰。
牡丹近有山林癖，洗盡鉛華對衲僧。

### 萬耜庵④從永昌來訪余賦謝

久別重逢又一朝，蒼山非舊也蕭條。
侯門⑤已閉休懷刺，旅時維艱莫棄瓢。
裘敝黑貂寒欲至，路臨金齒⑥瘴難消。
相逢不必嗟搖落，擔著秋霜且過橋。

**髡殘**

髡殘，字介丘，號石溪，又號白禿，一號莧壤，又號殘道人。武陵人，劉氏子。少時剪髮爲僧，游諸名山，至金陵受衣缽於浪杖人⑦，住牛首山，工山水，奥境奇闢，緬邈幽深，蓋從蒲團上得來。臨歿，遺囑火化投骨灰於燕子磯下。有《浮查集》。

### 古意

瘞⑧琴峨嵋巔，知音何寥寥⑨。
埋骨易水旁，俠士魂難招。
物性不可違，豈必漆與膠⑩。

---

① 金谷：比喻富貴貌。
② 樓臺：高大的建築物。
③ 笙歌：合笙之歌，指吹笙唱歌。
④ 萬耜庵：人名，暫無相關文獻資料。
⑤ 侯門：指顯貴人家。
⑥ 金齒：古地名，約今指雲南瀾滄江到保山、騰衝一帶。
⑦ 浪杖人：指道盛，字覺浪。
⑧ 瘞：掩埋。
⑨ 寥寥：空虚、寂寞貌。
⑩ 漆與膠：比喻情誼深切、親密無間。

嘗恨士不遇，白首①空蕭騷。

### 題畫

年來學得巨公禪，草樹湖山信手拈。

最是一峰孤絶處，晴霞齊映蔚藍天。

### 山中

我與閒雲同一室，雲閒我懶亦相宜。

晚風昨夜邀雲去，山有閒雲山不知。

**弘仁**

弘仁，字漸江，休寧人，俗姓江，名韜，字六奇。明諸生，甲申後爲僧，山水師雲林，間寫層厓陡壑，偉峻沉厚。少孤貧，性至孝，以鉛槧養母，歿後友人於其墓種梅數百本，人因稱梅花古衲。

### 偶游吴中見溪山深秀漫寫數筆并題誌慨

飄泊終年無有廬，溪山瀟灑樹扶疏。

此時若遇雲林子，結箇茅廬讀異書。

**正嵓**

正嵓，字豁堂，號菽庵，一號蒍漁，又號耦餘，别號南屏隱叟，俗姓郭，金陵人。國變後入靈隱寺爲僧，嘗主常熟三峰方丈，山水師元四家，工詩詞。有《屏山集》。

### 戲酬友人惠日②鑄茶

幾日春游遍若耶，入城布衲滿煙霞。

正愁仙福難消受，又喫人間御貢茶。

---

① 白首：白鬉，表示年老。

② 惠日：暫無相關資料。

### 題畫

家住郇西二里餘，霜乾木落見深居。
待他五月濃陰後，遮著茆簷好讀書。

### 熊中行將往西粵問道還楚索筆題此

人家竹樹渺茫間，浦溆林巒不記彎。
安得帆隨湘勢轉，爲君九面寫衡山①。

### 湖心亭同諸子晚眺

夜氣始闢如鴻濛②，孤亭獨立湖之中。
纖雲艷色太清③裏，片月忽來滄海④東。
偶一長嘯衆山響，白雙老眼萬古空。
兩峰西去青不盡，總屬蘋花垂釣翁。

### 黄巖小橘甚佳喜題一絶

橘花如雪憶長洲，橘子黄時到古甌。
多謝吴天憐夢遠，飛霜釀出洞庭秋。

**道濟**

道濟，一名原濟，字石濤，號大滌子，又號苦瓜和尚、瞎尊者、清湘老人。明楚藩後裔，山水縱横排奡，脱盡畫家窠臼，兼工竹、石、梅、蘭。王太常云："大江之南，無出石師右者。"

### 題畫

小亭大於笠，高置幽崖巔。
鎮日無人來，水木空清妍。

---

① 衡山：山名，位於湖南中部，又名霍山，古稱南嶽，爲五嶽之一。
② 鴻濛：宇宙形成前的混沌狀態。
③ 太清：天空。
④ 滄海：大海，又古時東海之稱。

水郭山村首夏涼，綠陰深處舊茅堂。
新茶嫩笋消閒日，更愛荼䕷[1]落雪香。

## 畫松

人道龍鱗髣髴成，只今片墨氣如生。
披襟[2]試向高軒望，風雨千尋起自鳴。

## 丙戌秋爲聖岐先生[3]作《雲山無盡圖》

天半危峰通路細，溪邊水落石橋高。
霜林葉露珊瑚影，一夜西風草木麈[4]。

## 爲器之先生[5]畫册并題

千峰躡盡樹爲家，頭鬢鬖髿薜蘿[6]遮。
問道山深何所見，鳥啣果落種梅花。

**福澄**

福澄[7]，字文清，衡陽人，出家於西育王山，工書畫。

---

① 荼䕷：指傾倒之意。

② 披襟：敞開衣襟，比喻舒暢心懷。

③ 聖岐先生：暫無相關文獻資料。

④ 麈：死傷很多的樣子。

⑤ 器之先生：張璉，字器之，號梅泉，嘉定人，善畫。

⑥ 薜蘿：一指薜荔、女蘿兩種野生植物；另外亦指隱者或高士的住處。

⑦ 福澄：字文清，工書擅畫，詩亦閑雅。無僧傳，參《中國佛教人名大辭典》903 頁、《中國古今書畫名人大辭典》665 頁。

### 山居示諸苾芻①

蟲臂鼠肝歸造化，利名關破任逍遙。
鳴琴月下披寒露②，移石溪邊接斷橋。
百歲光陰彈指過，一身榮辱問誰招？
白雲塢上風霜老，獨秀孤松識後凋。

**大汕**

大汕③，字厂翁，嶺南人，金陵僧，工寫照。康熙戊午，爲陳迦陵④繪《填詞圖》，丰頤美髯，精神活潑，一時海内名流題詠殆遍。有《離六堂集》。

### 題龔半千⑤畫册

脱木蕭蕭無比鄰，蒼蘿洞口自垂綸⑥。
如何日暮忘歸去，爲愛青山是故人。

**智潮**

智潮⑦，字香水，吴江楊氏子，薙髮永樂寺，平生飄笠無定踪，晚年歸永樂初地，遂不出，能詩善畫。

---

① 苾芻：比丘。

② 寒露：二十四節氣之一，寒露九月節，露氣寒泛，將凝結也。

③ 大汕：參前文《嶺南畫徵略》“大汕”注。

④ 陳迦陵：陳維崧（1625–1682），字其年，號迦陵，工詞，頗負盛名，爲陽羨詞派宗主，有《湖海樓詞》。

⑤ 龔半千：龔賢（1618–1689），又名豈賢，字半千，又字野遺，號半畝，又號柴丈人。工詩文，善行草，所作山水喜用濃墨，曾自寫小照，作掃葉僧，爲金陵八大家之首。參《中國古今書畫名人大辭典》837頁“龔賢”條。

⑥ 垂綸：垂釣。

⑦ 智潮：清僧，字香水，號北麻，震鐸楊氏。年十七薙髮於永樂寺，住高峰淨名院，猛力參究，一夕五更聞籬邊虎聲，豁然超透。能詩，工畫。有《歸來堂詩稿》。參《中國佛教人名大辭典》764頁。

## 立夏後懷友

午飯纔過就石眠，茅茨①深掩一溪煙。
花開花謝半春夢，乍雨乍晴初夏天。
記得別時曾折柳②，喚將歸去是啼鵑。
青青③爲惜池塘草，漫向東風憶惠連④。

**德立**

德立⑤，字鶴臞，號西池，住吴之怡賢寺，善畫菜，工草書。有《藕花園詩》。

## 壬辰仲春耕煙先生見貽《釣隱圖》賦謝

獲交先生亦已久，欲報深情何所有？
昨春適逢岳降辰，鹵莽稱殤語多醜。
彈指春光又將半，老眼頻驚風物换。
煙雨如絲不斷頭，狼藉⑥梅花香滿院。
晚來閒把烏藤倚，先生忽遣長鬚至。
手持一幅《釣隱圖》，煙水蒼茫古人意。
一個釣船千頃月，只許清風吹短髪。
夢去還尋南浦雲，飢來不採西山蕨。
兩株松樹滿山秋，白雲冉冉⑦蒼煙浮。
姓名不復煩銀鹿，心事惟應狎野鷗。

---

① 茅茨：簡陋居室。

② 折柳：折取柳枝，古人離别有折柳相贈之舉。

③ 青青：形容色青，借指楊柳，與前句折柳呼應。

④ 惠連：人名，應爲智潮所憶之友人。

⑤ 德立：清僧，字鶴臞，號西池，樂清朱氏。幼投鑒照薙染。圓具於弁山侣。聞截流老人宗教兼徹，志弘淨土，特造虞山，一見服膺，隨侍六年，深得禪、淨之旨。後掩關石竇，晝夜彌陀，脅不沾席。康熙三十三年，主普仁，繼蘇州怡賢寺終。善畫菜，工草書，復能詩，有《藕花園集》。參《中國佛教人名大辭典》999頁。

⑥ 狼藉：縱横雜亂貌。

⑦ 冉冉：漸進貌，形容事物慢慢變化轉動。

先生才藝冠古今，名滿乾坤避何所。
蘆雪菰煙到處留，車馬江干起塵土。
憶晤沈子瞖城東，儒雅大有古人風。
珍藏名畫亦不少，意中所重惟耕翁。
謂云此畫罕曾見，寶此有餘何足羨？
展看颯颯①起秋風，紅葉欲飛嵐撲面。
山平水遠王摩詰②，張藻③生枯兩枝筆。
煙嵐高曠妙入神，文敏風流更無匹。
耕煙獨擅諸家美，天機自非人力耳。
願師爲我題其端，向後流傳知所以。
予聞斯言驚且喜，微才曷足以當此。
先生聲價重連城，蒼蠅附驥④走千里。
辭之不得爲之題，愧非工部驚人詩。
佛頭之誚⑤自不免，歸來常恐先生知。
野市荒村識姓名，先生釣隱空此情。
譬如秋空萬古月，皎皎豈獨江南明。
予昔曾深山水癖，芒鞋踏遍千峰碧。
一片閒雲日月長，九點輕煙天地窄。
今雖老矣情未休，夢中巒翠紛相投。
先生贈之以長幅，豁我胸次開雙眸。
此圖喜獲感更深，欲報四顧唯山林。
青桐斵爲綠綺琴，白石爛作雙南金⑥。
桐未斵兮石未爛，踧踖⑦空持一寸心。

---

① 颯颯：象聲詞，疾速貌。

② 王摩詰：唐詩人王維，字摩詰。

③ 張藻：清畫家，一指字小谷，擅山水。一指字孝升，擅山水。參《中國古今書畫名人大辭典》853 頁“張藻”條。

④ 蒼蠅附驥：驥，指千里馬；蒼蠅附驥，喻指依附他人的聲望。

⑤ 誚：責怪。

⑥ 雙南金：喻珍貴之物。

⑦ 踧踖：侷促，外表恭敬而内心不安。

**宗泰**

宗泰①，字古笠，初爲平湖德藏寺僧，後主杭州徑山高庵，自稱高庵道人，喜作顛草或小畫。有《閱世堂稿》。

### 懷高庵

高絶懸崖處，吾廬向此分。
鳥啼寒磵竹，樵語石床雲。
樹裏江光遠，窗中岫色紛。
夜深群動息，天籟静中聞。

### 重登雙徑

六年不上五峰顛，聞道松衫幾變遷。
猶有凌霄一片月，清秋②仍照法堂前。

### 無垢寺在天目之麓，梁昭明太子繙經處

一徑當門細，無人竹户開。
古藤緣殿角，老柏舞荒臺。
日射松鼬走，林昏石虎埋。
斷碑横古道，繡徧六朝苔。

**宗渭**

宗渭③，字筠士，又字紺池，號芥山，華亭人。山水超俊，詩有禪理，得唐人三昧。有《紺池小草》。

① 宗泰：參前文《國朝畫識》卷十四下“宗泰”注。
② 清秋：明淨爽朗的秋天。
③ 宗渭：參前文《國朝畫識》卷十四下“宗渭”注。

### 横塘夜泊

偶爲看山出，孤舟向晚停。
野梅含水白，漁火逗煙青。
寒嶼融殘雪，春潭浴亂星。
何人吹鐵笛，清響破空冥。

### 次韵酬九來

風急樹蕭蕭，思君夢易銷。
鳥啼黄葉寺，僧語夕陽橋。
得句霜鐘度，安禪佛火燒。
十年詩律苦，珍重貯山瓢。

### 早起

宿雨散涼色，竹林煙未醒。
流鶯三四語，啼破半窗青。

**澄園**

澄園①，號文谷，山陰天章寺僧，爲懋方②高足，善蘭竹，工詩，爲詩窟十家之一。有《雪痕録》。

### 贈宋居士雪君

縱横健筆鼎獨扛，才齊潘陸③海與江。
青袍④白袷⑤時過我，柳瓢寫酒撲春缸。

---

① 澄園：亦作“澄圓”，清僧，號文谷，住山陰天章寺，善蘭竹，工詩，有《雪痕録》。無僧傳，參《中國佛教人名大辭典》1025頁、《中國古今書畫名人大辭典》693頁。

② 懋方：暫無相關文獻資料。

③ 潘陸：字江如，吴江人，明諸生，有《穆溪集》。參《晚晴簃詩匯》卷十五。

④ 青袍：指寒士。

⑤ 白袷：舊時平民服裝。

胸中磊磈[1]澆不得，鏗鏘金石交擊撞。

鳥啼花落對六窗，騷壇牛耳北面降。

拈來信手都妙諦，讀罷高辭折幔幢。

**上睿**

上睿，字目存，號蒲室子，又號童心和尚。吴縣人，山水布置深穩，氣韵沖和，仿唐解元[2]尤精妙。嘗與石谷同游京師，得其指授，兼工花卉，得南田[3]法。有《餘習吟》。

## 題簪畫圖

莫摘穠香壓髩[4]鴉，懶將時勢鬪鉛華。

他年得入維摩室，不許簪花許散花。

## 戊申長夏仿李訾邱[5]筆作《深雪策蹇圖》

身名不問故人知，老大猶能不廢詩。

最愛亂山深雪處，蹇驢輕策每歸遲。

**明通**

明通[6]，字達一，嘉興遷勝庵僧，工寫生。有《墨隱遺稿》。

## 張雨村[7]黄藕齋過訪見壁間屠雙髫詩欲訪入社因指其隱居路徑用匏庵社集韵

雙髫潛修處，輕流水一彎。

林高秋色敞，花老鳥聲閒。

---

① 磊磈：山石高低不平，喻胸中不平之氣。

② 唐解元：指唐寅。解元，爲科舉時代鄉試第一名之謂。

③ 南田：惲壽平。

④ 髩：同“鬢”。

⑤ 李訾邱：暫無相關資料。

⑥ 明通：清僧，字達一，住嘉興遷勝庵。學通内外，工吟詠，善寫真，有《墨隱遺稿》。無僧傳，參《中國佛教人名大辭典》365頁、《中國古今書畫名人大辭典》244頁。

⑦ 張雨村：暫無相關資料。

詩客能攜屐，幽人定啟關。
爲言同社客，有酒勝廬山。

**元暉**

元暉①，字鑒微，杭州蓮花精舍住持僧，山水在麓臺、圓照之間，所畫《納涼圖》長卷有吴石倉②、毛西河③、宋漫堂④諸名流題詠。

## 題畫贈金介山⑤

瀑從天杪來，雲向樹根長。
除卻風泉聲，萬山無一響。

鶻突⑥溪山鶻突雲，乾坤雙眼望難分。
邇來世事渾如此，莫把聰明持贈君。

青山⑦白社⑧夢歸時，可嘆前身是畫師。
記得西陵煙雨後，最堪圖取大蘇詩。

## 題納涼圖詩

柳綠荷香近水濱，納涼忘却暑中身。
清風不用一錢買，能消受者便主人。

---

① 元暉：字鑒微，擅山水、人物、荷花。無僧傳，參《中國古今書畫名人大辭典》14頁。

② 吴石倉：杭州文人。

③ 毛西河：毛奇齡（1623–1716），字大可，又字于一、齊于，號初晴，又號秋晴，清初學者，又稱西河先生，擅山水、人物、梅花，天啟至清康熙間書畫家，有《西河集》。參《中國古今書畫人名大辭典》17頁“毛奇齡”條。

④ 宋漫堂：宋犖（1634–1713），字牧仲，號漫堂，又號西陂，官至吏部尚書，精鑑賞，工詩善畫，有《楓香詞》。參《中國古今書畫名人大辭典》144頁“宋犖”條。

⑤ 金介山：暫無相關資料。

⑥ 鶻突：模糊、混沌。

⑦ 青山：指歸隱之處。

⑧ 白社：指隱士或隱士所居之處。

**超凡**

超凡[①]，號雪堂，蘭溪廣長庵僧，俗海寧查氏子，能詩，善畫，爲毛西河、施愚山[②]所重。有《芝崖集》。

### 八月廿七日雨喜濱逸大師馮丹九[③]秀才至

不期今日雨，又點碧苔紋。
竹筧添新水，松門老宿雲。
鐘聲鄰寺晚，人語隔溪聞。
誰意來高駕，空山正憶君。

**圓顯**

圓顯[④]，字一性，號樗巢，姓陸氏，吴錫忍草庵僧，工詩、善畫。有《樗巢吟稿》。

### 飛來峰

不知飛到是何年，靈岫分來只一拳。
鐘鼓敲殘三竺雨，松楸長護六陵煙。
散花時有鈿車女，擎笠重逢水月禪。
一自東南佳氣盡，幾多宫闕變荒阡？

### 旅泊

古驛長亭記舊游，極天風雨阻行舟。
偶逢石榻雲同卧，欲脱芒鞋雨暫留。
詩卷酸寒聊遣日，衲衣單薄怕經秋。

---

① 超凡：清僧，字雪堂，號鐸夫，海寧查氏。住蘭溪廣長庵，又主江西某寺，能詩善畫，有《芝崖集》。無僧傳，參《中國佛教人名大辭典》695 頁、《中國古今書畫名人大辭典》558 頁。

② 施愚山：即施潤章，參前文《讀畫録》卷二“施尚白”注。

③ 馮丹九：暫無相關文獻資料。

④ 圓顯：明僧，字一性，號樗巢。參前文《國朝畫識》卷十四“圓顯”注。

懶殘莫慢輕相笑，煨芋何年遇鄴侯①？

## 獨夜

一瓢長寄空巖裏，獨夜懸燈誰與語？
惟有蕭蕭落葉聲，細聽疑是山窗雨。

**明瑜**

明瑜②，字昀熙，俗姓蔡氏，祝髮于無錫保安寺。康熙中，主席靈巖，工詩、善畫。有《隨雲草》。

## 羊城石灘

腳跟費盡草鞋錢，路轉南溟③計八千。
一葦自航秋水去，孤僧常伴白雲眠。
珠江道遠無相識，瘴海蜒浮別有天。
風景不同民俗異，傍村紅濕荔支煙。

## 題畫

山盡山連不斷頭，翠微深處草庵幽。
懸崖忽挂石梁瀑，無數野雲當户浮。

**一智**

一智④，字廩峰，自號黄海雲舫護迂客，黄山僧，休寧人，山水用筆疏爽。

## 題自畫便面⑤

自信黄山六月中，山堂富足滿松風。
山雲換得山粮返，迥覺炎涼界不同。

---

① 鄴侯：徐時作，字鄴侯，號筠亭，雍正年間進士，官倉州知州，有《崇本山堂詩鈔》。參《晚晴簃詩匯》卷六十六。

② 明瑜：參前文《國朝書畫家筆錄》卷四“明瑜”注。

③ 南溟：天池也。指南方大海。

④ 一智：參前文《國朝畫識》卷十四“一智”注。

⑤ 便面：扇面。

**際源**

際源①，字徹圓，湖州北郭報福寺僧，工山水、梅竹。

### 南湖夜泊

檇李②城邊人語靜，釣鼇磯外水連天。

蕭蕭蘆荻風吹雨，煞煞篷窗估客船。

**超源**

超源③，字蓮峰，杭州人，雍正間召賜紫衣杖鉢，敕主蘇州怡賢寺，山水點筆秀潤，詩有空山冰雪氣象。有《未篩集》。

### 題畫二首

春浦風生柳岸斜，好山何處著人家？

白雲遮斷橋西路，不許漁郎問落花。

澗草巖花雨後香，米家山下路微茫。

軟紅不與滄波接，莫怪無人到草堂④。

### 登清涼山

清涼絶頂立移時，雲水蒼茫兩不知。

安得畫圖分隙地，生埋瘦影死埋詩。

### 香嵒雜詠

茅簷繞群木，亭午猶含暝。

---

① 際源：清僧，字學川，一字徹圓，秀水沈氏。精山水，善墨竹，亦工詩。世宗賜紫衣。主武康報恩寺。有《禪餘集》。參《中國佛教人名大辭典》906頁。

② 檇李：嘉興别稱。

③ 超源：清僧，字蓮峰，仁和洪氏。九歲出家西源寺，得法茆溪行森。工書畫詩文，習台賢宗旨，遁迹靈峰，不入城者八載。後受龍居天彝囑，住杭之樂間，康熙五十六年，移湖州梵行。雍正十三年，敕住蘇州怡賢院，賜明道正覺禪師。乾隆十年寂。有《未篩集》一卷、《語錄》二卷。無僧傳，參《中國佛教人名大辭典》703頁、《中國古今書畫名人大辭典》558頁。

④ 草堂：茅草蓋的堂屋。

炎曦無路通，風蟬有時聽。
林深鳥不啼，水湛魚如定。
夜涼詩境生，松月篩苔徑。

明月顧我影，涼風襲我衣。
四壁何蕭蕭，草蟲相因依。
如泣復如訴，嚶嚶①念寒飢。
感此不能寐，夜深吟轉悲。

### 堯峰道中

昨日入山日已暮，今曉出山曉猶霧。
山靈笑我何茫茫，去來不識堯峰路。
堯峰路，留客住，空林風吼雲隨步。

### 與雪林上人②南屏話舊

雨積南屏客夢寒，喜逢白足共盤桓。
能忘物我情方洽，略辨酸鹹事即難。
鐘向亂雲深處聽，山從涼月出時看。
門前湖水無今古，早晚還期把釣竿。

**實源**

實源③，初名三友，號一泉，青浦人，主來青庵。居停橫雲山張氏山莊最久，故書法文敏，寫梅瘦徑多縱橫氣，工詩。

---

① 嚶嚶：蟲鳴聲。

② 雪林上人：清僧，字硯圃，江蘇常熟人。善寫菜，烘染有法。無僧傳，參《中國佛教人名大辭典》633頁、《中國古今書畫名人大辭典》411頁。

③ 實源：清僧，初名三友，號一泉，又號梅花船子。青浦人，居白鶴江，投來青庵出家。寓奉賢，工書善畫，復能詩。後游京師，往禮五臺，遂不復返。無僧傳，參《中國佛教人名大辭典》953頁。

## 和人村居雜詠

攜鋤抱瓮寄閒身，雨甲煙苗滿院春。
一覺東華①塵土夢，於陵常做灌園人。釀花小圃

蕉衫葵箑②送新涼，六曲紅闌亞字牆。
一翦微風香不斷，桂花如霰撲空廊。黄雪廊

疏陰滿徑鹿胎斑，凍雀無聲晝掩關。
紙帳峭寒人未醒，舊游依約到孤山。冷香徑

彷彿倪迂翰墨林，珊瑚鐵網遍搜尋。
馬肝鴝眼皆皮相，珍重磨礲③一片心。友硯齋

**篆玉**

篆玉④，字讓山，號嶺雲，仁和萬氏子，西湖萬峰山房僧，工詩畫，善隸書。初游京師，繼主南屏，喜與杭僅浦⑤、丁敬身⑥諸名流相倡和。有《話墮集》。

## 舒明府⑦同游花鄔諸精舍

又添幾點雨霏微，消受松風晚不歸。

---

① 東華：指傳説中的仙人東王公，又稱東華帝君。

② 箑：扇子。

③ 磨礲：砥礪之意。

④ 篆玉：清僧，字讓山，號嶺雲，仁和萬氏。年十七投淨慈寺薙染，受戒昭慶，嗣法雷嚴，臨濟下三十五世，貫通義疏，精嚴戒律。雍正間，住京師海淀法界觀心佛堂，移萬峰，遷棲水大善寺、秀溪龍翔寺。禪餘游情翰墨，善鼓琴，工行草。詩畫均妙。有《南屏續志》及《話墮集》。有棲水大善寺沙門釋篆玉傳，參《大藏經補編》第10册《新續高僧傳》卷六十四、《中國佛教人名大辭典》996頁。

⑤ 杭僅浦：杭世駿（1697–1772），見前注。

⑥ 丁敬身：丁敬，清錢塘人，字敬身，號龍泓山人，又號鈍丁、孤雲、石叟、勝怠老人。乾隆年間舉鴻博不就，好金石文，爲篆刻浙派初祖，爲西泠八大家之首，善寫梅，兼工蘭竹、水仙。參《中國古今書畫名人大辭典》6頁。

⑦ 舒明府：舒瞻，字雲亭，乾隆年間進士，參《清詩别裁》。

涼與故人今夜共，喜逢老衲廿年違。
泉聲恐放出山去，竹影從教向澗圍。
如此清游豈易得？合尋好句紀斜暉。

### 山居雜興

半間破屋綠蘿牽，一畝琅玕①个萬千。
如此清幽乾淨地，獨留雲與鶴分眠。

### 赤岸獨步

黃鶴峰陰望不遙，興高無待野人招。
最難認是深村路，賴有梅花領過橋。

**明中**

明中②，字大恒，號烎虛，一號嘯崖，桐鄉人，俗姓施，幼投嘉興楞嚴寺。雍正間命住吉祥苑，乾隆初放還，晚主西湖淨慈、聖因等寺。山水法元人，氣味清遠，兼善寫真，詩無蔬笋氣，梁山舟學士③爲刊其遺稿。

### 小滿日④雨中同樹田嶺雲集小有天園得陰字

雲影空濛一壑深，偶留雙屐笑無心。
碧潭雨過來寒瀑，綠樹煙昏墜溼陰。
高閣寂時幽鳥下，亂山圍處晚鐘沉。
眼前好景誰收拾？錯向南宫⑤畫裏尋。

### 題畫

秋樹無定色，秋泉無定聲。
支笻過橋去，衣袖秋雲生。

---

① 琅玕：此處指翠竹。

② 明中：參前文《國朝畫識》卷十四“明中”注。

③ 梁山舟學士：梁同書（1723-1815），字元穎，號山舟，晚號不翁，乾隆年間進士，官侍講，工書，善鑑賞。參《中國古今書畫名人大辭典》432頁“梁同書”條。

④ 小滿：二十四節氣之一，公曆五月二十日左右。

⑤ 南宫：尚書别稱，借指北宋畫家米芾，因米芾曾官禮部員外郎，有米南宫之稱。

## 過吴氏瓶花齋二雨出紙索寫洗研圖即題於首

我來瓶花齋，風日愛清朗。
藤架葉初齊，新陰綠書幌。
大几橫無塵，疏窗高且敞。
主人示破硯，珍在鳳咮①上。
洗滌日摩挲，能教我技癢。
乃試古墨丸，圖成不盈丈。
枯筆慚無師，巨崇嗟已往。
聊對巖壑人，煙雲借供養。

## 壑庵池上納涼

逭暑②投深壑，清風導我游。
層陰篩薄日，涼翠潑高樓。
山向此中寂，人於象外幽。
池邊閒弄水，欲去更遲留。

## 穆門茶園菽林竹田寸田過訪坐竹間亭分韵得竿字

五月空亭晝尚寒，了無塵事得相干。
山光照眼青三面，竹色侵衣綠萬竿。
風靜最宜僧入定，月明好與客同看。
不妨覓句頻來往，小啜茶香一倚闌。

## 秋曉過燕子磯③

江聲斷處曉煙平，宿鳥雙飛拍水輕。
燕子磯邊黄葉亂，我來恰恰喜秋晴。

---

① 咮：鳥嘴。

② 逭暑：避暑。

③ 燕子磯：地名，江蘇省南京市東北部觀音山，因突出岩石屹立長江邊，三面懸絶，宛如飛燕，故名燕子磯。

**大嵩**

大嵩①，山陰人，工詩，兼畫山水。

偶然作畫戲題二絶

愛絶溪山此結廬，苔花青長屐痕疏。
桐陰瑟瑟路幽寂，夜靜月明聞讀書。

村流一帶碧鱗鱗，向晚微風動白蘋②。
隔岸煙生漁浦靜，半船明月載詩人。

**明奇**

明奇③，字具如，杭州人，書宗懷素，畫仿東坡。

村齋次孫先生可堂韵

爭道書巢莎里東，眼前佳趣孰能同？
兩三枝柳輕煙羃，四五條橋曲水通。
間愛清尊依菊影，幾攜吟屐入花叢。
隴頭有意傳消息，梅蘂先春破小紅。

**洪音**

洪音④，字雲碩，海寧人，住持越中，晚主嘉禾東塔寺，善詩畫。

暮春

青山茅屋石橋西，晚雨含香落燕泥。
美睡不知春已去，鷓鴣⑤啼過若耶溪。

---

① 大嵩：參前文《國朝畫識》卷十四"大嵩"注。

② 白蘋：蘋，水草，夏秋開小白花，故稱白蘋。

③ 明奇：清僧，字具如，杭州人。工詩善書，詩宗皎然，書學東坡。住湖州靈山及揚州天寧。《雲居聖水寺志》有釋明奇僧傳及偈語一首，參《中國寺志彙刊》第 27 册《雲居聖水寺志》卷一、卷二，《中國佛教人名大辭典》361 頁。

④ 洪音：清僧，字雲碩，海寧人，善書畫。住持越之大善五雲，晚主嘉禾東塔。無僧傳，參《中國佛教人名大辭典》518 頁、《中國古今書畫名人大辭典》308 頁。

⑤ 鷓鴣：鳥名，古人諧其鳴聲爲"行不得也哥哥"，詩文中常用以表示思念故鄉。

**振愚**

振愚①，字拙庵，號半溪，海寧僧，住揚州石塔寺，能詩，工書畫，爲盧雅雨②、程午橋③所稱賞。有《半溪詩草》。

過雲棲蘭若④

一路盡松竹，到門絶點塵。

草花香怯雨，山鳥語欺人。

仙梵迭清切，道情無故新。

何由釋煩累，來此寄吟身。

**乘車**

乘車⑤，字素清，嘉興姚氏，祝髮於硤石怡雲庵，晚主海寧惠力方丈。

畫蘭贈某居士并題短句

之子春風裏，迎人善氣來。

徵蘭天與兆，曉闕夢初回。時居士未有子。

**野蠶**

野蠶⑥，俗姓宋，名崖，合肥諸生，以父母没，出家于開封大相國寺。工花卉，善篆刻。有《夢綠詩草》。

西澗

西澗黄鸝叫夕陰，煙嵐濃處好幽尋。

閉門不出非今日，階面青苔一尺深。

---

① 振愚：清僧，字拙庵，號半溪，海寧人。能詩，工書畫，於揚州石塔寺寂。有《半溪詩草》。無僧傳，參《中國佛教人名大辭典》565頁。

② 盧雅雨：盧見曾（1690－1768），字抱孫，自號雅雨山人，康熙年間進士，官至兩淮鹽運使，工詩，有《雅雨堂詩集》。參《晚晴簃詩匯》卷六十一。

③ 程午橋：程夢星（1678－1747），字伍喬，又字午橋，號香溪，康熙年間進士，官編修，工書畫，善彈琴。參《清畫家詩史》。

④ 蘭若：梵語阿蘭若之簡稱，指寺院。

⑤ 乘車：清僧，字素清，號瞎漏，嘉興姚氏，住海寧慧力寺，善寫蘭。無僧傳，參《中國佛教人名大辭典》569頁、《中國古今書畫名人大辭典》330頁。

⑥ 野蠶：俗姓宋，名崖，諸生，擅畫花卉。無僧傳，參《中國古今書畫名人大辭典》408頁。

### 和吴鑑南[①]十笏禪房見訪之作

頭白觀空厭有形，揭來棒喝夢初醒。
人從遠道瞻卿月，我幸殘年識歲星。
詩草[②]此時聊寫興，燈花[③]昨夜已通靈。
何當結社江鄉去，萬壑松聲一榻聽。

**見賢**

見賢[④]，一名際賢，字省凡，更字省齋，烏程陳氏子，杭州天竺寺僧。工詩，善山水，朱朗齋[⑤]、嚴古緣[⑥]喜與方外交。

### 暮秋有感

山覺秋容瘦，蕭蕭萬木殘。
霜催松耐翠，風妒菊禁寒。
性懶逢人拙，才疏閱世難。
天將消息寄，付與有心看。

**一理**

一理[⑦]，字庭敏，一字靜惟，別號日齋，杭州辯利院僧。清修苦行，能詩、善畫。有《學圃小稿》。

---

① 吴鑑南：暫無相關資料。

② 詩草：詩作或詩集之謂。

③ 燈花：燈心餘燼結成花狀物，習俗上視燈花爲吉兆。

④ 見賢：清僧，一名際賢，字省凡，更字省齋，烏程陳氏。幼年托白於杭之天竺見心山房，年十八受度於心持。工詩善畫，朱朗齋與交二十餘年，年五十二寂。著詩自題曰《靜中一笑》。無僧傳，參《中國佛教人名大辭典》295 頁、《中國古今書畫名人大辭典》122 頁。

⑤ 朱朗齋：朱文藻（1735-1806），字映渭、映漘，號朗齋，諸生，精六書金石之學，善詩，有《碧溪草堂詩集》。參《晚晴簃詩匯》卷一一〇。

⑥ 嚴古緣：嚴果，字九峰，號春山，晚號古緣，乾隆年間舉人。工詩書，偶作山水，不假規摹，自有丘壑。性恬淡，通禪學。有《古緣遺稿》。參《清畫家詩史》。

⑦ 一理：清僧，字庭敏，一字靜維，別號日齋，住杭州辯利院。無僧傳，有《學圃小稿》。參《中國佛教人名大辭典》3 頁。

### 宿廬庵

衝寒茅店曉山長，一棹①漁歌渡野塘。
水靜荻深無犬吠，隔籬人語煮茶香。

**明印**

明印②，字久芳，一字久方，常熟人，吴中怡賢寺住持。山水淡遠有别趣。有《聽松窩吟草》。

### 秋日過王岡齡③山齋次韵

良辰赴幽期，名園散清步。
黄菊未辭秋，霜鴻正横曙。
逍遥玩泉石，參差數藥樹。
主人出卷軸，精力所凝注。
六法韵俱流，五字④神或助。
把玩愧不如，愛極翻成妒。

**念深**

念深⑤，字竹隱，西湖僧，能山水。

### 題畫送徐公之任遼州

來坐千巖兼萬壑，去盤上黨與飛狐。
繪圖聊代驪歌⑥贈，三晉雲山似此無。

---

① 一棹：一槳，借指一舟。

② 明印：清僧，字久芳，亦曰九芳，號雪幢，常熟人，居吴中怡賢寺住持。工詩畫，善山水，所作《聽松窩吟草》清雅絶塵，士夫推重。無僧傳，參《中國佛教人名大辭典》360 頁、《中國古今書畫名人大辭典》244 頁。

③ 王岡齡：未詳何人。

④ 五字：五言詩。

⑤ 念深：清僧，字竹隱，杭州人。工詩善畫，性耽林泉，恒往來湖上諸寺，士夫率與游。無僧傳，參《中國佛教人名大辭典》392 頁、《中國古今書畫名人大辭典》236 頁。

⑥ 驪歌：告别之歌。

**明懷**

明懷①，字葦江，號石巢，臨平金粟庵僧，山水得元人法。

### 題畫

春風喚山醒，一雨衆緑滋。
雜花炫紅紫，松竹虧蔽之。
危亭嵌山凹，幅幅冰簾垂。
珠跳雪飛灑，下注方丈池。
瞿瞿②劚③苓僧，歸來雲滿衣。

**際祥**

際祥④，號主雲，吴興人。初住歸庵演教寺，後主西湖南屏淨慈寺。書畫俱學董華亭，工詩，阮芸臺相國⑤撫浙時嘗書“南屏秋色歸詩版，北苑春山證畫禪”楹帖贈之。

### 題畫

路繞西湖西復西，夕陽紅樹板橋低。
秋風記得春歸日，花落柴門水滿溪。

性僻耽泉石，買山我未憎。
松花香似飯，水氣冷於冰。
路轉藏村落，林深見佛燈。
最宜攜枕簟⑥，消夏此間能。

---

① 明懷：清僧，字葦江，號石巢，住臨平金粟庵。能詩，工畫山水，得元人法。無僧傳，參《中國佛教人名大辭典》374 頁、《中國古今名人書畫大辭典》244 頁。

② 瞿瞿：勤謹貌。

③ 劚：砍。

④ 際祥：參前文《履園畫學》“釋主雲”注。

⑤ 阮芸臺：即阮元。

⑥ 簟：竹蓆。

**能越**

能越①，字荔村，興化人，慈雲寺僧，工畫蘭。

述秋

畫角吹殘夢，疏鐘扣曉星。

清碪和露搗，愁耳隔牆聽。

衲破留雲補，門空向水扃。

宿鷗驚落葉，飛散半池萍。

**炳一**

炳一②，號幻雲，主泰州光孝寺，山水在香光③、北苑④間。有《幻雲詩鈔》。

送佛燈上人⑤之南海

自攜瓶缽去，萬里涉川程。

雪彼岸帆轉，春潮破浪行。

嶺雲寒殿影，海氣濕鐘聲。

遍禮名山後，應知世念輕。

初冬喜晤道高上人⑥即送返棹

襟期歲隔幾星霜，路渺寒江一水長。

---

① 能越：清僧，字荔村，興化人，住揚州宜陵慈雲寺，工畫蘭竹。得鄭大令遺風。無僧傳，參《中國佛教人名大辭典》618頁、《中國古今書畫名人大辭典》332頁。

② 炳一：即性慧，清僧，字幻雲，號炳一，泰州黄氏。年八歲，其父攜至金陵，寄養於地藏精舍道公處。年十二，雙目失明，番僧喇嘛癒之。求道公披薙，登寶華具戒。乾隆十二年，隨文海入京，未幾南回。乾隆二十九年，主泰州光孝寺，改禪爲律，稱中興第一代。有《幻雲詩鈔》。無僧傳，參《中國佛教人名大辭典》449頁、《中國古今書畫名人大辭典》289頁“炳一”條。

③ 香光：此處未言其姓，然“香光居士”有二，一指董香光，即董其昌；一指王蒙。二者皆有香光居士之稱。

④ 北苑：南唐五代董源，字叔達、北苑、飛是，善畫山水，數石幽潤，意趣高古，得山之神氣。

⑤ 佛燈上人：無僧傳，尚無明確文獻資料。

⑥ 道高上人：暫無相關資料。

對影自嗟頭髩①白，言歡猶及菊花黄。
空山落葉增游興，細雨清吟泛客殤。
正喜遠公邀入社，北風無那促歸裝。

**胡照**

胡照②，字見明，號古巖，安徽涇縣長春庵僧。山水學麓臺，蘭竹學石濤，年未三十，足迹遍歷楚越，所至名士爭相酬贈，彙刻之，名《韞玉集》。有《古巖詩鈔》。

## 登白馬山

山高接遠天，稠疊萬峰連。
積靄常遮寺，聞香可悟禪。
孤雲生片石，古樹擁寒泉。
飛鳥怊③何處？蒼茫横暮煙。

**非臺**

非臺④，字超然，涇縣幕山庵僧，幼不識字，年十七見古巖⑤畫，仿之逼肖，自是精進於學。惜早卒，未竟所業。有《曉月山房詩鈔》。

## 過小幕山

四月春殘後，晨行陟⑥遠岡。
雨沾臺笠重，花惹破鞋香。
煙靄城三里，鐘鳴水一方。
老僧將入定，危坐竹根傍。

---

① 髩：同“鬢”。

② 胡照：清僧，字見明，號古巖，涇縣人。住邑長春庵僧，能詩善畫。有《古巖詩鈔》。無僧傳，參《中國佛教人名大辭典》480頁、《中國古今書畫名人大辭典》321頁“胡照”條。

③ 怊：惆悵、失意、悲傷。

④ 非臺：無僧傳，暫無相關文献資料。

⑤ 古巖：即僧胡照。

⑥ 陟：登上高處。

**方珍**

方珍①，字席隱，號小山，初住武林孝慈庵，工詩畫，曼生②、頻伽③喜與之游。嘗至揚州，爲阮雲臺④、伊墨卿⑤所愛重。

## 畫竹送人

一幅瀟湘竹數竿，送人珍重上長安。
河橋豈少青青柳，未必他時耐歲寒。

## 戲拈絶句

水仙天竹競繁華，不稱山家與佛家。
養出一盤黄矮菜，不妨冷澹作生涯。

**覺銘**

覺銘⑥，字慧照，青浦人，住圓津禪院，爲語石四代孫，能詩、工畫，梁侍講山舟、錢少詹竹汀，咸與訂方外交。

---

① 方珍：清僧，字席隱，號小山，揚州王氏。居邑之地藏庵，工詩畫，不與人，寂後遺墨使流於世。無僧傳，參《中國佛教人名大辭典》112頁、《中國古今書畫名人大辭典》22頁。

② 曼生：陳鴻壽（1768-1822），字子恭，號曼生，嘉慶年間拔貢，官至淮安同知。詩文書畫皆善，山水蕭然意遠，亦工花卉蘭竹，爲西泠八大家之一。時宜興產砂壺，陳鴻壽創制新樣，並鐫銘句，有“曼生壺”之稱。參《中國古今書畫名人大辭典》504頁“陳鴻壽”條。

③ 頻伽：郭麐，亦名郭麐（1767-1831），字祥伯，號頻伽，晚號蘧庵、復庵，吴江人，諸生，屢試不第，工詩，喜畫竹。有《靈芬館集》。參《晚晴簃詩匯》卷一一五、《中國古今書畫名人大辭典》450頁“郭麐”條。

④ 阮雲臺：指阮元。

⑤ 伊墨卿：伊秉綬（1754-1815），字組似，號墨卿，乾隆年間進士，福建汀洲人，有“伊汀洲”之謂。工詩、古文，亦善書畫，有《留春草堂詩》。參《晚晴簃詩匯》卷一〇六、《中國古今書畫名人大辭典》92頁“伊秉綬”條。

⑥ 覺銘：參前文《墨香居畫識》卷三“釋覺銘”注。

## 陪王述庵[①]司寇雨宿淨慈寺即贈方丈主雲和尚[②]

昨識南屏[③]路，松陰一徑通。
人行青嶂[④]裹，門掩白雲中。
蓮社招元亮[⑤]，香臺訪法融[⑥]。
此行成宿願，踏雪笑飛鴻。

宿宿[⑦]歌今夕，隨緣寄客踪。
助談殘夜雨，破寂暮山鐘。
墨海窺三昧主公[⑧]工畫，雲門辨五宗[⑨]。
珠林[⑩]多軼事，採輯藉陶鎔[⑪]。
時方屬朱映潪先生[⑫]修輯寺志。

### 律月

律月[⑬]，字品蓮，號藕船，揚州人，主席靈隱，善琴，工蘭竹。有《品蓮吟草》。

---

① 王述庵：即王昶（1724－1806）。

② 主雲和尚：指際詳，參前文《履園畫學》“釋主雲”注。

③ 南屏：山名，在浙江省杭州市，是西湖勝景之一。

④ 青嶂：如屏障的青山。

⑤ 元亮：清僧，字號則，番禺黃氏，少爲傭，目不知書，及爲僧，頓開智慧。曉詩，善書大字。開法順德法林寺，敬禮者衆。參《中國佛教人名大辭典》66 頁。

⑥ 法融：清僧，無僧傳，暫無相關文獻資料。

⑦ 宿宿：連續住二夜。

⑧ 主公：淨慈寺方丈主雲。

⑨ 五宗：此處指禪門五宗，分别是臨濟宗、曹洞宗、法眼宗、潙仰宗、雲門宗。

⑩ 珠林：指士林。

⑪ 陶鎔：陶鑄鎔煉，比喻培育造就。

⑫ 朱映潪：朱文藻（1735－1806），字映渭、映潪，號朗齋，諸生，精六書金石之學，善詩，有《碧溪草堂詩集》。參《晚晴簃詩匯》卷一一〇。

⑬ 律月：清僧，字品蓮，號藕船，揚州人，善琴，工蘭竹，嘉慶間主杭州靈隱。能詩，丹徒王柳村採其作品入《群雅二即》，有《品蓮吟草》。無僧傳，參《中國佛教人名大辭典》508 頁、《中國古今書畫名人大辭典》290 頁。

## 陪蔣時庵[1]張老薑[2]二先生由石笋峰至百衲庵訪蔣村先生[3]不值

邗上故人來，攜手山之麓。
仰面看青天，長嘯出深谷。
直上石笋峰，吟屐破新綠。
復詣百衲庵，一訪蔣子屋。
虛牖衲煙霞，長空列灌木。
讀書於此間，清福自然足。
不值悵如何，留名在修竹。
野寺晚鐘撞，催人歸去速。
一片淨琉璃[4]，西湖遥在目。
冷豔澹山花，清香猶馥馥[5]。
他日再來訪，蒲團[6]借一宿。

**相潤**

相潤[7]，字琇琳，一字竹莽，廣東海幢阿字和尚[8]七世孫，畫宗石濤、石谿，博大渾成，别開蹊徑。有《竹莽吟卷》。

---

① 蔣時庵：蔣元益，字希元，一字漢卿，號時庵，乾隆年間進士，官至兵部左侍郎，著有《清雅堂詩餘》《志雅齋詩鈔》。

② 張老薑：張鏐，字子貞，一字紫貞，號老薑，乾隆年間舉人，官臨清州學正，善書畫，兼善篆刻，有《求當集》。參《晚晴簃詩匯》卷一二四。

③ 蔣村先生：蔣元，字大始，號澹村，平湖人，諸生，有《叢桂堂集》。參《晚晴簃詩匯》卷九十九。

④ 琉璃：詩文中常用來比喻晶瑩碧透之物。

⑤ 馥馥：形容香氣濃郁。

⑥ 蒲團：用蒲草做成的圓形墊子，多爲僧人坐禪、跪拜之用。

⑦ 相潤：參《甌缽羅室書畫過目考》"相潤"條。

⑧ 廣東海幢阿字和尚：指今無禪師，參前文《嶺南畫徵略》卷十一"今無"注。

### 禽言

山行兮嵯峨[1]，
江行兮風波，
坦夷少兮巇險多。
有兔爰爰[2]。
雉罹于羅。
蜀道難，當奈何？
行不得也哥哥。

**可韵**

可韵[3]，號鐵舟，又號木石山人，故江夏名家子。善鼓琴，書近蘇、米，水墨花卉近徐青藤，間作山水，荒率有逸致，性通脱，不拘禪律。每浪游魏塘、苕霅間，嘗寓居滬瀆[4]、虎阜[5]，名噪一時。

### 爲泌艇居士[6]畫墨牡丹

街頭撲面賣花兒，正是春風穀雨時。
十指濃香收不住，潑翻墨汁當胭脂。

### 題墨梅

冷光十里斷行迹，僵到詩人一屋寒。
惟有溪頭老梅樹，五更風雪不相干。

---

① 嵯峨：形容山勢高峻。
② 有兔爰爰：出自《詩經·王風·兔爰》“有兔爰爰，雉離于羅”。爰爰，舒緩貌。
③ 可韵：此處是錯刻，原僧名“韵可”，參前文《墨林今話》卷七“釋韵可”注。
④ 滬瀆：古水名，指吴淞江下游處。
⑤ 虎阜：虎丘。
⑥ 泌艇居士：無居士傳，暫無相關文獻資料。

## 壬戌寒食日①晤改七薌

桃花片片打江潮，寒食逢君别恨消。

記否當年中酒處，透簾斜日不聞簫。

**林壁**

林壁②，字竹憨，海寧硤石寺僧，善畫墨竹，奇逸有致。

## 秋懷

兀坐茆檐清晝長，寒雲幾片弄溪光。

遣愁日日憑詩句，抱病年年檢藥方。

興到攜筇松徑寂，倦來支枕竹窗凉。

不堪短髮經秋白，漫挈壺殤③醉菊傍。

**了義**

了義④，初名常清，號松光，主西湖淨慈寺，工詩畫，善琴、弈，山水得奚鐵生指授。有《妙香軒詩鈔》。

## 題畫

行過南屏又赤山，一條略彴⑤跨潺湲。

道人傍晚鐘敲罷，纔得工夫看白鷴。

誰家亭榭水西灘，天宇澄空眼界寬。

點點秋鴻⑥飛未了，遙山一桁⑦耐人看。

---

① 寒食：節日名，在清明前一或二日，爲紀念介之推而來。

② 林壁：原名爲靈壁。參前文《國朝畫徵錄》卷下“靈壁”注。

③ 壺殤：即壺觴，指酒器。

④ 了義：參前文《墨林今話》卷十七“了義”注。

⑤ 彴：獨木橋。

⑥ 秋鴻：秋天的鴻雁。古詩中常用來象徵離别。

⑦ 桁：梁上横木。

## 覺慧

覺慧①，字滌塵，別號湘嵐，湘潭吕氏子，有夙慧，幼爲詩僧本照②嗣法，又得詩人張謙庵③指授，年十四登黄鶴樓賦詩，人以神童目之。精篆刻，楷法秀整，畫翛然有遠致，惜早卒，年方十六歲。有《茸香詩草》。

### 昭山次彭鑒亭韵

一棹下江渚，層峰起面前。
僧歸黄葉寺，樵唱白雲天。
塔影浮空小，鐘聲落檻圓。
臨風奏長篴④，直欲挾飛仙。

### 登岳麓山

天風起何處？吹墜一聲鐘。
古寺鬱空翠，夕陽横亂峰。
泉喧千嶂雨，僧老六朝松。
笑問此山頂，白雲深幾重。

---

① 覺慧：清僧，字滌塵，别號湘嵐，湘潭吕氏。有夙慧，八歲披薙，師事本照竹軒。時邑人張禮謙授徒庵中，愛其穎儁，教之韵語，年十四所作已近千篇，才名動江漢，惜英年早逝。無僧傳，參《中國佛教人名大辭典》1128 頁、《中國古今書畫名人大辭典》820 頁。

② 本照：清僧，字印雲，號竹軒，湘潭王氏。幼入等覺寺爲僧，工詩。卓錫南嶽雲密峰，歷主湘潭懺心、桐溪。晚年布政使朱紹曾招主開福寺，開湘春吟社。有《杯度集》《漢上吟》。無僧傳，參《中國佛教人名大辭典》143 頁。

③ 張謙庵：張禮，字兼山，號謙庵，諸生，湘潭人，有《謙庵詩鈔》。

④ 篴：同笛。

## 白舫

### 白舫①愛法時帆先生②秋聲在高樹詩夢落深竹句黄穀原③爲畫册屬題五律

結茅亂峰裏，詩思正漫漫。
黄葉落將盡，秋聲聽又殘。
蟲音三徑寂，燈影一窗寒。
明月照吟夢，長依修竹竿。

### 題楊詞軒《聽松圖》

天風怒捲海濤傾，笞鳳鞭龍兩不停。
雲氣盪開千頃白，松陰圍住半天青。
可容衲子扶藤杖，來伴先生採茯苓④。
涼雨過時新月上，竹窗更共譜茶經。

### 過浮木堂

疏鐘關不住，薄暮出青山。
黄葉有時落，白雲終日閒。
人從石上坐，詩向佛前删。
合掌欲相訊，高僧還未還。

## 因成

因成⑤，號静緣，又號掃葉頭陀，昭文人，善寫梅，得逃禪老人法，兼工山

---

① 白舫：徐謙，字白舫，嘉慶年間進士，有《悟雪樓詩存》。

② 法時帆先生，法式善（1752–1813），清蒙古正黄旗，原名運昌，字開文，號時帆，又號梧門。乾隆年間進士，官至國子監祭酒，善詩，有《存素堂集》。參《晚晴簃詩匯》卷一〇二。

③ 黄穀原：黄均（1775–1850），字穀原，號香疇，又號墨華居士，元和人。善畫山水、花卉、梅竹，師法黄鼎，後繼婁東，有《墨華庵吟稿》。參《中國古今書畫名人大辭典》601頁“黄均”條。

④ 茯苓：寄生在松樹根上的菌類植物，中醫用以入藥，有利尿、鎮静的作用。

⑤ 因成：參前文《墨林今話》卷十一“釋因成”注。

水、蘭、石。

### 山居

荒巖野寺遠官曹，自種青麻織布袍。
時有鄰翁晚相過，聽松直到月輪高。

杖策尋詩到處留，芊緜草綠小溪頭。
生憐飛絮無禪力，又逐東風上畫樓。

**大川**

大川①，號小默，瑞安人，少讀儒書，年二十爲僧。歷游諸名勝，歸後挂錫於瑞安天王寺。工書畫。有《四箴堂詩稿》。

### 泊舟寶香山

艤棹香山下，欲歸潮信遲。
鳴蟬出林表，清磬落江湄。
月白推篷坐，衣凉帶露披。
然犀牛渚夜，千載起相思。

**明澈**

明澈②，號懶庵，俗姓沈，長洲蘭初先生孫，主獅林寺講席。多藏名人妙墨，山水宗思翁、廉州而脱略繩墨。嘗以畫自娱，曰："吾於此中作汗漫游，不必蠟屐登山也。"

### 庵居

靜掩柴關向碧蘿③，日長車馬少經過。
山童不耐閒庭濬，添得秋花屋角多。

---

① 大川：清僧，字小默，瑞安人，少業儒，旋爲僧。住邑之天王寺。喜與士人游，精醫道，善蘭、竹、草書，清矯拔俗。有《四箴堂詩稿》。參《中國佛教人名大辭典》21 頁、《中國古今書畫名人大辭典》8 頁。

② 明澈：參前文《墨林今話》卷十三"明澈"注。

③ 碧蘿：指女蘿，綠色寄生攀援植物。

**軾侶**

軾侶①，號再印，又號無無道人，丹陽郭氏子。幼薙染于常州天寧寺，後愛虞山山水之秀，留居昭文。山水師仲圭、石田，畫梅尤長巨幛，能琴。有《壑雲集》。

## 餘堂過問

瓦礫堆旁屋數間，栽花理竹强偷閒。
紅塵更比空山冷，除却君來日掩關。

## 獨坐

風雨沉沉頹老屋，甕無餘粒向誰商？
且將禿管塗梅竹，飽得清風味也長。

**符守**

符守②，字雪溪，平湖三武庵僧，戒律精嚴，善畫墨葡萄，風姿露態，逸趣橫生。

## 野望

柴門一徙倚，秋色晚蒼涼。
遠岫環溪屋，輕帆度野溏。
風微林葉落，雨霽稻花香。
村落炊煙起，歸禽噪夕陽。

**達曾**

達曾③，號竺峰，震澤人，南潯東藏寺僧，畫梅師煮石山農，疏峭歷落，得法外意。有《香影庵集》。

---

① 軾侶：清僧，字再印，又號無無道人，丹陽郭氏。十六薙髮于常州天寧寺，後主虞山慧日寺。初未讀書，皈佛後博覽群籍。畫山水，寫梅蘭，長幀巨幅，頗見魄力。詩有《雲壑集》。參《中國佛教人名大辭典》859頁、《中國古今書畫名人大辭典》618頁。

② 符守：清僧，字星照，號雪溪，住平湖三武廟。戒律精嚴，善畫墨葡萄，學於夕照庵頑石老人，風姿露態，逸趣橫生。無僧傳，參《中國佛教人名大辭典》650頁、《中國古今書畫名人大辭典》410頁。

③ 達曾：參前文《墨林今話》卷十四“釋達曾”條。

### 和蔣霞竹[1]寒宵煨芋

風聲蕭蕭響虛廊，寒宵對坐未覺長。
月到小窗見松影，詩聯短句搜枯腸。
南鄰送炭舊有例，稱我冬來煨竽計。
地爐熾火暗分香，只有兩人知此味。
三更已過興尚賒，解渴更煮松蘿茶[2]。
寒威凜冽敗棉薄，只恐來朝吹雪花。

### 早起

凍雲遮日光，黄葉落如雨。
草堂門未開，但聞鳥相語。

**露文**

露文[3]，字素蔭，江都人，秀水茶禪寺僧，善書，工琴，尤好寫墨蘭。

### 病起

多病成吾懶，全真淡物情。
籬花秋月靜，溪雨晚雲輕。
一衲乾坤側，廿年鷗鷺盟。
不堪消瘦裏，清苦聽猿聲。

**證渟**

證渟，號梅田，又號墨緣，震澤人，南潯僧，能楷書，兼善山水。

---

① 蔣霞竹：蔣寶齡（1781–1840），字子延，一字有筠，號霞竹，又號琴東逸史，工詩畫，山水秀韵嫺雅，有《琴東詩草》。參《晚晴簃詩匯》卷一三三。

② 松蘿茶：產於安徽歙縣松蘿山。

③ 露文：清僧，字素蔭，江都吴氏。年十八出家杭州靈隱寺，後主秀水茶禪寺，工琴善書，尤好寫墨蘭。禪誦之餘，間事吟詠，有《舊松詩草》。無僧傳，參《中國佛教人名大辭典》1135 頁、《中國古今書畫名人大辭典》827 頁。

## 題費子茗①環溪種柳圖

次第煙光染綠痕，流鶯聲到竹間門。

漁人打槳重來此，忽訝穠陰又一邨。

## 菁山偶成

白雲破處鳥飛還，欲上苔梯足力艱。

松竹密蒙青不了，誰能畫此夕陽山？

**祖江**

祖江②，字東林，號葦波，西安彌陀寺僧，嘗流寓西湖靈隱，工書畫。

## 中秋對月

萬里秋光月滿天，心懷坦白悟身前。

詩人浪詠今何夕？衹曉尋常一樣圓。

**韞堅**

韞堅③，原名昌印，號石生，焦山超然和尚④法孫，山水淹潤，妙於用墨。

## 作畫寄蔣霞竹⑤

斜陽古寺明，遠澗飛泉語。

風吹一杵鐘，松聲忽成雨。

**達鑑**

達鑑⑥，字可聞，號鈍隱，秀水人，壽生寺僧，好枯坐，興到則吟詩作畫。有《雲隖詩存》。

---

① 費子茗：費丹旭（1802-1850），一字曉樓，又號環溪生，偶翁，善書畫詩詞，有《依舊草堂遺稿》。參《晚晴簃詩匯》卷一三三。

② 祖江：無僧傳，暫無相關文獻資料。

③ 韞堅：參前文《墨林今話》卷十四“釋韞堅”。

④ 超然和尚：清僧，參前文《墨林今話》卷十五“釋超然”注。

⑤ 蔣霞竹：指蔣寶齡。

⑥ 達鑑：清僧，字可聞，號鈍隱，秀水卜氏。好讀書，嗜詩畫，住嘉興壽生寺，所居室曰雲鄔，有《雲鄔詩存》。參《中國佛教人名大辭典》711頁、《中國古今書畫名人大辭典》620頁。

### 同葭湖過宋金庭先生編竹齋

閣外清陰柳外煙，聞溪北墅訪吟氈。
攜笻偶爾偕宗炳，讀畫還應數鄭虔。謂沈丈芥舟①
花隖春深香似海，竹齋人靜澹於禪。
年來屢動滄浪興，爲問新詩得幾篇？

**傳心**

傳心②，字曉源，號指柏，石門嚴氏子，杭州仙林寺僧，工詩畫。

### 夜渡富春江③在晤程于一先生

爲訪龜山得再經，輕舟夜過觀山亭。
寒鷄亂唱孤城月，漁火分移隔岸星。
風送潮聲歸别浦，雲依帆信出芳汀。
江皋斜渡漚花影，雙眼浮家夢又醒。

**達宣**

達宣④，字青雨，海寧人，俗姓朱，出家於白馬寺，後住西湖淨慈寺，繼松光老人⑤法席。工畫。有《茶夢山房吟草》。

### 小顛山房壁間舊有烎虚中祖⑥所繪山水因墨迹模糊倩松光老人補綴顛公索詩紀事即次原韵

中祖工山水，筆秀老無伍。
流傳恨少見，得見在墻堵。

---

① 沈芥舟：即沈宗騫。

② 傳心：清僧，字曉源，號指柏，石門嚴氏。住杭州仙林寺無垢房，工詩善畫。無僧傳，參《中國佛教人名大辭典》877 頁、《中國古今書畫人名大辭典》619 頁。

③ 富春江：水名，在浙江富陽、桐廬縣境内。

④ 達宣：清僧，字青雨，海寧人，師事了義，得其法，繼席錢塘淨慈寺。工詩善畫，尤精草隸，有《茶夢山房吟草》。無僧傳，參《中國佛教人名大辭典》709 頁、《中國古今書畫人名大辭典》620 頁。

⑤ 松光老人：即了義。

⑥ 烎虚中祖：即明中，初名演中，字大恒，號烎虚。

墨痕淡不分，損閃秋來雨。
殘粉零山腰，病葉脱枯樹。
孤亭懸無柱，橋亦類朽腐。
老人睹且歎，云我繼法乳。
順意補綴之，筆墨安窗户。
含毫隨手爲，健若搏雄虎。
墨汁潑淋漓，山色生媚嫵。
石骨逼奇峭，雲衣現吞吐。
老樹穿新枝，小草生遠浦。
假如巨然師，妙手無此矩。
寄語守護人，碧紗急籠補。

## 佛手柑

一彈指頃現玲瓏①，竺國分來伴膽瓶。
好似彌陀猶結印，何如阿閦尚繙經。
和南②本是聯枝體，袒右兼成抵掌形。
未識能爲獅子③否，好教醉象④亦通靈。

栴檀⑤爲伴勝薰香，飣向金盤色正黄。
小屈未須誇玉笋⑥，微攣渾欲比紅薑。
可書梵字通圓覺，合散天花作道場。
記取須曼緣好在，西來煩與指迷方。

---

① 玲瓏：玉聲，此處指清越的聲音。
② 和南：佛教用語，稱稽首、禮敬。
③ 獅子：佛教用語，比喻佛、菩薩説法，震攝一切外道，泛指佛教傳經説法。
④ 醉象：佛教用語，佛經中以瘋狂如醉之惡象比喻狂亂之心。
⑤ 栴檀：栴檀那的簡稱，即檀香。
⑥ 玉笋：笋的美稱。

## 致韜光

修竹翳幽徑，聲和澗泉響。
僧廬如鳥巢，突兀萬峰仰。
閒來聽松篁，天琴在方丈。
老樹青不枯，時有活雲養。

## 游雲林寺

路入松篁别有天，苔磯小坐似神仙。
靈山百折圍孤寺，老樹千章抱冷泉。
禪板聲隨雲影落，佛燈光與月輪圓。
倦游歸去東風急，唤得茅家埠口船。

## 癸卯冬日蔣君生沐招同沈燭門潘菉薌費曉樓[①]趙次閑[②]雅集湖舫次韵

西泠西畔足句留，嵐影波光靄暮秋。
霜葉黄飛臨水榭，夕陽紅襯遠山樓。
座逢知己皆名士，酒禦輕寒襲敝裘。
所惜汪倫遲未至，清罇不共畫船游。時劍秋不至

**達受**

達受[③]，字六舟，又字秋檝，海寧人，俗姓姚，祝髮於白馬寺。寫生得青藤老人縱逸之致，工篆隸，善鐵筆，尤精搴拓古器，阮文達以“金石僧”稱之。

---

① 費曉樓：費丹旭（1802–1850），字子苕，一字曉樓，又號環溪生。

② 趙次閑：趙之琛（1781–1860），字次閑，號獻甫，别號寶月山人。精篆刻，亦善書畫，有《積古齋鐘鼎款識》《補羅迦室印譜》。參《中國古今書畫名人大辭典》678 頁。

③ 達受：參前文《墨林今話》卷十八“達受”注。

行脚半天下，後主淨慈寺，與何蝯叟①、戴鹿牀②交最契，築磨甎作鏡室及墨王樓以收储古物，所藏懷素小字《千文》真迹爲希世之珍。有《小綠天庵吟草》《山野紀事詩》。

道光戊子，重建雲林寺蕆事，因與沈太史聽篁③、徐茂才問渠④續修寺志。余任金石等門，凡搜巖剔壑，得韓蘄王題名及宋元人造像刻字頗富，皆前志所失載者。凡四易寒暑而竣

鷲嶺雲深掩薜蘿，題名青壁費搜羅。
拓來不異經千佛，自笑勞勞⑤爲墨磨。

儀徵相國⑥知余有金石之嗜，屬陳雲伯大令⑦拓彝器全圖寄維揚相國，即贈一詩云："舊向西湖訪秀能，萬峰深處有詩燈。那知行脚天台者，又號南屏金石僧。"一時傳爲佳話。雲伯欲建詩燈閣，繪圖徵詩，一時和者甚衆

雙樹名庵記昔留，堂開綠野繫扁舟。
訂交方外惟金石，吟到詩燈樂唱酬。初訪相國，邀余至雙樹庵素飯，雙樹額爲相國易書

---

① 何蝯叟：何紹基（1799-1873），字子貞，號東洲，晚號蝯叟，道光年間進士，工經術詞章，亦精小學、金石碑版，尤善草書，有《東洲草堂詩》。參《晚晴簃詩匯》卷一三九。

② 戴鹿牀：戴熙（1805-1860），字醇士，號鹿牀，别號榆庵、松屏，道光年間進士，官至兵部侍郎，咸豐年間殉難，善詩書畫，有《習苦齋詩集》。參《晚晴簃詩匯》卷一三六。

③ 沈太史聽篁：沈鑅，字聽篁，嘉慶年間進士，善詩，有《自悦齋吟草》。參《晚晴簃詩匯》卷一二八。

④ 渠：指第三人稱"他"或"她"。

⑤ 勞勞：指辛苦、忙碌。

⑥ 儀徵相國：阮元。

⑦ 陳雲伯：陳文述（1771-1843），字雋甫，號雲伯，又號退盦，嘉慶年間舉人，全椒知縣，與兄陳鴻壽並稱二陳，有《碧城仙館詩鈔》《秣陵集》。參《晚晴簃詩匯》卷一一四。大令，古代縣令之尊稱。

天都程木庵孔目[1]邀余作黄山之游，館於銅鼓齋中，並爲拓三代彝器不下千紙，成四大卷。器有爲土花所蝕者，以鍼剔之，凡往來四載而竣

得聯今雨克新安，逆水洄流三百灘。
拓卷何妨稱集古，似將金石訂金蘭。

**墨顛**

墨顛[2]，浙江靈峰寺僧，善畫墨蘭。

### 甘小蒼明府出其尊人所藏其師陳秋坪遺翰屬題

夫子善行藏，棲遲舊草堂。
遍栽桃李樹，終老水雲鄉。
名羡三山重，情欽兩世長。
披圖生景仰，一瓣熱心香。

**成果**

成果[3]，一名新因，字寶樹，廣東番禺人，俗姓陳氏，主飛來、長壽二寺席，工畫梅。嘗有句云："畫不詩禪徒畫匠，禪非詩畫不流暢。必也詩兼書畫禪，宗風今日誰提唱?"蓋自讚也，有《小浮山詩齋》。

### 擬王摩詰[4]尋隱者不遇

不必知幽處，扶筇[5]入碧峰。
林間纔見寺，雲外忽聞鐘。
野犬有時吠，幽人不可逢。
何當生羽翰，天際逐騎龍。

---

① 程木庵：清藏書家程洪溥，字木庵，號音田，通金石，博物好古。孔目，檔案目錄。明、清翰林院皆設孔目一員，官位卑。

② 墨顛：清僧，居浙江靈峰寺，擅畫蘭，無僧傳，參《中國古今書畫名人大辭典》，693 頁。

③ 成果：清僧，見前注。

④ 王摩詰：王維，字摩詰，開元初擢進士，累遷尚書右丞，世稱王右丞。工草書，善詩畫，有"詩中有畫，畫中有詩"之謂，其山水畫爲南宗之祖。

⑤ 扶筇：扶杖。

## 題湯雨生[①]參戎畫梅

東坡評畫誠高論，筆所未到氣已吞。
湯君寫梅證此妙，毫端躍出惟花魂。

① 湯雨生：參前文《國朝畫識》卷十四“湯雨生”注。

# 明清畫僧研究論集

## 明末清初遺民僧初探：以清初四畫僧之題圖詩爲例①

**摘要**：明末清初是一個世代交替的震盪年代，改朝換代之際，前朝遺民紛紛選擇出家爲僧，所以，隱遁山林就間接地成爲遺民避禍、隱世最好的方法之一。他們或許是出於自願，或者是迫於現世的無奈，在時代的巨輪下所產生的遺民僧中又以弘仁、髡殘、傳棨、原濟最具特色，亦有清初四畫僧之稱。清初四僧不僅是遺民僧，同時也是畫僧。因此，本文希望從四畫僧的"題圖詩"加以探討，進而呈現明末清初遺民僧所呈現的生命情懷。

**關鍵詞**：四畫僧；弘仁；髡殘；傳棨；原濟

---

① 本文曾發表於2014年香港中文大學人間佛教研究中心所舉辦第九届青年學術研討會暨中國佛教研討會上，並於2015年收錄在學愚主編，北京宗教文化出版社出版的《佛教思想與當代應用》下，476-495頁。

## 一、“明末清初”“遺民”與“明遺民”之界定

（一）明末清初

明末清初是一個世代交替的震盪年代，從政治上來説，明英宗與明熹宗皆是幼年即位，因此造成宦官專政。崇禎十四年（1641），李自成和張獻忠分别攻下洛陽和襄陽，同時鎮壓了福王朱常洵和襄王朱翊銘。崇禎十六年（1643），李自成於襄陽自稱“新順王”，立都西安，國號大順；崇禎十七年（1644）三月軍抵北京，崇禎皇帝自殺，明王朝覆滅。繼之而起的南明雖然册立了福王、魯王、唐王、桂王，但是終究無法恢復大明統治，因此，明代自崇禎皇帝縊死於煤山之後，整個大明的統治便可説是宣告瓦解。而本文所論述之“明末清初”大致界定在“清兵入關明朝滅亡”之際。

（二）“遺民”與“明遺民”

“遺民”① 是指亡國後所殘存的人民，在處境上是處於新、舊王朝之際，在心境上則是懷有强烈的民族意識。至於遺民的出現，最早可溯源自商周之際，隨著改朝换代的變革，秦漢之際、漢末、南北朝、唐末五代、宋、元等皆出現歸隱、不仕的亡國遺民，這是特殊歷史情境下的結果。

至於“明遺民”，是指明覆滅後，不再干謁祿位而退隱者，《明遺民列傳記索引·序》就明確指出，“明遺民者，殆其生於明而拒仕於清”。

（三）“遺民僧”與“畫僧”

甲申之變（1644）後，弘仁、髡殘二人皆少年讀經，事舉子業，傳棨、原濟尚爲明宗室，然清軍南抵後，弘仁、髡殘曾參加反清活動，血戰沙場，失敗後隱居山林，出家爲僧；傳棨在國破家亡後遁入空門，原濟則幼年因避禍被迫出家。

四僧中不管是自願出家爲僧，還是被迫爲僧，他們共同背負著亡國之痛，時代更迭的刺激讓他們毫無選擇地隱遁山林，而悲憤之情則寄情於筆墨。四僧是前朝遺民，也是因爲亡國而隱遁山林的方外人，更是以筆墨流露真情的畫家，這樣複雜而多元的角色，讓他們在時代巨輪下的表現更顯繽紛多彩。

鄭板橋曾評四僧中傳棨的畫作説：“横塗豎抹千千幅，墨點無多淚點多。”畫僧筆下的林泉山川、花草鳥獸，完全成爲他們情感的象徵與寄託。

---

① “遺民”是一個具有濃厚政治色彩的概念，它本指劫後餘生的人民，後來引申爲在改朝换代後，不肯出仕新朝的臣民。吕曉著，《清代四僧》，遼寧美術出版社，2002年，12頁。

## 二、四畫僧傳

### （一）弘仁

弘仁（1610－1664），俗姓江，名韜，字六奇，又名舫，字鷗盟。出家後法名弘仁，號漸江學人、漸江僧、梅花古衲。《皖志列傳稿》有傳，言：

江韜，字六奇，歙縣人也，居寒江村，既祝髮，名漸江，晚定名曰弘仁，前明諸生。少孤貧，性狷僻，以鉛槧養母。一日，負米行三十里，（適母死而）不逮期，欲赴練江死。母歿，不婚不宦，游武夷幔亭，皈依報恩親。甲申後，遇古航禪師①，遂受法焉，然益寄情於山水間②。

傳記中記載，畫僧弘仁在未出家前爲晚明舉人，家貧，以刻書奉養母親，母歿，不婚不仕。清順治二年（1645）清兵南下，大破揚州，弘仁當時參與徽州金聲抗清失利，後入閩隨唐王繼續抗清。順治三年（1646），唐王政權正式被清殲滅，弘仁入武夷山躲藏兵禍，順治四年（1647）在武夷山皈依古航道舟禪師，出家爲僧，始用法名，字無智，號漸江。

弘仁出家後，寄情筆墨，以倪雲林爲師，隱居齊雲山，掛瓢曳杖，芒鞋羈旅，寄居黄山、武夷，日課禪誦，夜讀儒典，善繪山水，清雅絶俗③。

《黄山漸江師外傳》言："漸公自幔亭歸黄山，往來雲谷、慈光間又十餘年，掛瓢曳杖，憩無恒榻，每尋幽勝，則挾湯口聾叟負硯以行。或長日靜坐空潭，或月夜孤嘯危岫。倦歸則鑒觀畫被，欹枕苦吟，或數日不出。"④ 而弘仁自己則在題畫詩裏寫道："飄泊終年未有廬，溪山瀟灑樹扶疏。此時若遇雲林子，結個茅亭讀異書。"⑤

弘仁晚年居歙縣五明寺，名棲居處爲"澄觀軒"，草堂"澄觀"取其南陽宗炳之"澄懷觀道"。據《廬山志》的記載，宗炳善書圖畫，好山水，愛遠游，晚

① 古航禪師：古航舟道禪師，泉州晉江鄭氏子，隨博山于天界寺開堂，博山示寂後，入閩，至武夷山注法回龍。弘仁去閩參加抗清，皈依古航禪師，取法名爲弘仁。參陳傳席著，《弘仁》，吉林美術出版社，1996年5月，25－27頁。

② 金天翮《皖志列傳稿》卷二，2頁。

③ 李濬之《清畫家詩史》壬下，4頁："弘仁，字漸江，休寧人，俗姓江，名韜，字六奇，明諸生。甲申後爲僧，山水師雲林，間寫層崖陡壑，偉峻沉厚。少孤貧，性至孝，以鉛槧養母，歿後友人於其墓種梅數百，人因稱梅花古衲。"

④ 許楚《黄山漸江師外傳》，閔爾昌纂錄《碑傳集補》卷五十八，5頁。

⑤ 李濬之《清畫家詩史》壬下，4頁。

年因恐難遍睹名山，故澄懷觀道，卧以游之。

（二）髡殘

髡殘（1612–1673），字介邱（丘），號石谿，湖南武陵人，又號白秃、石秃、石道人、殘道人、殘道者、忍辱僧、忍辱仙人。幼失恃，《明遺民錄》有傳，言：

髡殘，字介邱，號石谿，武林劉氏子，母夢僧入室而生。一夕大哭不已，引刀自薙其頭，血流被面。同里教諭龍人儼①，儒而禪者也，一見絶愛之，令游江南參學。至白門，遇一僧，言已得雲棲大師②爲薙度，因請大師遺像拜爲師，反楚，居桃源某庵。

明崇禎十一年（1644），投龍山三家庵爲僧③，後旋歷諸方，受浪丈人④衣迹，初住城南大報恩寺校刊大藏經，後住金陵牛首山天闕山房、祖堂幽栖寺。

髡殘性寡默，多病，早年避兵於桃源時，身體曾遭受到極大的摧殘，《石谿小傳》有“石谿身頎面白，頭白如雪，冬夏一秃頂，身臂少受寒溼，時作痛，甚厭苦之”的記載，又《清溪遺稿》中也評述髡殘善病⑤。因此，髡殘不善拈椎豎佛，喜以筆墨作佛事，以禪入畫，程青溪爲髡殘友，曾言：“石公善病，每以筆墨作佛事，得無礙三昧，有扛鼎移山之力。”⑥

又《清畫家詩史》言師“工山水，畫境奇闢，緬邈幽深，蓋從蒲團上得來”⑦。因此，師偶游山水，即以林山之景入禪理之趣，如《山中》詩偈所言：“我與閒雲同一室，雲閒我懶亦相宜。晚風昨夜邀雲去，山中有閒雲不知。”⑧

清順治十六年（1648），髡殘游黄山，九月，覺浪禪師圓寂，覺浪禪師遺命

---

① 龍人儼：字孝若，號石蒲，一號半庵，官至三開陽知縣，讀書禮儒，愛佛學。參薛鋒、薛翔著，《髡殘》，吉林美術出版社，1996年5月，6頁。

② 雲棲大師：字佛慧，號蓮池，仁和沈氏。年三十二參禮西山性天禪師祝髮，後居杭州雲棲，弘揚淨土，著作頗豐，由弟子集錄匯編爲《雲棲法彙》，有僧傳。參《梵村雲棲寺沙門釋袾宏傳》，《大藏經補篇》第27册《新續高僧傳四集》卷四十三。

③ 周亮工《讀畫錄》卷二：“一日，其弟爲置毡巾禦寒，公取戴於首，覽鏡數四，忽舉剪碎之，並剪其髮，出門徑去，投龍山三家庵中。旋歷諸方，參訪得悟。”

④ 浪丈人：僧覺浪。

⑤ 參《髡殘》9頁、84頁。

⑥ 傅抱石《明末民族藝人傳》，《清代傳記叢刊·遺民類》，875頁。

⑦ 李濬之《清畫家詩史》壬下，495頁。

⑧ 同上。

將曹洞法嗣、法偈、竹如意授予髡殘，而髡殘則拜而不敢。康熙十二年（1673），髡殘病逝於幽棲寺，臨終遺言“焚骨爲灰，投於燕子磯下的長江裏”，而這樣的生命情懷也早已隱藏在詩偈中①。

（三）傳棨

傳棨（1626–1705），字刃庵，號雪箇，明朝宗室弋陽王朱權後裔，俗名不詳，天啟年間生於南昌，弱冠國亡，棄家伏隱山中。順治五年，子夭妻死，遂投容庵禪師②削染，居五載，後參禮穎學弘敏禪師③開悟，受其衣傳，嗣爲曹洞三十八世，依師住進賢鶴林寺，任侍者，遷園頭，後亦隨師移耕香院，改任記室。

康熙十九年，傳棨癲狂悟脱，焚浮屠衣，猖佯肆市，走還南昌，《國朝耆獻類徵》有一段記載，文言：

八大山人者，故前明宗室，爲諸生，世居南昌。弱冠遭變，棄家遯奉新山中，薙髮爲僧，不數年，豎佛稱宗，師住山二十年，從學者百餘人。臨川縣令胡君亦堂聞其名，延之官舍年餘，意忽忽不自得，遂發狂疾，忽大笑，忽痛哭竟日。一夕，裂其浮屠服，焚之，走還會城，獨身猖佯市肆間。嘗戴布帽，曳長領袍，履穿踵決，拂袖翩躚，行市中，兒隨觀譁笑，人莫識也。其侄某識之，留止其家，久之，其疾良止。④

據史料及八大年譜，傳棨在康熙十七年（1678）和十九年（1680）癲病發作，並以康熙十九年焚浮屠服最爲嚴重。後還俗，從此畫作上不再署名“傳棨”“刃庵”“雪箇”，改以驢、驢書、驢屋、人屋、箇山、箇山人、八大等名款。

《明遺民錄》有傳記載，“山人工書法行楷，學大令、魯公，能自成家，狂草頗怪偉，亦喜畫水墨，芭蕉、怪石、花、竹及蘆雁汀鳧，然無畫家町畦⑤。人得之爭藏，異以爲重。飲酒不能盡二升，然喜飲。貧士或市人、屠酤邀山人飲輒往，往飲輒醉，醉後墨瀋淋漓，亦不甚愛惜。”⑥

---

① 《清詩別裁·古意》：“瘞琴峨嵋巔，知音何寥寥。埋骨易水旁，俠士魂難招。物性不可違，豈必漆與膠。嘗恨士不遇，白首空蕭騷。”

② 容庵禪師：無僧傳。

③ 弘敏禪師：字學穎，宜豐陳氏。參《洪都奉新頭陀穎學弘敏禪師傳》，《卍續藏》第 82 册，《五燈全書》卷一一六。

④ 清李桓輯，《國朝耆獻類徵》卷四百七十二《隱逸》十二。

⑤ 町畦：喻儀節規矩，約束。

⑥ 孫靜菴撰，《明遺民錄》卷四十六《八大山人》。

康熙二十一年（1682），蓄髮娶妻，後居南昌賣畫爲生。晚年曠達，雲游名山古寺間，因善書畫，不爲師傳門户所拘，普爲識者所欽。

（四）原濟

原濟（1642－1707），又作道濟、元濟，字石濤，别號大滌子、清湘老人、清湘陳人、苦瓜和尚、瞎尊者、石道人、零丁老人、半人漢、癡純、若極等。

明末靖江王亨嘉之子，俗名朱若極，順治二年（1645）由内宫僕臣帶到泉州避禍，剃髮爲僧，法名超濟、原濟，字石濤，號苦瓜，又自號瞎尊者，其中"瞎尊者"在《碑傳集補》中有一段記載："石濤號苦瓜，又自號瞎尊者，或問師曰：'雙目烱烱，何自稱瞎？'答曰：'吾目意自異，遇阿堵則盲然，不若世人了了，非瞎而何？'"①

石濤博通世學，善詩、書、畫，猶精草隸，曾自言"搜盡奇峰爲畫草"②，而石濤的生命歷程亦如他的藝術世界，豐富而乖舛：早年避禍隱於佛門；中年滯京三年，周旋於權宦間；晚年離開佛門，漂泊無定。

**三、題圖詩裏的生命情懷③**

（一）弘仁與題圖詩

順治四年（1647），弘仁在武夷山禮道舟禪師出家，出家後遍游名山，畫作以山水、梅花著稱。《雨後春深圖軸》④ 是弘仁四十七歲客居吴氏友人豐溪書舍所繪，題圖詩爲：

雨餘復雨鵑聲急，能不於斯感暮春。
花事既零吟莫倦，松風還可慰宵晨。

偈語爲詠歎晚春，雨後杜鵑哀鳴，春雨花落，唯有青松依然挺立。

另《林泉圖軸》⑤ 是弘仁五十歲作品，和《雨後春深圖軸》同樣爲詠歎晚春之作，題圖詩偈爲：

杜鵑聲叫暮春天，邨落家家事向田。

---

① 參閲爾昌《碑傳集補》，清代傳記叢刊，臺北明文書局印行。

② 石濤，《石濤畫語錄山川章第八》。原文爲："山川脱胎於余也，余脱胎於山川也，搜盡奇峰打草稿也，山川與余神遇而迹化也，所以終歸之於大滌也。"

③ 關於四僧與題圖詩的引例，本文以《上海博物館藏四高僧畫集》的作品内容爲主。

④ 上海博物館主編，《上海博物館藏四高僧畫集》，上海人民出版社，1987 年，1 頁。

⑤ 同上，2 頁。

唯是道人偏愛懶，偶濡殘墨寫林泉。

晚春杜鵑啼叫，村落農人在田間春耕農忙，方外人士弘仁以筆墨寫此田園景致。

《梅花茅屋圖軸》① 爲弘仁五十歲作品，題圖詩爲：

茅屋禁寒晝不開，梅花消息早先回。

幽人②記得溪橋路，雙屐還能踏雪來。

題圖詩寫嚴冬景致，幽居之草堂茅屋難抵嚴寒，期待高人隱士再訪。

《崇崗山村圖卷》③ 畫作未署年款，其圖爲崇崗山村景，題圖詩爲：

嘗聞僕畫參禪似，透脱崇關④即到家。

落筆迴殊求位置，人天罔錯對拈花⑤。

畫作雖未署年款，但題圖詩則表現參禪之境，特別是禪宗公案的天上人間，如何是佛祖拈花，跳脱重關？

《臨水雙松圖頁》⑥ 畫作無署年，作品屬無題，應該是弘仁晚年之作，其詩爲：

落落⑦寒松石澗間，撫琴無語聽潺湲⑧。

此翁不戀浮名久，日坐茅亭看遠山。

從題圖詩所呈現的意境可以察覺到作者徜徉於自然，撫琴、聽松、觀山，不慕名利與自然冥化，頗有隱士之瀟灑。

上述《雨後春深圖軸》《林泉圖軸》《梅花茅屋圖軸》《崇崗山村圖卷》《臨水雙松圖頁》皆是弘仁四十五歲以後的作品，顯示出一位方外人士的淡、靜、恬雅，亦有林間孤、憂、澹泊之景，於詩偈中已不見國破家亡之氣，亦不見烽火戰

---

① 上海博物館主編，《上海博物館藏四高僧畫集》，上海人民出版社，1987 年，3 頁。

② 幽人：隱士。

③ 《上海博物館藏四高僧畫集》，9 頁。

④ 崇關：應是指禪宗用語之“重關”，意思是參禪悟道的一種境界，如《普明十牛圖頌》第九詠《獨照》即有“拍手高歌明月下，歸來猶有一重關”。

⑤ 拈花：指“拈花微笑”，禪宗之始的一則美麗的傳説，相傳釋迦牟尼在靈山會上拈花示衆，是時衆皆默然，惟迦葉展顔微笑。佛言，吾有正法眼藏，涅槃妙心，實相無相，微妙法門，不立文字，教外別傳，付囑摩訶迦葉。所以拈花無語指禪宗以心傳心，禪心祖心，心心相印。

⑥ 《上海博物館藏四高僧畫集》，12 頁。

⑦ 落落：稀疏、零落貌。

⑧ 潺湲：水流貌，《九歌 · 湘夫人》：“荒忽兮遠望，觀流水兮潺湲。”

亂之意。對弘仁來説，選擇出家也許是出於無奈，不過這樣的生命經驗意外地讓弘仁遍覽群山，大自然中的山川大澤淬煉出了他溢於言表的瀟灑生命。

弘仁的題圖詩除上述外，尚有鄭旼①手抄漸江題畫詩三十三首，原稿藏於許疑庵處，附載於《漸江大師事迹佚聞》，《西干志》卷七。

**附：鄭旼手抄漸江題畫詩三十三首：**

石徑莓苔久不分，數椽茅屋一溪雲。
娑婆百尺青松下，夜夜濤聲枕上聞。

玲瓏片石碧梧間，几硯風生翠影斑。
古屋藏書千萬卷，卻疑人與蠹魚閒。

山溪新漲欲浮村，艇子惟存古樹根。
賤買魚蝦邀客飲，先留明月在柴門。

烟塢春深叫子規，游人聽作畫中詩。
酒旗風動垂楊外，試問當壚是阿誰？

漁舟泊處遍桃花，岸上茆堂是酒家。
欲挽秦人來此住，請看雞犬與桑麻。

處處花飄已暮春，閑居疑是輞川人。
含毫欲擬前山賦，幾樹殘紅間緑新。

深山灌木正扶疏，天氣如秋麥熟初。
澗激蟬吟黄鳥語，先生閉户著何書？

---

① 鄭旼：字穆倩、慕情，號遺甦、慕道人，安徽歙縣人，工書，擅山水，新安畫派名家，也是弘仁俗家弟子，弘仁逝世後，鄭旼有《憶漸江師八首》。參陳傳席著，《弘仁》，吉林美術出版社，1996 年 5 月，6-29 頁，以及《中國古今書畫名人大辭典》726 頁。

淋漓淡墨起氤氳，樹裏樓臺嶺上雲。
不是青山來坐卧，夜身流水與誰聞？

畫禪詩癖足優游，遠樹孤亭正晚秋。
吟到夕陽歸鳥盡，一溪寒月照漁舟。

偶將筆墨落人間，绮麗樓臺亂後刪。
花草吴宫皆不問，獨餘殘瀋寫鍾山。

瓦鬴雷鳴可唱酬，不如歸去任扁舟。
驅毫吮墨披襟坐，夢裏名山筆下求。

清秋凝目郁蒼蒼，百里嶙峋一草堂。
世代頻更人不到，未燔書盡此中藏。

深山草閣逼清流，樹影風聲雨後秋。
卧對鐵崖銀瀑下，方知五月足披裘。

疏樹寒山澹遠姿，明知自不合時宜。
迂翁筆墨予家寶，歲歲焚香供作師。

淋漓濕墨米襄陽，光怪巫峰擁翠蒼。
峽影江聲雲不定，都堪宋玉賦高唐。

魚笋初肥花事闌，杜陵多病滯江干。
尋吟惟就南鄰飲，楚水巫雲醉裏看。

餘生醉飽筆淋漓，夙世烟霞骨有之。
斗笠瘦笻橋上過，蕭疏梅影逼人時。

無緣尋路上青城，散髮林間事筆耕。
兀坐南窗松影下，時聞雲裏玉笙聲。

小閣停雲看雨絲，新篁弱柳綠披離。
吟懷欲即齋頭事，斗酒瓶花供杜詩。

近年常憶鹿皮翁，載筆招來小飲同。
一望青青楊柳岸，夕陽古寺亂流中。

道人愛讀所南詩，長夏閑消一局棋。
桐影竹風山澗淺，時時倚杖看鬚眉。

一龕何異一舟居，寂寂無人湅浦如。
窗有老梅朝作伴，山留殘雪夜看書。

行藥經行不火餐，相逢仙子在雲端。
無言招我巖中入，千載歸來作畫觀。

落落寒松石澗間，撫琴無語聽潺湲。
此翁不戀浮名久，日坐茅亭看遠山。

年來書卷已全拋，卜得山居類鳥巢。
詩畫不因原學懶，貽君尺幅歲寒交。

客至看山懶送迎，漫將尺幅見予情。
溶溶湖水平如掌，不作錢塘江上聲。

胸中萬卷亦何奇，寓世翻成不合時。
未若加餐高卧穩，清山日日對茅茨。

我有閑居似輞川，殘書幾卷了餘年。
王維當日詩中意，盡在前山竹樹邊。

西風乍過樹枝寒，呵此枯毫送日殘。
忽念名山神欲往，孤舟繫向子陵灘。

筆鋒歷歷起嵯峨，欲謝坐寰瞬息過。
常聽嘯聲天上落，不知誰在白雲窩。

黄鸝聲出綠蔭新，山色湖光示暮春。
嘯詠夷犹誰是主？野花秀草漫留人。

浪外微峰迴不同，喬林汃汃倚秋風。
蒹葭影裏漁歌起，一片蒼茫明月中。

含毫常憶謫仙才，沽酒雲邊撥棹開。
不但洞庭秋色好，君山眉似鏡中來。

（二）髠殘與題圖詩

髠殘出家爲僧有大部分是因爲宿世因緣，就如傳記上所説的“母夢僧入室而生”，而且髠殘的山水畫境大多是從蒲團上得來，所以“禪”的體悟對髠殘的影響頗大，因此其繪畫上的畫境與題圖詩中的詩意多不離禪的淡宕、空靈。而本文所引用之題圖詩更可以發現髠殘對於林間參禪的喜好，從其題圖詩來看，大致上有參禪、禪意、禪趣和山水意境等。例如《茅屋白雲圖軸》① 的題圖詩主要表現參禪的意味，原圖署“辛丑冬作於大歇堂”，詩曰：“苑屋高人到，幽襟不盡懽。水流雲外響，猿嘯谷中寒。頑壁奇松倚，崇巒險石安。恬然無俗慮，相與坐蒲團。”詩偈中奇山、險石、孤松、猿嘯是寫景，“恬然無俗慮”、“相與坐蒲團”則是與友人於山林間對坐參禪，進而顯現“禪”的意境。

① 《上海博物館藏四高僧畫集》，13 頁。

另外，《青峰凌霄圖軸》① 也同樣有參禪的意味，圖上有石溪殘道人署“癸卯四月作於祖堂”，題圖詩爲：“翠屼凌霄漢，頽然欲躋攀。松敧千仞磴，嶂隱幾重關。翠湧苔痕古，石分石色殷。香泉峰底出，幽鳥磵邊還。始識蒲團意，何求海外山？靈臺②應不遠，端屬在人間。”詩中苔痕、石色、香泉、幽鳥寫景，“嶂隱幾重關”、“始識蒲團意”則是指人間靈臺參禪之旨。

此外，《蒼山結茅圖軸》③ 的題圖詩説：“卓縈④伊人興無數，結蘆當在蒼山顛。山色依然襟帶間，山容已入奚囊住。天台仙鼎白雲封，仙骨⑤如君定可從。寒猿夜嘯清溪曲，白鶴時依檻⑥外松。”詩中有濃厚的禪意，詩作中的“仙骨”表達了遺世之情，並有結廬青山上之意；而“寒猿夜嘯”、“檻外溪聲”、“奇松”、“白鶴”則爲寫景。

而《深山茅店圖軸》⑦ 的題圖詩則别具禪趣，題圖詩寫道：“老樹掃寒崖，高齋依片石。誰肯愛幽芳，而能遠塵迹。高山不見頂，神龍微露脊。大用貴善藏，虚名定何益？”又題：“茅店半壺酒，花朝⑧一夜風。鴻飛⑨野水外，帆落亂雲中。語解此仙子，題詩獨老翁。江邊天地闊，吾自信吾躬。清溪撲。”

詩中以“老樹寒崖”寫枯木山水，引“神龍”“大用”“高齋片石”寫山勢之磅礴，最後人與自然遁隱於百花節裏的“茅店半壺酒”，而這樣的生命情懷似乎微觀地隱喻自己鴻飛野水外不慕名利。

最後，髡殘的山水詩主要表現在《入山圖卷》《山水圖册》上，如《入山圖卷》⑩ 的題圖詩：“入山恐不深，入林恐不密，若得廬山路，吾志真可畢。”是寫廬山之景，藉以明己之志。

---

① 《上海博物館藏四高僧畫集》，15 頁。

② 靈臺：謂心，因心有靈智而能任持。

③ 《上海博物館藏四高僧畫集》，14 頁。

④ 卓縈：指卓絶出衆。

⑤ 仙骨：仙風道骨。

⑥ 檻：欄杆。

⑦ 《上海博物館藏四高僧畫集》，17 頁。

⑧ 花朝：舊俗以農曆二月十五日爲百花生日，號花朝節，又稱花朝。

⑨ 鴻飛：鴻飛於遠空，距遠行微，喻脱羈遠害。

⑩ 《上海博物館藏四高僧畫集》，19 頁。

另荔香齋藏《山水圖册》① 有題圖詩五首，分别是在第二開、第三開、第五開、第八開、第十開，其作品分别爲：

巍然壘石在溪濱，可是從前應世身。
煙鎖薜羅②蒼翠冷，全提千古不萌春。

把茅盖在玉屏中，四面森森幾樹松。
我伴文殊分半座，任它獅象在門風。

真棲必是在山深，即上終南③有路尋。
只此谷幽飛白練，静聽清籟到人心。

雲際高山聳碧岑，溪邊草閣俯清陰。
等閒一樹楸枰④樂，消盡人間塵俗心。

絶壑無人獨結廬，楸陰晝落一床書。
已窺東漢多名士，唯有焦先⑤愧不如。

前四首題圖詩主要以山、石、松、草表現深山野景，最後以“絶壑無人獨結廬”和“焦先”説明捨塵、游仙、隱世之意思。

另外，《山水圖册》⑥ 第四開也有一首髡殘作於癸卯秋幽閒精舍的詩：“層嵒與疊壑，雲深萬木稠。驚泉深悠然⑦，猿鶴静無儔⑧。中有幽人⑨居，倚溪而臨

① 《上海博物館藏四高僧畫集》，20 頁。

② 薜羅：與薜荔、女羅皆爲植物名。《九歌 · 山鬼》：“若有人兮山之阿，披薜荔兮帶女羅。”後以薜羅指隱士的服裝。

③ 終南：終南山。

④ 楸枰：棋盤，古代多用楸木做成。

⑤ 焦先：三國魏隱士，河東人，字孝然。漢末嘗於荒野溪邊結草廬獨居，見人不語，冬夏不著衣，卧不設席，滿身垢污，數日始一食，傳説死時百餘歲。

⑥ 《上海博物館藏四高僧畫集》，21 頁。

⑦ 悠然：飄然自適。

⑧ 儔：同伴。

⑨ 幽人：隱士。

流。”題圖詩中的“幽人”與前述“焦先”相似，再度表達“隱逸”的情愫。

最後是陶庵經眼金石書畫記的《山水圖册》①，據繪畫作品推測應該是髡殘晚年的作品，而這兩首題圖詩分别在第五開和第十一開的册頁上，兩首作品分别是：

欲譜秋聲②入圖畫，恐聞蕭瑟③動人愁。
無情最是孤巖好，不辨榮枯任去留。

十年兵火十年病，消盡平生種種心。
老去不能忘故物，雲山④猶向畫中尋。

這兩首題圖詩是在髡殘晚年《山水册》題圖詩裏的作品，而題圖詩的作品内容已不再寫山水情景，而是對生命有無限的感慨，特别是“秋聲蕭瑟”與“不辨榮枯”間接地表達了對“逝去”的無奈，而這樣的無奈還包括了“老去不能忘故物”的亡國之情和“十年兵火十年病”的生命感慨。

（三）傳棨與題圖詩

傳棨的畫作和題圖詩皆非常豐富，本文對於傳棨題圖詩的討論主要選《花果册》⑤ 裏的詩作，也是傳棨晚年的作品。我們在傳棨晚年《花果册》裏的題圖詩中發現，《白柰花》《葡萄圖》《芍藥圖》《菇菇圖》《秋瓜圖》《菊花圖》都有濃厚的亡國之情，以及對自我志節不變的期許。

我們知道，“亡國”對傳棨來説是一段不可抹滅的記憶，而這樣的記憶是極端殘酷的，縱然是發癲、還俗也都不可能化爲烏有，因此，在傳棨晚年的《花果册》裏仍然可以看見他以晦暗的典故抒發己志，並且緬懷故國。

《白柰花》的題圖詩：

誰擷海南香，遺此珠一串。
宫帷爱秋涼，髮香夜將半。

---

① 《上海博物館藏四高僧畫集》，22 頁。

② 秋聲：秋時西風作，草木零落，多肅殺之聲，曰秋聲。

③ 蕭瑟：指秋風聲，秋之氣也，蕭瑟草木搖落而變衰，有淒涼寂寞之意。

④ 雲山：指雲門山，在廣東乳源縣北，前接金仙障，連樂昌縣界。山有雲門寺，五代南漢時文偃禪師居此。

⑤ 《上海博物館藏四高僧畫集》，88 頁。

雪落水精忱，餘芬猶不斷。
花木助妖淫，君王恣荒讌。
墨光何瑩瑩，淚痕曉猶□。
哀哉白柰花①，寫出南朝怨。辛亥仲春上澣②

題圖詩中的“白柰”引用歷史上亡國的典故，不再是描寫花的馨香與嬌柔，而是藉此花之喻真切地表達出對亡國的哀悼，“白柰花”對傳棨而言別具意義，體現了末世遺民的哀怨與泣訴。

《葡萄圖》題圖詩：

上苑有佳果，甘液何芬芳。
晶盤供玉食③，冰齒生微涼。
巖飆改節物，寢園④春存荒。
野鳥銜秋實，宮花⑤雕多霜。
濡淚繪折枝，置之樽俎旁。
碩果縱不食，中含風露香。

題圖詩中的“上苑佳果”“甘液芬芳”表現出曾經貴爲王孫之後的錦衣玉食，然而“寢園存荒”“宮花多霜”則是因爲故國不在，最後只能以“濡淚折枝”明節。

《芍藥圖》題圖詩：

懷芳不見賞，誰招秋士⑥魂？
山河無寸土，何從托孤根？
澹⑦掃煙墨氣，淨洗風露痕。
孑焉此高寄，傲骨撐乾坤。

---

① 白柰：晉成帝時，三吴女子相與簪白花，望之如素柰。傳言天公織女死，俄而后死，後因用柰花爲悼帝后的故事。

② 上澣：舊稱農曆上旬爲上澣，中旬爲中澣，下旬爲下澣。

③ 玉食：珍美的食物，《書 · 洪範》：“惟辟作福，惟辟作威，惟辟玉食。”

④ 寢園：陵園，古代帝王陵墓上有寢殿，故名。

⑤ 宮花：詩中指皇宮庭苑中的花木。

⑥ 秋士：謂士之暮年不遇者。《懷南子 · 繆稱》：“春女思，秋士悲。”注：“春女感陽則思，秋士見陰則悲。”

⑦ 澹：恬靜、淡薄。

一枝灑寒藻，夕日空山昏。
靈均爲流涕，何必荃與蓀①？
秋風寫幽寂，弔影哀王孫。

“芍藥”原爲花大而美的植物，簡稱芍，一名“可離”，傳棨以“芍藥”所隱喻的“可離”説明山河已無寸土可托，用荃蓀之喻來哀悼賢良之人，暗指對於改朝换代的既定事實，末世王孫也只能在歲月中忘卻。

《菇菇圖》題圖詩：

突葩亦寒蔬，雨餘寸萌活。
不意風霜時，瘦根忽見拔。
焦墨勾染之，烟苗翠如潑。
夜餘佐溪毛，晨齋供佛鉢。
山人雖食貧，蔬水志勿奪。
縱殊薑桂姿，生性老彌辣。
嚼雪爾何人，空岩擁霜褐。

詩中的“寒蔬”“萌活”不經意地點出晚年生活的困頓和平静，而這樣艱難的環境並没有改變自己的心志，反而在“山人雖食貧，蔬水志勿奪”的詩句中强調不屈於富貴、明節守志之心。

《秋瓜圖》題圖詩：

咄咄②黄臺詞，哀哀青門③叟。
引曼灌青泉，鋤之不盈畝。
自問瓠落林，風霜可耐久。
秋雨潰中田，嘉種何亦有？
根蒂本無餘，隕實大於斗。
枵然腹中空④，霜皮⑤老逾黝。

① 蓀：荃與蓀皆爲香草，可合稱爲荃蓀，喻爲賢良之人。

② 咄咄：感嘆聲。

③ 青門：漢長安城東南門，本名霸城門，俗因門色青，呼爲青門。泛指京城城門。漢召平種瓜於此，人稱青門瓜。

④ 枵然：空虚貌，形容腹空饑餓。

⑤ 霜皮：謂松柏樹皮。

尚以衰朽姿，煩爾寫生手。
擲筆慟餘生，中原已瓜剖。季髯

《秋瓜圖》之“瓜”在題圖詩中有“中原瓜剖”之意，即藉“瓜剖”言亡國之情，而“青門叟”之“青門”則有回不去的故都之喻，所以“哀哀青門叟”“中原已瓜剖”强烈地點出亡國遺民回不去的無奈，而且以“枵然腹中空”道出夾縫求生的生活窘境。

《菊花圖》題圖詩：

凡花無勁骨，不耐秋氣高。
我性獨傑出，力與風霜鏖①。
灑墨寫秋容，朔②吹聲蕭蕭③。
孤幹浥④朝霞⑤，不汲蓬與蒿⑥。
門前無俗士，床頭無濁醪⑦。
寒香苟可採，掇⑧英誦離騷。

題圖詩以没骨“凡花”對應秋氣中的君子秋菊，君子的氣節如愛菊人陶淵明；而陶淵明隱士風格所呈現的正是傳棨“我性獨傑出”桀驁不馴的個性，所以“門前無俗士”“力與風霜鏖”再次反映出傳棨自己飽經風霜、孤節不俗的氣度。

（四）原濟與題圖詩

我們從石濤的生命歷程可以知道，雖然他没有傳棨的佯癲之病，不過他滯京三年，周旋於權宦之間，導致晚年離開佛門，漂泊無定，一説還俗娶妻，一説入觀修道。雖然這些説法揣測不定，不過在《蔬果册》⑨ 的題圖詩中卻略顯端倪。

---

① 力與風霜鏖：與風霜搏鬥。
② 朔：平旦，天明時。
③ 蕭蕭：風聲。
④ 浥：濕潤。
⑤ 朝霞：早晨日光照應的彩雲，屬陰、陽、風、雨、晦、明六氣之一。
⑥ 蓬與蒿：蓬草與蒿草，秋枯根拔，風捲而飛，故又名蓬飛。
⑦ 濁醪：濁酒。
⑧ 掇：拾起。
⑨ 《上海博物館藏四高僧畫集》，54 頁。

《蔬果册》的册頁有題圖詩共八首，分别是《畫扁豆》① 《畫柿子》② 《畫石榴》《畫荸薺》③ 《畫木瓜》《畫赤梨》④ 《畫竹笋》⑤ 《畫百合》，其中《畫百合》的題圖詩中出現了“稚子”一詞，這是否意味着石濤晚年曾娶妻生子？

第八開，《畫百合》題圖詩：

稚子去年植高臺，今年百合花正開。
對人鼓舞何處至，疑是羅浮⑥蝶裏來。
蝶去花飛不得見，追花問葉只一綫。
移來石上覓幾回，不植人間植閬苑⑦。清湘老人極

不論題圖詩中的“稚子”是否爲石濤之子，重要的是詩中展現出仙氣飄飄的仙境，特别是羅浮山蝴蝶洞的傳説。據説，羅浮山有蝴蝶洞，岩側端的蝴蝶相傳爲葛仙遺衣所化，傳説蝴蝶身披五彩雲，翅膀在日光下如芙蓉展顔。“羅浮蝴蝶”或許只是傳説，卻讓石濤的内心也變成仙境，而外在世俗的風刀霜劍也變得不重要了。

而第三開《畫石榴》的題圖詩寫道：

枝枝向午不中央，一任榴風海上翔。

---

① 第一開，《畫扁豆》：“個個皆稱豆，年年一綫留。留青對紅葉，不到御溝前。零丁老人。”

② 第二開，《畫柿子》：“十月傳來冷不堅，去炎消暑不同天。野夫此日無煙火，共抱人間柿柿鮮。大滌子極。”

③ 第四開，《畫荸薺》：“年年最好水陽濱，怪爾蒲深處處新。若比西子蒙不潔，只消傾褪一分塵。大滌子極。”

④ 第六開，《畫赤梨》：“不必懷明月，因名雪亦通。赤梨開大谷，黄葉染丹風。品蓋潘安果，心非伯玉功。秋深方見汝，願載石書中。清湘大滌子極。”

⑤ 第七開，《畫竹笋》：“盤盤無火凍膏粱，掘土尋來得一雙。莫笑雲間頻見寄，三冬還勉老心香。清湘大滌子極。”膏粱：膏，肉之肥者；粱，食之精者，故膏粱爲美食。心香：佛教用語，比喻虔誠的心意。

⑥ 羅浮：山名，在廣東省增城、博羅、河原等縣間，長達百餘公里，巒峰四百餘，風景秀麗，爲粵中名山。相傳羅山之西有浮山，爲蓬萊之一阜，浮海而至，與羅山並體，故曰羅浮。相稱晉葛洪於此得仙術，山上有洞，道教列爲第七洞天。

⑦ 閬苑：閬風之苑，仙人所居之處。

拋個謝家①凝玉樹②，壓他才子富青箱③。
蓬萊④只合當年竊，墨寶誰生此日光。
不爲大千⑤留幾實，笑余空放老東方。清湘大滌子若極

第五開《畫木瓜》題圖詩説：

既詠瓊瑤⑥後，常隨秋賞時。
一樽藏味潔，高枕待香歆。
青剝安期棗⑦，黄燃太乙⑧藜⑨。
可談亦可畫，厭殺木瓜詩。清湘大滌子極

兩首題圖詩都有道家仙氣，詩中的“玉樹”“蓬萊”“瓊瑤”都顯示出仙物的不凡之處，而“安期棗”“太乙藜”則有隱士成仙之喻，所以此處略現石濤晚年有黄冠野服之説。

**結論**

“清初四畫僧”是清初的遺民、遺民僧、畫僧，雖名爲“四畫僧”，可是藝術的展現和生命情懷卻迥然有别。四畫僧中弘仁和髡殘出自布衣，而傳棨和原濟則屬於王孫之後。

布衣中的弘仁出家前侍母守節，亡國前亦投戎反清，直到無任何復甦之機纔慨然出家。而本文從其題圖詩中發現，四十五歲以後的弘仁在詩偈中已經顯現出

---

① 謝家：謝靈運，博覽群書，工書畫。初爲武帝太衛參軍，後遷太子左衛率。少帝時貶爲永嘉太守。好山水，既不得意，便肆意遨游，各處題詠。不久，辭官移居會稽。文帝徵爲秘書監，遷侍中，常稱病不朝。後請假東歸免官。尋爲臨川内史，以行爲放縱，爲有司所糾，流徙廣州，不久以謀反罪被殺。

② 玉樹：傳説中的仙樹，以喻姿貌秀美、才幹優異的人。

③ 青箱：謂世傳家學。《宋書·王懷之傳》：“曾祖彪之，尚書令。……彪之博聞多識，練悉朝儀。自是家世相傳，並諳江左舊事，緘之青箱。世人謂之王氏青箱學。”

④ 蓬萊：山名，古代方士傳説爲仙人所居。

⑤ 大千：佛教用語，以虛彌山爲中心，以鐵圍山爲外廓是一小世界，一千個小世界合起來就是一個小千世界；一千個小千世界合起來就是中千世界；一千個中千世界合起來就是大千世界，總稱三千大千世界，簡稱大千。

⑥ 瓊瑤：美玉或美石。

⑦ 安期棗：傳説仙果名。漢代方士李少君對武帝説，先人安期生食巨棗，大如瓜，故有安期棗之稱，《史記·封禪書》《漢書·郊祀志》皆載。

⑧ 太乙：山名，也作太一、太壹，即終南山。

⑨ 藜：草名，又名萊，初生時可食，古蒸以爲茹，莖老可做杖，亦用於燃藜照明。

一位游方之人的孤、憂、恬雅、澹泊。

對弘仁來説，也許出家的抉擇是迫於無奈，不過意外遍覽群山的生命經驗卻淬煉出暫忘烽火與徜徉山川大澤的瀟灑。而同樣是布衣的髡殘，雖然在史料上不見具體投戎反清的記載，卻是四僧中對佛門最投入的僧人，髡殘的繪畫靈感是從蒲團上得來，所以在題圖詩中也多不離參禪所體得的禪意與禪趣。

另外，四畫僧中傳棨和原濟則爲王孫之後，傳棨於弱冠之年喪家亡國，爲了苟活只能隱於禪林，對他而言是一種情感上的壓抑。他雖然曾經爲一代宗門之傳人，可是終究抵擋不住内心的哀慟，傳記中記載他“忽大笑，忽痛哭，裂其浮屠服”等異於常人的癲狂舉動是最令人哀憐的。我想，還俗對傳棨來説是另外一種生命的療癒，如《明代千遺民詩詠》所説：“我觀山人畫，八大是哭字，乃知點點墨，是血不是淚。”又鄭板橋曾評傳棨的畫作説：“横塗豎抹千千幅，墨點無多淚點多。”不論是血、是淚，傳棨畫筆下的林泉山川、花草鳥獸，完全成爲他情感的象徵，從他晚年的題圖詩裏更可以發現其末世王孫的哀愁。

四畫僧中同樣是王孫之後的原濟，没有傳棨的佯癲之病，也没有强烈的明末遺民悲恨之情，不過其晚年《蔬果册》的題圖詩中略顯天倫之樂與黄冠野服之趣的端倪。

# 禪詩與禪師的生命情懷：以畫僧髡殘爲例[①]

**摘要：** 髡殘（1612－1673），湖南武陵人，清初畫僧，字介邱（丘），號石谿，又號白秃、石秃、石道人、殘道人、殘道者、忍辱僧、忍辱仙人、電住道人。髡殘爲明末遺民，性寡默，善病，不善拈椎豎佛，喜以筆墨作佛事。偶然游戲，便寫山水，緬邈幽深，峰巒渾厚，詩文畫亦古奧。《清畫家詩史》言師“工山水，畫境奇闢，緬邈幽深，蓋從蒲團上得來”②。偶游山水，即以林山之景入禪理之趣，如《山中》詩偈所言：“我與閒雲同一室，雲閒我懶亦相宜。晚風昨夜邀雲去，山中有閒雲不知。”爲此，本文擬以“禪詩與禪師的生命情懷”爲題，探討畫僧髡殘亦詩、亦禪、亦畫的生命世界。

**關鍵詞：** 髡殘；畫僧；禪詩；禪師

## 一、“佛門僧”與“畫僧”

髡殘（1612－1673）爲明末遺民，也是明末清初重要的畫僧之一，其生命歷程大概可以分爲三個階段，分别是居金陵大報恩寺前，移居金陵報恩寺修藏時期，居幽棲祖堂寺時期（1658－1673）。

### （一）傳奇的出家歷程

髡殘到金陵報恩寺前有一段傳奇的出家因緣，不過這段出家因緣在禪宗的燈錄中並無相關記載，而《清畫家詩史》《清史稿》和《國朝書畫家筆錄》也只是簡略提到“髡殘，……幼孤，自剪髮投龍山三家庵……”③“髡殘，字白秃，一字石谿，號石道人，又號殘道者。楚之武陵人，俗姓劉，幼失恃，遂自剪髮，投

① 本文曾發表於 2016 香港中文大學禪與人類文明中心國際學術會議，並收錄於學愚編《漢傳佛教文化研究》，2017 年 10 月，北京，宗教文化出版社，101－114 頁。

② 李濬之，《清畫家詩史》壬下。

③ 趙爾巽等撰，《清史稿》七。

龍山三家庵，旋游諸名山參悟……”①

不過，在《明遺民錄》和《小腆紀傳》② 裏都記載了髡殘不平凡的出家經歷是來自宿世因緣。《明遺民錄》言：“髡殘，字介邱，號石谿，俗姓劉，湖南武陵人，武林劉氏子，母夢僧入室而生。一夕大哭不已，引刀自薙其頭，血流被面。”③

因此，髡殘的降世有“母夢僧入室而生”的説法，而此言似乎也預示了髡殘成爲“佛門僧”的必然性，行文中“引刀自薙其頭”在髡殘好友周亮工的《讀畫錄》中也有進一步説明：“一日，其弟爲置氈巾禦寒，公取戴於首，覽鏡數四，忽舉剪碎之，並剪其髮，出門徑去，投龍三三家庵中。旋歷諸方，參訪得悟。”④

因此，髡殘“引刀自薙其頭”，是指自己引刀剃頭出家，並無師承，隨即受同里儒人“龍人儼”⑤ 的建議至江南參學，其後於白門禮雲棲大師遺像拜師，之後返楚，居桃源某庵。⑥《明遺民錄》言：

> 髡殘，字介邱，號石谿，俗姓劉，湖南武陵人，武林劉氏子，母夢僧入室而生。一夕大哭不已，引刀自薙其頭，血流被面。同里教諭龍人儼，儒而禪者也，一見絶愛之，令游江南參學。至白門，遇一僧，言已得雲棲大師爲薙度，因請大師遺像拜爲師，反楚，居桃源某庵。⑦

根據上述，髡殘出家後參學江南，居桃源某庵，因避兵難，身受寒溼之苦，

---

① 清·竇鎮輯，《國朝書畫家筆錄》卷四。

② 清·徐鼒撰，徐承禮補遺《小腆紀傳·列傳·方外》有文字記載説：“髡殘，字介邱，號石谿，武陵劉氏子，母夢僧入室而生。一夕大哭不已，引刀自薙其頭，血流披面。”

③ 孫靜庵撰，《明遺民錄》，《清代傳記叢刊·遺民類》，明文書局印行。

④ 周亮工，《讀畫錄》卷二。

⑤ 龍人儼，字孝若，號石蒲，一號半庵，汧陽（今屬陜西）知縣，讀禮儒書，又愛佛學。參《髡殘》，6頁。

⑥ 清·徐鼒撰，徐承禮補遺《小腆紀傳·列傳·方外》：“髡殘，字介邱，號石溪，武陵劉氏子，母夢僧入室而生。一夕，大哭不已，引刀自薙其頭，血流披面。同里教諭龍人儼，儒而禪者也，一見絶愛之，令游江南參學。至白門，遇一僧，言已得雲棲大師爲薙度，因請大師遺像，拜爲師。返楚，居桃源某庵。”

⑦ 孫靜庵撰，《明遺民錄》，《清代傳記叢刊·遺民類》，明文書局印行。

所以《石谿小傳》言“石公善病”①、“以筆墨作佛事”。②

（二）畫僧

髡殘本爲“佛門僧”，但根據髡殘俗家好友程青溪③所言，髡殘“以筆墨作佛事”得無礙三昧。而髡殘對於自己“以筆墨作佛事”的看法在《達摩面壁圖軸》的題記中有所表露：“余性喜書畫，品經課之暇，抽毫縱意赴之，自覺快然。”

因此，髡殘自言“余性喜書畫”讓他從“佛門僧”過渡爲“畫僧”，而且説自己於禪坐中體得繪畫奧妙，如髡殘在自己的山水畫中就寫下了創作因緣：“殘僧本不知畫，偶然坐禪悟此六法④。隨筆所止，未知妥當也，見者棒喝。”⑤

所以髡殘的書畫創作技法始於禪坐中領悟，因此“以禪入畫”和“以畫出禪”是髡殘的“禪畫”特色。《清畫家詩史》評髡殘繪畫，言禪師“工山水，畫境奇闢，緬邈幽深，蓋從蒲團上得來”⑥。

除此，髡殘“以禪入畫”“以畫出禪”的“禪畫”特色如《清史稿》所言：“……沉著痛快，以謹嚴勝，皆獨絶。”⑦ 而《國朝書畫家筆錄》亦言髡殘山水筆墨蒼茫高古，非千金能得，以“人品”見之⑧。

（三）“曹洞法嗣”與“大歇堂”

崇禎十一年，髡殘投龍三三家庵爲僧，後居桃源，並參學諸方，心有所悟。後至白門，拜謁覺浪道盛禪師⑨，改法名爲大杲，爲道盛禪師所重，受囑於大報

---

① 清·徐鼒撰，徐承禮補遺《小腆紀傳·列傳·方外》：“髡殘脱略一切，獨嗔怒不可解，在祖堂與衆僧不合。少受寒濕，伸臂作痛，厭苦之。”

② 傅抱石，《明末民族藝人傳》，《清代傳記叢刊·遺民類》，875頁，程青溪爲髡殘友，曾言：“石公善病，每以筆墨作佛事，得無礙三昧，有扛鼎移山之力。”

③ 程青溪，指程正揆，字端伯，號鞠陵，居秦淮河青溪，故又號青溪。明末清初，官場沉浮，晚年參禪禮佛，常與髡殘及諸名士往來賦詩作畫。參《髡殘》，66-67頁。

④ 六法指南朝謝赫總結的繪畫的六種技法，包括：氣韵生動、骨法用筆、應物象形、隨類賦彩、經營位置、傳移模寫。

⑤ 《石谿上人山水册》，日本博文堂影本第10頁，參《髡錢》，94頁。

⑥ 李濬之，《清畫家詩史》壬下，495頁。

⑦ 趙爾巽等撰《清史稿》列傳卷七。

⑧ 清·竇鎮輯，《國朝書畫家筆錄》卷四：……住牛首寺，工山水，筆墨蒼莽高古，境界天矯，奇闢處有引人入勝之妙。盛夏展翫，雖奉以兼金，求其一筆不可得，至所欲與，即不請亦以持贈。品行高出人一頭也，與所交者，遺逸數輩而已。

⑨ 道盛，字覺浪，號杖人，有僧傳，參《卍續藏》第87册《五燈全書》卷六十三。

恩寺內與道韶①、雪藏②等人校刊《南藏》大藏經。

順治十五年（1658），覺浪禪師將曹洞法嗣、法偈、竹如意授予髡殘，髡殘成爲曹洞宗傳人，並在大報恩寺內校刊《南藏》大藏經。

髡殘雖爲覺讓道盛禪師所器重，並且授予法嗣，可是髡殘卻斷然拒絕，辭去住持，隨後雲游吴越、黃山等地，晚年長居牛首山祖堂幽棲寺附近草堂“大歇堂”。其傳世書畫也大多是居此處時所繪，康熙十二年（1681），髡殘病逝於幽棲寺草堂，臨終遺言：“焚骨爲灰，投於燕子磯下的長江裏。”

**二、“禪詩”的生命世界**

髡殘原有《浮查詩文集》《大歇堂集》《髡殘禪偈》傳世，不過這些文稿皆已散佚，因此，對於髡殘的生命世界，本文擬以相關的題圖詩爲要加以討論。

（一）“仁者樂山”

髡殘在大報恩寺內校刊《南藏》大藏經後，便雲游吴越、黃山等地，尤其是黃山，不僅入其畫中，在題圖詩文中更有其對生命的寫照。如庚子（1660）秋八月《黃山道中圖》③ 題圖詩言：

山行百餘里，冥搜全未竟。雖歷伏火中，峰高已秋盡。
振衣上天嶺，群峰悉趨迎。閟洞④起卧龍，肅然生愛敬。
忽轉别一天，插石皆峭勁。虚磴接危梯，崩崖倚幽穽。
我本探奇人，寫茲憂虞并。黽勉敵天工，下山達松徑。
廓然眼界寬，慈光演上乘。假我雲水寮，鐘鳴定出□。
安得日在茲，山水共幽訂。庚子秋八月

從“山行百餘里”和“振衣上天嶺”可以知道，髡殘乃徜徉於黃山中，“我本探奇人”和“假我雲水寮”預示了幽境中的故人和“結廬在人境”。其後，《淺絳黃山圖》或稱《黃山圖》⑤ 則更進一步詮釋出髡殘的山中生活，如題圖詩中言：

---

① 道韶，無僧傳，暫無相關資料。
② 雪藏，無僧傳，暫無相關資料。
③ 參薛鋒、薛翔著，《髡殘》，吉林美術出版社，1994年，91頁。
④ 閟洞：幽深的山洞。
⑤ 參《髡殘》，93頁。

我來黄山已年餘，登頓苦無緣壁枝。
挈筆寄食法海庵，一榻又我寄之寄。
仰瞻嵯峨不敢攀，岩石突兀勢若墜。
他山一目盡能收，此山幽奇難思議。
我今畫得此山靈，卻藏庵側澗壑底。
秋時願策荒藤杖，布袜青鞋白雲裏。
道人趺坐破蒲團，歲月無窮知己許。庚子冬

從題圖詩中“我來黄山已年餘”“挈筆寄食法海庵”“卻藏庵側澗壑底”可以知道髡殘在黄山與山林共處，除了讚嘆黄山的幽奇之美，也畫黄山，更重要的是情寄黄山，於山林間參禪、悟道。

而與《黄山圖》相近的《山高水長圖》① 描繪天都山的山景，無記年，其題圖詩道：

聳峻矗天表，浩瀚周地軸。
溪雲起漠漠②，松風吹謖謖③。
樂志于其間，徜徉豈受縛。
兩隻青草鞋，幾間黄茅屋。
笑看樹重重，爰茲峰六六。
山高共水長，鶴舞與猿伏。
可以立脚跟，方此對山麓。

余住黄山時，每四序之交，朝夕晴雨之變，各得奇幻之妙，令人難以摹想。此作山高水長圖，蓋常見天都山裏處處峰插青天，泉掛霓虹，故有是作，主曲折細微之奧，豈筆墨所能盡哉！茧壤石谿殘道者

“雲起漠漠”“風吹謖謖”“峰插青天”“泉掛霓虹”是髡殘對“天都山”④山景的描述，山裏“山高水長”“猿伏鶴舞”，有別於“黄山”朝夕晴雨之變，

① 《山高水長圖》，目前典藏臺北“故宫”博物院，又稱《聳峻矗天圖》，參《髡殘》，109-110頁。
② 漠漠：密布瀰漫的樣子。
③ 謖謖：音肅，風猛力吹的樣子。
④ 天都山指寧夏天都山。

此詩最耐人尋味的是“兩隻青草鞋”，説明了髡殘獨自徜徉於山林間的瀟灑暢快。

癸卯年（1663）髡殘在牛首山白雲檐繪《六六峰圖》①，此是髡殘游福建武夷山之作，題圖詩言：

六六峰之間，振古凌霄漢。
清秋淨無雲，爭來列几案。
寺幢天際懸，樹色空中燦。
飛瀑九萬尋，高風吹不斷。
俄然吐霧煙，近遠山峰亂。
深渾大海濤，浩淼靡涯岸。
少爲嵐氣收，秀嶺芙蓉爛。
巒岫畫難工，猿鳥聲相喚。
我憶董巨手，筆墨絶坐俗。
嗟嗟世上人，俗氣疇能换。
翻羨屋中人，攤書煙雲畔。
板橋樵子歸，共話羲皇上②。
癸卯秋日作於牛首之白雲檐下。石谿殘道人

《蒼山結茅圖》軸

詩中描述武夷山清秋無雲，樹色燦爛，飛瀑清風，煙雲霧吐，猿鳥啼喚。髡殘除了描述武夷山澎湃壯麗的山景外，還以師法董源、巨然之筆墨描繪武夷山，並以羲皇上人爲喻，作爲自己超然脱俗的生命寫照。

與《六六峰圖》同年繪製的有《蒼山結茅圖》③ 軸，“蒼山”④ 也是髡殘曾經游歷的名山之一，題圖詩言：

卓縈伊人與無數，結廬當在青山顛。
山色依然襟帶間，山容已入奚囊住。

① 《六六峰圖》現藏美國納爾遜博物館，參《髡殘》，102 頁。福建武夷山古有“溪曲三三水，山環六六峰”之説，因此《六六峰圖》即髡殘游福建武夷山之作。

② 羲皇上指太古時代，古人認爲伏羲前的人民，生活恬淡悠閒，故以此喻無憂無慮的人。

③ 上海博物館主編，《上海博物館藏四高僧畫集》，上海人民出版社，1984 年，14 頁。

④ 蒼山，雲南大理雲嶺山脈，蒼山山頂積雪終年不化，舊稱點蒼山。

天台仙頂白雲封，仙骨如君定可從。
寒猿夜嘯清溪曲，白鶴時依檻外松。
虁壤石谿殘道者作于天龍古院，時癸卯十月一日也

從題圖詩上"山色依然襟帶間"和"山容已入奚囊住"的表現，可以看出髡殘與山景、山境合而爲一，他將千山萬水納於"方寸"，而方寸之大，如"須彌"，方寸之微，若"芥子"。

(二) 以"禪"入"詩"

髡殘自言"殘僧本不知畫，偶然坐禪悟此六法"，因此，禪修與坐禪對髡殘來説是很重要的日課，所以在髡殘的題圖詩中也出現不少以"蒲團"① 描述禪坐、禪修的方式，如《淺絳黄山圖》以"道人趺坐破蒲團，歲月無窮知己許"的詩句描述髡殘坐禪的情境，並且在蒲團的意象上營造出對歲月的無限感嘆。

另外，《茅屋白雲圖》軸②以"恬然無俗慮，相與坐蒲團"來敘述髡殘對於禪坐恬然自得的心情。除此，《青峰凌霄圖》軸③中有"始識蒲團意，何求海外山"的自省，這是髡殘對於自己在林間的反省，詩中所説"始識蒲團意"間接地表達了其對於"禪修境界"有更進一步的體悟和見解。

康熙元年（1661），髡殘作《在山畫山圖》④，也有以"山水"入禪的"禪趣"，如題圖詩中所言：

住世出世我不能，在山畫山聊爾爾。
書齋破衲非用錢，四年塗抹這張紙。
一筆二筆看不得，千筆萬筆方如此。
乾坤何處有此境，老僧弄出寧關理。
造物雖然不尋聞，至人看見豈鄙俚。

---

① 蒲團：用蒲編織的圓墊，爲僧人坐禪及跪拜時所用。

② 《上海博物館藏四高僧畫集》，13 頁。《茅屋白雲圖》有題圖詩："苑屋高人到，幽襟不盡懽。水流雲外響，猿嘯谷中寒。頑壁奇松倚，崇巒險石安。恬然無俗慮，相與坐蒲團。"

③ 《上海博物館藏四高僧畫集》，15 頁，《青峰凌霄圖》有題圖詩："翠屼凌霄漢，頹然欲躋攀。松皷千仞磴，嶂隱幾重關。翠湧苔痕古，赭分石色殷。香泉峰底出，幽鳥磵邊還。始識蒲團意，何求海外山？靈臺應不遠，端屬在人間。"

④ 參考《髡殘》96–97 頁。

只知了我一時情，不管此紙何時終。
畫畢出門小躋攀，爽爽精神看看山。
有情看見雲出岫，無心聞知終度關。
風來千林如虎嘯，嚇得僧人一大跳。
足下誰知觸石尖，跛跛蹯蹯忍且笑。
歸到禪僧對畫圖，別有一番難告報。
從玆不必逾山門，澄墨吻毫窮奧妙。

壬寅小春漫寫并記，石谿殘道者

《在山畫山圖》是髡殘游山、住山、畫山的繪畫作品，不過詩句中所透顯的卻是髡殘以山水入禪、以山水入畫的生命情調。他無視名利，“以筆墨作佛事”，一筆二筆千筆萬筆所塗抹的是徜徉山水的胸中丘壑。而且最有意思的是髡殘自言“畫畢出門小躋攀，爽爽精神看看山”，偶爾還被山裏的山風嚇一大跳，可見《在山畫山圖》的詩裏有髡殘游山、住山、畫山的生活軌迹。

（三）以“詩”寄“情”

《明遺民錄》有一段描述髡殘因病纏身的慨嘆，文中說：“髡殘脱略一切，獨嗔怒不可解，在祖堂與僧衆不合，少受寒濕，身臂作痛，厭若之疾。”顯然，疾病的痛苦爲髡殘帶來不少生活上的困擾，辛丑冬髡殘所繪《松崖茅屋圖》① 的題記説：“辛丑冬日逸翁來山中看病者，贈我以蔘藥，做此奉酬，且勉之，蓋因翁亦吾禪中人耳。”

另外，癸卯年《雙溪怡照圖》② 是髡殘與好友青溪道人合作的畫作，髡殘於題記中言：

青溪翁住石頭，余住牛頭之幽棲。多病，嘗出山就醫，翁設容膝，俟余掛搭，户庭邃寂，宴坐終日，不聞車馬聲。或箕踞桐石間，鑒古人書畫，意有所及，夢亦同趣。因觀黄鶴山樵翁，興至作是圖未竟，余爲合成，命名《雙溪怡照圖》，當紀歲月，以見吾兩人膏肓泉石潦倒至

① 《松崖茅屋圖》題圖詩：松峰爲伴侣，茅屋自然安。君雖有大會，雄擬亦須參。
② 參考朱萬章，《中國名畫家全集·石谿》，河北教育出版社，2009 年，129 頁。

此，繫以詩曰：雲山疊疊水茫茫，放腳何曾問故鄉。幾時賣來還自買，爲因泉石在膏肓。

題記中，髡殘對好友青溪説“見吾兩人膏肓泉石潦倒至此”，是對生命最沉痛的告白，故有“泉石在膏肓”的感嘆。髡殘晚年在《山水圖册》中的題圖詩裏，對生命的慨嘆更加真切，題圖詩裏説：

欲譜秋聲入圖畫，恐聞蕭瑟動人愁。
無情最是孤巖好，不辨榮枯任去留。

十年兵火十年病，消盡平生種種心。
老去不能忘故物，雲山猶向畫中尋。①

兩首題圖詩是髡殘晚年的作品，題圖詩裏秋聲蕭瑟與不辨榮枯間接表達了年華與故國逝去的無奈，而這樣的無奈同樣也包括“十年兵火十年病”的生命凋零和“老去不能忘故物”的亡國之情。

與髡殘同受法於覺讓道盛禪師的大汕在髡殘往生後有《哭石谿和上》② 之作，言二人是知心好友，亦情如手足，對於髡殘的離世他也只能“洒淚向孤雲”了。

### 三、“禪師”筆下的生命世界

髡殘自言“余性喜書畫”，又説“殘僧本不知畫”，然於禪坐中了悟南朝謝赫所言六種繪畫的技法，包括繪畫的氣韵、用筆、用色、寫形、寫神和構圖等。六種繪畫技法與髡殘游觀自然山川的經驗結合，進而形成髡殘筆下的山水繪畫世界。

#### （一）千筆萬筆

“千筆萬筆”是髡殘山水畫的用筆技巧，他於《在山畫山圖》説：“一筆二筆看不得，千筆萬筆方如此。”因此，髡殘的山水畫技是通過反覆皴擦而來，而

① 《上海博物館藏四高僧畫集》，22 頁，陶庵經眼金石書畫《山水圖册》，髡殘晚年山水畫册。

② 《大汕離六堂集》卷二：“共乳人三十，知心更是君。疑難無隱諱，痛癢必相聞。尚恐山林隔，那堪泉路分。老成日凋喪，洒淚向孤雲。”

皴擦的運筆變化就如同書法的運筆變化。髡殘在《程青溪山水圖》就説："書家之折釵股、屋漏痕、錐畫沙、印印泥、飛鳥出林、驚蛇入草、銀鈎蠆尾，同是一筆，與畫家皴法同一關鈕。"①

髡殘"千筆萬筆"的"皴法"也有"粗服亂頭"之説，也就是以乾筆、秃筆、破筆重複皴擦，形成凹凸遠近的透視畫面。例如髡殘晚年《山水畫册》第六開（圖一）② 就是取墨之濃、淡、乾、濕，然後再以乾筆重複皴擦表現出自然山水的遠近層次。

（圖一）

《山水畫册》另一幅第三開（圖二）③，同樣以乾筆重複皴擦表現出山的厚重和疊翠層次，並以細筆勾勒林間松樹和屋舍，復以花青、赭石淡染畫面，形成氣勢磅礴的山水畫。

所以，"千筆萬筆"重複皴擦的"皴法"成爲髡殘山水畫的特色之一，他在《在山畫山圖》中自言"四年塗抹這張紙"，"一筆二筆看不得，千筆萬筆方如此"。可見髡殘的山水畫並非一日可成，而是經年累月地塗抹創作而成。

（圖二）

（二）可居可游

由於髡殘歷游名山，因此他的山水畫不僅"外師造化胸得心源"，而且還以"禪"入"山水"，因此清《國朝書畫家筆錄》評髡殘畫境"蒼莽高古，境界天矯，奇闢處有引人入勝之妙"④。又《清史稿》列傳卷七也説髡殘的畫"奥境奇闢，緬邈幽

---

① 《中國名畫家全集·石谿》，131頁。

② 同上，137頁，有題記："友人自黄山來，言其狀謂情理俱無，余不經技癢，若知老人之迅速如此，則得買草鞋踏遍也。古人秉燭之意良不虚耳。"

③ 同上，134頁，有題記：一峰道人從筆墨證阿羅漢者，今欲效顰，衹不一行腳僧耳。余因學道，偶以筆墨游戲，笑不知禪者爲門外漢，予復何慈。

④ （清）竇鎮輯，《國朝書畫家筆錄》卷四。

深，引人入勝”①，觀畫者可觀、可居、可游。

髡殘在晚年《山水畫册》裏提到，“畫者助之游也”。因此，我們可以從“觀”的審美經驗出發，徜徉在髡殘的山水畫裏，隨着畫面所呈現的情境觀游禪者的生命。

例如《山水册》第五開（如圖三）所描繪的畫面是透過遠山、老樹營造出蕭瑟的景深，而河面上半掩樹旁的孤舟和漁翁成爲畫面的焦點。所以該畫有題圖詩一首：“欲譜秋聲入圖畫，恐聞蕭瑟動人愁。無情最是孤巖好，不辨榮枯任去留。”②

（圖三）

（圖四）

而題圖詩中的秋聲蕭瑟再次營造了山水畫中的遠山、老樹、孤舟，其“不辨榮枯任去留”的心意也讓觀畫者的視覺焦點再次停留在近景的孤舟上。

《山水册》第十開（如圖四）③ 無款識、題記，但是從畫面上唯一的旅人騎着毛驢沿着山徑的動態表現，可以知道旅人將前去更深遠的山裏。

圖五和圖六《山水册》④ 第八開和第九開，有“石谿”朱文印，無題記，山水畫面主要是靜態呈現，前景中由小徑引入茅舍，並在寫景的大樹下引領觀者進入幽深的茅舍，進而在無言的畫面裏創造對談的二人。我們雖聽不見他們在說些

① 趙爾巽等撰《清史稿》列傳卷七，487-511 頁。

② 《中國名畫家全集·石谿》，136 頁。

③ 同上，141 頁。

④ 《上海博物館藏四高僧畫集》，髡殘《山水圖册》。

甚麽，但是，卻彷佛聽到了髡殘的心音。

（三）寄情山水

《論語·雍也》："子曰：'知者樂水，仁者樂山；知者動，仁者靜；知者樂，仁者壽。'"這是孔子以山水比喻厚德之人，因爲"山"具有乘載生養萬物之意，"水"具有居下、不爭、利萬物的德行，因此，"寄情山水"透露出儒家生命的人格特質，而髡殘雖然爲出家方外之人，但是在他的生命世界裏卻潛藏着儒家濃濃的生命向度。他在題記中曾説：

（圖五）

石秃曰：佛不是閑漢，乃至菩薩、聖帝、明王、老、莊、孔子，亦不是閑漢。世間只因閑漢太多，以致家不治，國不治，叢林不治。易曰："天行健，君子以自强不息。"蓋因是個有用的東西，來把齷齷齪齪自送滅了，豈不自暴棄哉①。

（圖六）

"不是閑漢"和"君子自强不息"皆意味着髡殘有儒家典型的治家、治國、治叢林的"任重道遠"之心，然而，亡國的現實卻使他不得不"寄情山水"，大隱於"山水"的自然世界裏。髡殘在《山水圖册》的題圖詩裏曾説"真棲必是在深山"，可見這樣"寄情山水"的隱逸情懷已經成爲髡殘最重要的生命表徵。

又《山水圖册》第四開（如圖七）② 有題圖詩一首："層嵒與疊壑，雲深萬木稠。驚泉聲悠然，猿鶴靜無儔。中有幽居人，倚溪而臨流。"髡殘自喻爲層嵒疊壑中倚溪臨流的"幽居人"，而觀畫者的我們是否也隨着山水的畫面進入髡殘的幽居世界了呢？

---

① 同上，髡殘《入山水圖卷》，19頁。

② 《上海博物館藏四高僧畫集》，髡殘《山水圖册》，21頁。

除此，我們在髡殘“寄情山水”的生命世界裏也可以品賞到他悠游林間的喜悦，如《山水圖册》第八開有：“雲際高山聳碧岑，溪邊草閣擶清陰。等閒一樹楸枰樂，盡消人間塵俗心。”①

題圖詩中説人世間的塵勞在“等閒一樹楸枰樂”中盡消，而這樣的山水情懷正如東坡居士所言：“溪聲盡是廣長舌，山色無非清淨身。”

（圖七）

**結論**

髡殘是明末遺民，也是清初重要的畫僧之一，與石濤有“二石”之稱，與好友青溪有“二溪”之稱，與漸江、石濤、傳綮有“清初四畫僧”之稱。從髡殘的生平略傳可以知道，髡殘自剃其頭成爲“佛門僧”是一種自我對生命向度的選擇，然後，參學、訪道，並且成爲曹洞傳人。然而，這些對髡殘來説都不算重要，重要的是山水和筆墨之情豐富了他的生命世界。

（圖八）

從髡殘訪游的群山裏，可以知道“山水”並非只是大自然的山水，在大山大澤裏，髡殘引山水入禪，引禪入山水，所以“寄情山水”成爲髡殘生命情懷最主要的展現，並且具體表現在他的山水畫以及題圖詩中。

本文從與髡殘相關的山水畫、題記和題圖詩的詮釋和分析發現，髡殘的生命世界是豐富而多彩的，在山水畫裏可以品游山河大地的自然世界。其次，從髡殘山水畫的相關題記裏，我們也可以感受到髡殘生命中的濃烈情感，比如《在山畫山圖》中的題圖詩裏“爽爽精神看看山”就透露出禪者對自然景觀的賞玩。最後，也可以看到髡殘對生命的態度與憧憬，他在《入山圖》中説“佛不是閒漢”，是積極表達一個遁隱的禪修者也有儒家君子自强不息的精神。不過回到現實世界，生命的困頓、淒苦卻著實令髡殘感到無奈，最令人感嘆的是他和好友青

① 同上，20頁。

溪道人合作的《雙溪怡照圖》中有一段題記説道：“因觀黄鶴山樵翁，興至作是圖未竟，余爲合成，命名《雙溪怡照圖》，當紀歲月，以見吾兩人膏肓泉石潦倒至此，繫以詩曰：雲山疊疊水茫茫，放脚何曾問故鄉。幾時賣來還自買，爲因泉石在膏肓。”其中，“見吾兩人膏肓泉石潦倒至此”正是髡殘對生命苦痛的傾訴。

# 禪詩裏的情與愛：以畫僧傳綮題圖詩爲例[①]

**摘要**：鄭板橋曾評傳綮的畫作説："横塗竪抹千千幅，墨點無多淚點多。"據史料及年譜記載，傳綮（1626－1705）是清初重要的畫僧之一，明朝宗室弋陽王朱權後裔，天啟年間生於南昌，早年能詩，工書法，精繪畫。甲申年（1644）舉家由南昌遷至洪涯山避禍，順治五年（1648）隱奉新山。不久，子夭妻死，次年投容庵禪師②薙染，削髮爲僧，僧名傳綮，字刃庵，號雪箇。後參禮穎學弘敏禪師③開悟，受其衣傳，嗣爲曹洞三十八世，依師住進賢鶴林寺，任侍者，遷園頭。後亦隨師移耕香院，改任記室。爾後於奉新縣新興蘆田另闢蘭若，丁酉年於進賢縣介岡燈社執拂稱宗。

康熙十七年（1678），傳綮年五十三，於臨川夏秋之際初發病顛，後顛病痊癒。康熙十九年（1680），臨川縣令胡亦堂慕名延覽至官舍，不久遂發狂疾，忽大笑，忽痛哭。傳綮於南昌發顛病後爲其侄所救，並回家中靜養，顛病纔得以逐漸痊癒。傳綮病癒後返俗。是年起，書畫便不再以"傳綮"之名用印，而以驢、驢屋、箇山、八大、八大山人爲款。

由於"傳綮"早年能詩、工書、精繪，因此筆下的瓜果、花草、蟲鳥、林泉、山川成爲自我情感的象徵與寄託，而畫面中的題圖詩更是傳綮心中情感的抒發，也是傳綮的心靈圖像。因此，傳綮透過詩、書、畫三位互文修辭的藝術表現來描繪自己的內心世界與情感。本文即以畫

① 本文曾發表於2015香港中文大學禪與人類文明中心國際學術會議。2017年收錄在北京和社會科學文獻出版社《佛教思想與佛教文化研究》下册，101－114頁。

② 容庵禪師，無僧傳，暫無相關資料。

③ 弘敏禪師，字穎學，宜豐陳氏，萬曆年間尋頭陀妙微薙染，後參博山有省，歷主大慈寺、耕香院，世壽六十六，僧臘四十二，有洪都奉新頭陀穎學弘敏禪師傳，參《卍續藏》第82册《五燈全書》卷一一六。

僧傳棨的題圖詩爲例，探討傳棨禪詩裏所闡釋的“情”與“愛”。

**關鍵詞**：傳棨；八大；禪詩；題圖詩

## 一、僧“傳棨”與“題圖詩”

據史料及年譜記載，傳棨（1626–1705）原是明皇室後裔，明崇禎皇帝縊死於煤山，傳棨便從皇室轉變爲“遺民”。改朝换代之悲，喪家亡國之痛，讓他選擇隱遁山林，出家爲僧，寄情筆墨。

不過，傳棨僧的心靈並没有因爲遁迹山林而找到內心世界與情感的出口，反而在中年佯狂顛病後終止僧人生涯。《國朝耆獻類徵》詳述：

> 八大山人者，故前明宗室，爲諸生，世居南昌。弱冠遭變，棄家遯奉新山中，薙髮爲僧，不數年，豎拂稱宗，師住山二十年，從學者百餘人。臨川縣令胡君亦堂聞其名，延之官舍年餘，意忽忽不自得，遂發狂疾，忽大笑，忽痛哭竟日。一夕，裂其浮屠服，焚之，走還會城，獨身猖佯市肆間。嘗戴布帽，曳長領袍，履穿踵決，拂袖翩躚，行市中，兒隨觀譁笑，人莫識也。其侄某識之，留止其家，久之，其疾良止。①

傳棨的顛病以康熙十九年（1680）焚毁浮屠衣最爲嚴重②，爾後還俗，從此書畫作品不再署名“傳棨”，改以驢、驢書、驢屋、八大等名爲款。《明遺民錄》載：“山人工書法，行楷學大令魯公，能自成家，狂草頗怪偉。亦喜畫水墨，芭蕉、怪石、花、竹及蘆雁汀鳧。然無畫家町畦，人得之爭藏，異以爲重。飲酒不能盡二升，然喜飲。貧士或市人、屠酤邀山人飲輒往，往飲輒醉，醉後墨瀋淋漓，亦不甚愛惜。”③

目前最早以“傳棨”署名的“題圖詩”爲臺北“故宮”博物館所典藏的

---

① （清）李桓輯，《國朝耆獻類徵》卷四百七十二《隱逸》十二。

② 吴同編，《八大山人年譜》，載《文人畫粹編・中國篇・八大山人》，中央公論社，1986年，144頁：臨川に留にること年余、冬、突如狂疾を僣し、僧を棄てて還俗し、臨川より故郷の南昌に帰る。南昌を離れてより三十五年、初めて家園に戻る。

③ 孫靜庵撰，《明遺民錄》卷四十六。

《傳棨寫生册》[①]，該畫册又名《蔬果册》，是傳棨三十四歲任進賢縣介岡燈社住持時所作，有題圖詩十一首。

之後是傳棨四十一歲於西湖精舍所作《墨花圖卷》[②] 有題圖詩四首，四十五歲和四十六歲定居奉新山所作《花卉圖卷》[③] 有題圖詩三首，以及在耕香院所作《題畫詩軸》[④] 一首，五十一歲到五十三歲爲《題夏雯看竹圖》[⑤]、《梅花圖册》[⑥] 和《箇山小像軸》[⑦] 作的八首題圖詩。

## 二、傳棨“題圖詩”二十七首

（一）《傳棨寫生册》[⑧] 題圖詩十一首，分別爲：

題畫西瓜

無一無分別，無二無二號。
吸盡西江來，他能爲汝道。

和盤拓出大西瓜，眼裏無端已著沙。
寄語土人休浪笑，撥開荒草事如麻[⑨]。

從來瓜瓞咏綿綿[⑩]，果熟香飄道自然。
不似東家[⑪]黄葉落，謾將心印補西天。

---

① 吴同編，《八大山人年譜》，載《文人畫粹編·中國篇·八大山人》，中央公論社，1986年，144頁：順治十六年（1659）己亥…十二月一日（西暦1660年1月12日）、傳世中もっとも早い“京庵”のための書画册十五葉を燈社で作り、僧款“傳棨”を署す（臺北故宮博物院藏）。

② 《墨花圖卷》目前藏於北京故宫博物院。

③ 《花卉圖卷》目前藏於北京故宫博物院。

④ 《題畫詩軸》目前爲美國華裔私人典藏。

⑤ 《題夏雯看竹圖》目前藏於上海博物館。

⑥ 《梅花圖册》目前藏於北京故宫博物院。

⑦ 《箇山小像軸》目前藏於南昌八大山人紀念館。

⑧ 《傳棨寫生册》，載《文人畫粹編·中國篇·八大山人》，中央公論社，1986年，145頁。

⑨ 事如麻或事丘麻：指從事農耕。

⑩ 瓞：小瓜；綿綿：指大瓜小瓜綿綿不絶，有子孫世代相繼綿綿無盡之喻。

⑪ 東家暗喻東解，指朱氏明王朝已如黄葉飄零同時也是作者自身的隱喻。

## 題畫芋

洪崖老夫①煨榾柮②，撥盡寒灰手加額。
是誰敲破雪中門③，願舉蹲鴟④以奉客。

## 水仙圖對題自跋

己亥七月旱甚，灌園長老⑤畫一茄一菜，寄西村居士⑥云："半疄⑦茄子半疄蔬，閒翦秋風共苾芻⑧。試問西邨王大老，盤飧⑨拾得此莖無。"西村展玩，飯噴滿案。南昌劉漪岳聞之，且欲索予《花封三嘯圖》，余答以詩云："十年如水不曾疏，欲展家風事事無。惟有荒園數莖葉，拈來笑破嘴盧都。"劉漪岳索三嘯不聽。十二月松門大雪，十指如槌，三兩禪和煮菜根，味頗佳，因念前事，爲京庵兄作數莖葉於祝釐上，可謂驢揀溼處尿，熟處難忘也。然京庵日待維摩方丈，知南方亦有此味，西方亦有此味，窮幽極渺，以至於卒地折，嚗地斷，又焉知三月不忘肉味哉！誠恐西村漪岳兩個没孔鐵槌依樣畫葫蘆爾。灌園長老題。

---

① 洪崖：江西新建縣，又名伏龍山，相傳爲洪崖於此修煉飛仙，故以此命名。洪崖老夫：作者自喻。

② 榾柮：柴頭，短小的木頭。

③ 雪中門：禪宗公案，（宋）悟明集，《聯燈會要》，《卍新纂續藏經》第 79 册，192 頁：洪州雲居道膺禪師，師問雪峰：門外雪消也未？峰云：一片也無，消箇甚麼？師自云：消也。

④ 蹲鴟：大芋頭的别稱，因狀似蹲伏的鴟鳥而得名。

⑤ 灌園長老：傳棨自號。

⑥ 西村居士：即王大老，資料不詳。

⑦ 疄：田壟。

⑧ 苾芻：比丘。

⑨ 盤飧：盤中食物。

①

## 題畫墨花

尿天尿床②無所説，又向高深闢草萊③。
不是霜寒春夢斷，幾乎難辨墨中煤④。

## 題畫梅

碧蓮花⑤競雪天開，又道寒巖放早梅⑥。
大抵春回俱一致，只教迸散白雲堆。

## 題畫奇石圖

擊碎虛彌⑦腰，折卻楞伽⑧尾。
渾無斧鑿痕，不是驚鬼神。

---

① 《傳棨寫生册》，載《文人畫粹編·中國篇·八大山人》，中央公論社，1986年，12頁。

② 在禪宗公案中有“佛殿堦前狗尿天”“開眼尿床”“不可青天白日尿床”等公案，因此“尿天”“尿床”都是參禪的公案用語。

③ 闢草萊：人死後埋在草萊中。

④ 墨中煤（梅）是藉喻，其喻有三，一指明崇禎皇帝於甲申年三月十九自縊於宮後之煤山；次指黑暗朝廷中的惡人；三指清廷本身黑如墨，而賣身投靠清廷的殘存者有如墨中之煤（梅）。

⑤ 碧蓮花：青蓮花，蓮花原爲夏季開花，冬季枯萎，而此蓮花獨於雪天開放，有孤高、不畏嚴寒險峻的品格，與梅花相擬。

⑥ 又道寒巖放早梅：希望寒梅早開，作者對故國仍懷抱一絲希望。

⑦ 虛彌：指虛彌山，位於南瞻部洲。

⑧ 楞伽：獅子國中山名。

### 自題

月自不受晦，澹烟蒙亦好。
俯仰瞷晴軒，籬恨空皎皎。
此時世上心，所習惟枯槁。
誰解惜其花，長夏恣幽討?

### 自題

三五銀箏興不窮，芙蓉江上醉秋風。
于今邈抹①渾無似，落草②盤桓③西社④東。

（二）《墨花圖卷》題圖詩⑤

### 題墨花圖卷

蕉陰有茗浮新夢，山靜何人讀異書。

### 題墨花圖卷

拋出金彈兒，博得泥彈休⑥。
不似叢林槵⑦，顢頇易兩眸。⑧

---

① 邈抹：隨意塗抹。

② 落草：爲政權所不容而隱身草野之人。

③ 盤桓：滯留不進。

④ 西社：指進賢介岡燈社，介岡在邑西五十里，故稱西舍。傳綮三十四歲在燈社作《傳綮寫生册》。

⑤ 參《文人畫粹編·中國篇·八大山人》，144–145 頁。

⑥ 金彈兒與泥彈對舉，“金彈兒” 即古人所稱之 “枇杷”，因此是一種抽象之隱喻。

⑦ 叢林：爲僧衆修行的道場；槵：爲菩提子，或稱無槵子，其果堅實，修行人用綫串起即爲修行用之佛珠。叢林槵：指僧人修行用之念珠。

⑧ 顢頇：指愚昧不明事理。眸：眼睛，指能明白洞察事理之眼。

### 題墨花圖卷

洵是靈苗茁有時①，玉龍②搖曳下天池③。
當年四皓④餐霞⑤未，一帶雲山展畫眉⑥。

### 題墨花圖卷

月色和白雲，松聲帶露寒。

（三）《花卉圖卷》題圖詩三首⑦

### 題桃花

天下豔花王⑧，圖中推貴客⑨。
不遇老花師⑩，安得花傾刻⑪。

### 繡球花

粉蕊何能數⑫，盤英絶似球⑬。
好將冰雪意⑭，寄語到東甌⑮。

---

① 洵：果然真實之意。

② 玉龍：玉雕之龍，用以比喻飛龍在天。

③ 天池：莊子寓言中的南溟大海。

④ 四皓：隱居商山的四位高逸老人，因四位隱者鬚眉皆白，故稱四皓。

⑤ 餐霞：道家修煉之術，古有“呼吸沆瀣兮餐朝霞”，也就是服食朝霞以養生。舊時稱道士或仙人爲餐霞子。

⑥ 一帶雲山：陝西商縣東之商山。畫眉：女子畫眉是爲了展現風姿，這裏的展眉是藉喻，用來説明雲山之美。

⑦ 參《文人畫粹編·中國篇·八大山人》，144-145頁。

⑧ 豔花王：指桃花，花中最爲嬌豔者。

⑨ 圖中推貴客：桃花在畫中獨特之地位。

⑩ 老花師：指知遇者，也就是桃花的美需有愛花人、賞花人、畫花人，方能知桃花的美豔與芬芳。

⑪ 安得花傾刻：指桃花短暫的開放，此處言若桃花得以短暫地開放，主要是因爲得遇畫桃花之人。

⑫ 粉蕊何能數：指帶有花粉的花蕊無以計數。

⑬ 盤英絶似球：指小花盤繞集成球花。

⑭ 冰雪意：指純潔至誠的心意。

⑮ 東甌：浙江溫州别稱。推測指東南沿海鄭成功抗清活動的區域。

牡丹

聞道禁苑①黄②，姚家稱別品③。

如何新紫花④，深黑如墨瀋⑤。

（四）《題畫詩軸》一首⑥

爲孟伯書七絕

青山白社⑦夢歸時，可嘆前身是畫師。

記得西陵⑧煙雨後，最堪圖取大蘇詩⑨。

（五）《題夏雯看竹圖》⑩

題夏雯看竹圖

食無肉，居無竹可乎？未審相鶴亭前有此萬竿否？“疏影橫斜，暗香浮動”之句，在木文篔簹谷中，更爲剩語。

---

① 禁苑：皇家苑囿，常人禁止進入。

② 黄：指“姚黄”，宋人姚姓人家所培養出的千瓣黄花，即後來所稱之牡丹花。

③ 別品：堪稱特殊的品種。

④ 紫花：指千瓣紅花，與姚黄齊名，並稱姚黄魏紫。新紫花：有諷刺新貴的意思。

⑤ 墨瀋：墨汁。

⑥ 吴同編，《八大山人年譜》，載《文人畫粹編·中國篇·八大山人》，中央公論社，1986年，144頁。

⑦ 白社：古隱士之居以白茅爲廬，因名白社，後指隱者所居之處。

⑧ 西陵：渡口名，浙江蕭山縣西，本爲固陵，相傳春秋時越范蠡在此築城，六朝時名爲西陵。

⑨ 大蘇：宋朝詩人蘇軾。

⑩ 參《文人畫粹編·中國篇·八大山人》，144-145頁。

（六）《梅花圖册》二首①

### 題梅花圖册

三十年②來處士③家，酒旗風裏一枝斜。
斷橋荒蘚無人問，顏色於今似杏花④。

### 題梅花

壑泉⑤窅⑥無人，水碓舂空山。
米熟⑦醒不知，溪流日潺潺。

（七）《箇山小像軸》四首⑧

### 戊午中秋自題

没毛驢，初生兔。
㔉破面門，手足無措。
莫是悲他世上人，到頭不識來時路。
今朝且喜當行，穿過葛藤露布⑨。咄！

---

① 參《文人畫粹編·中國篇·八大山人》，144-145 頁。

② 三十年：言明亡國三十年。

③ 處士：古之所謂處士者，德盛者也。故古時稱有才德隱居的人爲處士。宋朝林逋（967-1028）長期隱居孤山，二十年不入城市，種梅養鶴，人稱“梅妻鶴子”，死後號“和靖先生”。

④ 杏花：有自我肯定之意，取“春色滿園關不住，一枝紅杏出牆來”詩意。

⑤ 壑泉：山壑中的泉水。

⑥ 窅：深遠幽靜。

⑦ 米熟：“米熟也未”語出《六祖壇經》，是五祖弘忍與惠能的禪機，《六祖大師法寶壇經》：次日，祖潛至碓坊，見能腰石舂米，語曰：求道之人，爲法忘軀，當如是乎！乃問曰：米熟也未？惠能曰：米熟久矣，猶欠篩在。祖以杖擊碓三下而去。見《大正新脩大藏經》第 48 册，349 頁。

⑧ 子豆輯，《八大山人詩鈔》，上海人民出版社，1981，10-11 頁。

⑨ 葛藤：皆爲蔓草植物，用來比喻糾纏牽連的關係。露布：古代戰勝報捷的文書不需要封緘，故稱露布。

### 中秋後二日又題

黃蘗①慈悲且帶嗔，雲居惡辣翻成喜。
李公天上石麒麟，何曾邈得到你？
若不得个破笠頭遮卻，叢林一時嗔喜何能已？

### 中秋後二日又題

雪峰②從來，疑箇布衲。
當生不生，是殺不殺。
至今道絶韶陽，何異石頭路滑？
這梢郎子③，汝未遇人時，没傝㒟。④

### 再題

生在曹洞臨濟有，穿過臨濟曹洞⑤有。
曹洞臨濟兩俱非，羸羸然若喪家狗。
還識得此人麽？羅漢道：底。

（八）《題畫扇》⑥

### 題畫扇七絶

西江秋正月輪孤，永夜焚香太極圖。
夢到雲深又無極，如何相伴有情夫？

---

① 黃蘗，指黃蘗禪師，中國禪宗臨濟宗祖，有公案傳世，參《大正藏》第48册《緇門警訓》卷七。

② 雪峰，指雪峰義存，中國禪宗法眼宗祖。有僧傳和公案傳世。參《卍續藏》第66、79、80册，《宗門拈古彙集》卷二十八、《聯燈彙要》卷二十三、《五燈會元》卷七。

③ 梢郎子，指末代子孫。

④ 没傝㒟，推測爲江西南昌方言。

⑤ 臨濟曹洞，指中國禪宗五大宗派的臨濟宗和曹洞宗。此指傳棨曾參學於禪門二大派。

⑥ 參《文人畫粹編·中國篇·八大山人》，144-145頁。

## 三、禪詩裏的情與愛

### （一）“題圖詩”與“瓜”分下的淡淡哀愁

在《傳棨寫生册》第一頁是一幅西瓜圖，畫面上是兩顆無根的大西瓜，以一前一後相依的景深爲構圖。無根的西瓜在畫僧筆下所傳達的是無依的生存困境。畫面中由右至左有題圖詩三首，此三首題圖詩不僅表現出畫僧傳棨對於失根的文化創傷，同時也是他亡國屈辱的心境寫照。

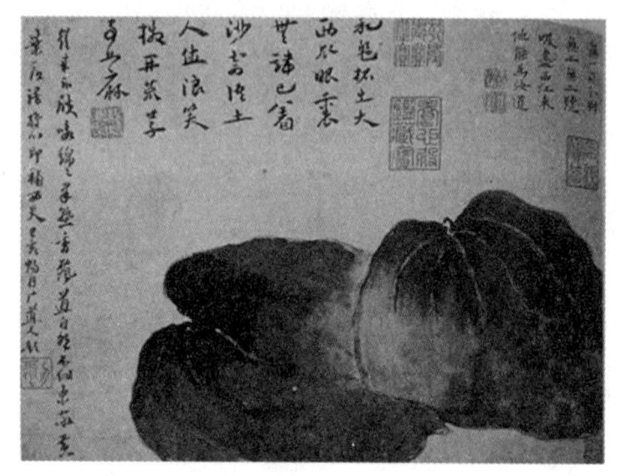

西瓜圖

上圖爲《傳棨寫生册》中的西瓜圖①，三首題圖詩雖不見“亡國”二字，卻在“和盤拓出大西瓜”的題畫詩句裏寫下“江山異主”“改朝换代”的既定事實和感慨，以至於對前朝往事也衹能以“眼裏著沙”無聲的眼淚望世人莫笑。

此外，傳棨在題畫西瓜之二“從來瓜瓞咏綿綿”的詩句中，表現出自我殘喘苟活的無奈。“瓜瓞綿綿”一語出自《詩經·大雅》，“瓞”是小瓜，“綿綿”是連續不斷，“綿綿瓜瓞”是指周國歲歲相繼不絶如瓜瓞，周國後輩子孫繁衍、世代昌盛。《幼學瓊林》中也説：“可愛者，子孫之多若螽斯之蟄蟄；堪羡者，後人之盛如瓜瓞之綿綿。”

因此，“瓜瓞”就傳棨而言是一個“家國”的情感投射與心靈圖像，其筆下的“西瓜”是不認同新政權的亡國象徵，傳棨藉由“綿綿瓜瓞”導引出過去自己的美好記憶，並且藉昔日的美好影射出當前的困頓。而“不似東家黄葉落”也折射出自己亡國隱遁的文化創傷，詩句中的“東家”有“東陵瓜”的隱喻，

---

① 《傳棨寫生册》，載《文人畫粹編·中國篇·八大山人》，中央公論社，1986 年，1 頁。

“東陵瓜”① 也稱“青門瓜”，原是指秦東陵侯召平在秦亡後回歸平民，並在長安城東種瓜爲生，因所種之瓜甚美，故稱“東陵瓜”。由於舊時長安城之東南門色青，所以有“青門”之稱，因此“東陵瓜”又稱爲“青門瓜”。

傳棨藉“東陵瓜”的隱喻和“從來瓜瓞咏綿綿，果熟香飄道自然”的詩句來喚醒自己在文化裏的傷痛，並且藉東陵侯亡國爲民善種瓜之喻，再次勾勒出自己出家爲僧的無奈，而這種無奈感最終也只能將自己投入“禪”的無言中。

所以，題畫西瓜“無一無分別，無二無二號”乍看似乎爲禪語、禪意，不過禪喻裏的“空”對作者來説不僅僅是禪理空性的辯證，或許也可以解讀爲作者文化情感的出口。正如傳棨在題圖詩中引用禪宗公案“吸盡西江來，他能爲汝道”② 裏的“禪機”來説明自我對世間的“頓悟”，這裏的“空”代表了他“人去樓空”的文化傷痛。

③

傳棨晚年還俗後的作品《花果册》④ 中也有類似的題畫瓜詩，不過這時候的題圖詩作品卻顯得更加悲淒⑤。詩裏藉“中原已瓜剖”寄語亡國之情，道出亡國遺民回不去的無奈，以及夾縫求生的生活窘境。

也許身爲遺民的傳棨更真心希望成爲一位被遺忘的隱士而不是前朝遺民，因

---

① 《史記》：“召平者，故勤東陵侯。秦破，爲布衣，貧，種瓜於長安城東，瓜美，故世俗謂之東陵瓜，從召平以爲名也。”

② 襄州龐居士問馬祖道一：“不與萬法爲侶者是甚麼人？”馬祖道一回答：“待汝一口吸盡西江水即向汝道。”後來，龐居士於言下頓悟玄旨。

③ 《花果册》之一，上海博物館藏品，《漸江、髡殘、石濤、八大山人四僧畫集》，天津人民出版社，1991 年，86 頁。

④ 上海博物館主編，《上海博物館藏四高僧畫集》，上海人民出版社，1987 年，88 頁。

⑤ 《花果册·秋瓜圖》：“咄咄黄臺詞，哀哀青門叟。引曼灌青泉，鉏之不盈畝。自問瓠落林，風霜可耐久。秋雨漬中田，嘉種何亦有？根蒂本無餘，隕實大於斗。枵然腹中空，霜皮老逾黝。尚以衰朽姿，煩爾寫生手。擲筆慟餘生，中原已瓜剖。季髯。”

此，我們可以在前述三首題畫西瓜的題圖詩裏發現，傳棨在禪的意境中逐漸消解了出家爲僧的哀愁，並且在禪的頓悟中接受了亡國的無奈。

（二）“農禪”的生命基調與再現

順治年間，畫僧傳棨於容庵禪師處薙染，後來於弘敏禪師處受持曹洞宗衣缽，並在丁酉年間執拂稱宗，因此我們在《傳棨寫生册》以及相關的題圖詩裏可以嗅到畫僧傳棨“農禪”的生命基調，我想這是一種甘於平淡的心。

①

**題畫芋**

傳棨在生命經驗中背負了爲數不少的負面情緒，不過在相關題圖詩裏，傳棨卻以“月自不受晦”自比，以“明月”皎潔之心表達自己不爲物宥的心態。所以，我們可以在傳棨的題圖詩裏看到田園生活的端倪。

在題畫芋的詩中，傳棨就自詡爲“洪崖老夫”，詩中“洪崖老夫煨榾柮”“願舉蹲鴟以奉客”架構出隱居深山的“洪崖老夫”爲雪天中的訪客烹調“蹲鴟”大竽頭的畫面。畫面中“蹲鴟”結合題圖詩裏洪崖老夫燒材、烹煮的意象，所勾勒的不只是一幅靜態的農園景致，還有傳棨在“農禪”裏的生命律動。

另外，水仙圖也同樣傳遞出傳棨在田園裏的農禪生活，題圖詩裏傳棨自稱“灌園長老”，畫中的“一茄一菜”和詩裏所耕耘的“半疄茄子”“半疄蔬菜”“荒園莖葉”都是通過詩、書、畫建構出來的田園意象，而這樣的“象外之意”也是傳棨真實“農禪”生活的再現，同時也是互文修辭的美學表達。

（三）“題圖詩”裏的“花非花”

“題圖詩”裏的“花草”是傳棨在“詩畫”裏傳達的另一種心靈圖像，也是自我心靈的投射與情感寄託。傳棨題圖詩裏的“花”是真實的花，不過真實的

① 《傳棨寫生册》，《文人畫粹編・中國篇・八大山人》，中央公論社，1986年，5頁。

花卻有著喻意深遠的“非花”之意，因此，“花非花”是傳棨的心靈符號與情感象徵。

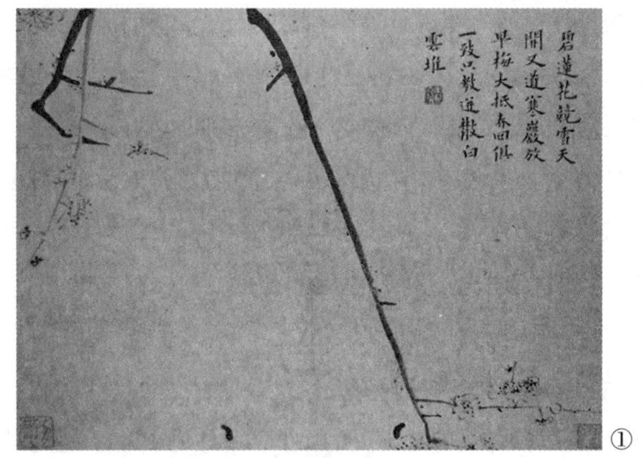

①

**題畫梅**

《傳棨寫生册》題畫梅有“碧蓮花競雪天開”，詩中的“蓮花”本來有“出淤泥而不染”的特性，傳棨將之比喻爲嚴寒中的“梅花”，因此畫面中的寒梅和詩句中的夏荷對舉，詩、畫共構所傳達出的喻意是非時而開的“蓮花”猶如“寒梅”，這是一種“困境”的隱喻，也是一種艱忍不拔的精神象徵。

“碧蓮花競雪天開”充分表現了傳棨身爲“遺民僧”不爲時所困、清高孤潔的人格，並且在“大地春回”的期待中傳達出對反清復明的一絲希望。

此外，《花卉圖卷》三首桃花、牡丹、繡球花的題圖詩是傳棨四十五歲的作品，三首花卉的題圖詩營造出“花非花”的意象，同時也是作者對世間的感慨。

題桃花的“天下豔花王”道出桃花雖豔冠群芳，但須有愛花人所識，若不爲人所賞識也只能枉然貴爲群芳首。詩中的“不遇老花師，安得花傾刻”有言志之意，然而究竟誰是老花師？誰是愛花人？只有傳棨自知，而“不知”“不遇”誰是老花師的背後可以清楚地知道傳棨身爲舊王孫的落寞。

另外，傳棨也在題牡丹詩中引用“姚黄魏紫”的明典暗喻改朝换代的悲痛。我們都知道“牡丹”是群花之王，在宋代，洛陽有兩種名貴的牡丹花品種，分别出于姚家和魏家，姚家的千葉黄花稱爲“姚黄”，魏家的千葉紫花則稱爲“魏紫”。傳棨以“姚黄”喻前朝王孫，“魏紫”喻新王朝、新政權。詩中以“深黑

---

① 《傳棨寫生册》，《文人畫粹編 · 中國篇 · 八大山人》，中央公論社，1986 年，13 頁。

如墨瀋”暗喻清政權的黑暗，點出傳棨在改朝換代下對於新政權的痛恨。

另外，在繡球花題畫詩中，傳棨用“粉蕊何能數，盤英絶似球”的詩句强烈地表達出待機復國之心。他以細數不盡的小花暗喻前朝遺民，以“好將冰雪意，寄語到東甌”説明福建閩南沿海有志之士與前朝遺民復國心切。

不過傳棨的反清復明之心卻在時間的慢磨中消磨殆盡，特别是《梅花圖册》的兩首題梅花詩是傳棨五十二歲的詩作，詩中他用“三十年來處士家”表達了對自己亡國飄零三十年的無奈。在亡國與復國的矛盾中，他也慶幸自己能在林泉野壑中獲得隱遁，間接傳達出了對於復國的徹底絶望。

（四）“自畫像”中的失意與嘲諷

傳棨在爲孟伯書七絶寫的題圖詩裏，以“青山白社夢歸時，可嘆前身是畫師”自喻爲“畫師”。不過後來在《箇山小像軸》的四首題圖詩中他便不再以“畫師”自詡，反而在“自畫像”中以更强烈的文字嘲諷自己。

《箇山小像軸》是傳棨五十三歲的作品，也是傳棨佯狂顛病發作前的作品。四首作品的内容引用了不少禪宗的典故，在公案典故的背後更多是在表達對自己的不滿和解嘲。如題箇山小像之戊午中秋中以“没毛驢”自稱，“没毛驢”一語原是出自禪宗公案，據燈録的記載，有襄州洪進禪師問衆學僧“古人有甚麼言句大家商量”，學僧中有位漪上座正替大衆舉問，禪師道“這没毛驢”，刹那間漪上座因禪師所言頓然醒悟①。

不過傳棨的“没毛驢，初生兔。嫠破面門，手足無措”即破題自言“喪國破相”。“没毛驢”的隱喻明言自己在亡國三十年的當下，對於國仇家恨仍然手足無措，對於不得已苟活的歲月僅能以“没毛驢”自稱、自嘲。

也許“没毛驢”的嘲諷能讓傳棨稍稍消解無力救國的罪惡感，也許“没毛驢”的嘲諷是一種回不去的自我醒悟。所以在題箇山小像之戊午中秋自題中，他以“今朝且喜當行，穿過葛藤露布”竊喜自己置身方外，並引用禪宗公案語言

---

① 《卍新纂續藏經》第80册，《五燈會元》卷八，180頁：襄州清溪山洪進禪師，僧問：“衆盲摸象，各説異端，忽遇明眼人又作麽生？”師曰：“汝但舉似諸方。”師經行，次衆僧隨從，乃謂衆曰：“古人有甚麼言句，大家商量。”時有從漪上座出衆擬問次。師曰：“這没毛驢。”漪涣然省悟。

“葛藤露布”① 説出自己已脱離新仇舊恨的糾葛。

除了以“没毛驢”自嘲外，傳棨在題箇山小像之再題中再以“羸羸然若喪家之狗”自喻。“羸羸然若喪家之狗”語出《史記·孔子世家》：“其肩類子產，然自要以下不禹三寸，纍纍若喪家之狗。”

“喪家之狗”傳達出傳棨無家可歸和出家爲僧的困頓，不管是臨濟門下也好，立宗於曹洞也好，佛門裏的糾結讓傳棨更加的茫然。所以題箇山小像之再題的語末，他用“還識得此人麽?”作爲尋找自我的參悟，而他在大時代中的驚慌失措，以及無家可歸的困境，終究衹能是無解的反問。

**結論**

我們在畫僧傳棨二十七首題圖詩裏可以發現，題圖詩是美學中詩、書、畫互相交疊出的互文修辭表現結構之一，也是傳棨在文化中的一種象徵記憶與符號。

因此，在詩、書、畫互文修辭的美學結構中，畫僧傳棨在瓜果、花卉乃至自畫裏的題圖詩不斷地通過文化的創傷來揭示自我，並在今與昔的傷痛中勾勒出對過去美好的文化記憶。

傳棨筆下的題圖詩是他悲劇生命經驗的寫照，以及對他過去歲月的文化重構，“詩畫”底下的“情”與“愛”成爲遺民僧傳棨召喚自我文化的重要符號，同時也是其自我主體存在的意義與價值象徵。

不過比較可惜的是，喪國的包袱終究無法讓傳棨抵抗自己内心的掙扎，其題圖詩裏的弦外之音和異化行爲並没有讓他在“禪”的生命界裏找到自我安身立命之處。

---

① 《卍新纂續藏經》第79册，《嘉泰普燈錄》卷二十一，416頁：潭州道林淵禪師，上堂曰：“節近端午，乍晴乍雨，帶累達磨眼睛，特地和泥合土。二祖不會承當，雪庭枉受辛苦。引得後代兒孫，各自開張門户。或放南山毒虵，或作玄沙猛虎。雪峰連輥三毬，禾山一味打鼓。山僧檢點將來，盡是葛藤露布。爭如喫飯著衣，此外更無佛祖。畢竟如何？阿嫂便是大哥妻，師姑元是女人做。”

# 論《明清畫僧集粹》的畫僧與繪畫藝術①

**摘要**：本論文主要分爲三大部分：首先是關於明清畫僧的概況説明，其中包括明清畫僧的收集范圍和編輯體例；其次是針對畫僧、繪畫體裁、繪畫師承、繪畫技法進行統合、歸納、分析；最後，針對明清畫僧的繪畫特質進行審美感通與繪畫創作的闡釋。

**關鍵字**：禪畫；畫僧；畫錄；畫僧集粹

## 一、《明清畫僧集粹》與“畫僧”

### （一）文本集成

《明清畫僧集粹》網羅了明清之際的“畫僧”和“畫錄”，所收集到的文獻，包括《讀畫錄》《御定佩文齋書畫譜》《明畫錄》《國朝畫徵錄》《國朝畫徵續錄》《畫友錄》《履園畫學》《墨梅人名錄》《國朝畫識》《墨香居畫識》《墨林今話》《甌鉢羅室書畫過目考》《寒松閣談藝瑣錄》《國朝書畫家筆錄》《嶺南畫徵略》《清畫家詩史》等“畫錄”中所記載之“畫僧”，並通過文獻的編輯、點閲、校勘，進而建構出“明清畫僧”的發展雛型。

### （二）文獻範圍

關於《明清畫僧集粹》所蒐錄的文本範圍分別爲：

《讀畫錄》成書於康熙年間，作者周亮工，内容詳述明末清初畫家傳記約一百四十人左右，其中收入畫僧三人。

《御定佩文齋書畫譜》作者孫岳頒，成書於康熙四十七年，内容詳述書畫家之傳記、引證文獻，其中卷五十八收錄明清畫僧二十九人。

《明畫錄》爲徐沁所撰，全書八卷，内容主要參考《畫史會要》而成，共記

① 本文曾發表於2018年6月臺灣佛光大學佛學研究中心第二屆“近世東亞佛教文獻和研究”國際學術研討會。

載明代畫家八百餘人，是一部成書於康熙年間的明代畫史畫傳，文中收錄山水名僧十一人，花鳥名僧二人，墨竹名僧二人，墨梅名僧一人，蔬果名僧二人。

《國朝畫徵錄》和《國朝畫徵續錄》作者皆爲張庚，《國朝畫徵錄》成書於康熙六十一年至雍正十三年，原書三卷，收錄清代畫家四百餘人，是清代畫家傳記資料的彙編，下卷收錄清畫僧十四人，爾後有《國朝畫徵續錄》二卷，卷下收錄畫僧九人。

《畫友錄》作者爲乾隆年間進士黄鉞，成書時間不詳，收錄清畫僧二人。

《履園畫學》作者爲錢泳，成書時間不詳，收錄畫僧三人。

《墨梅人名錄》作者爲童翼駒，成書於乾隆年間，全書以《圖繪寶鑑》和《畫史會要》爲底本，收錄歷代畫梅名家一百餘人，其中收錄明代畫梅名僧三人。

《國朝畫識》作者爲馮金伯，全書十七卷，收錄清初至乾隆末年九百餘名畫家傳記，其中，卷十四爲《方外》畫家，收錄明清畫僧六十九人。

《墨香居畫識》作者同様爲馮金伯，全書十卷，收錄明清畫僧十四人。

《墨林今話》作者爲蔣寶齡，全書十八卷，成書於道光年間，收錄乾隆至道光年間江浙一帶書畫家千餘人，其中收錄畫僧十四人。

《甌鉢羅室書畫過目考》四卷，作者爲李玉棻，成書於光緒年間，全書收錄清代畫家近千人，附卷收錄畫僧十四人。

《寒松閣談藝瑣錄》六卷，成書於光緒年間，作者張鳴珂乃續《墨林今話》而成，收錄咸豐至光緒年間名畫家三百餘人，其中卷六收錄畫僧七人。

《國朝書畫家筆錄》四卷，成書於宣統年間，作者竇鎮，卷一收錄還俗畫僧一人，卷四方外附錄收錄明清畫僧二十七人。

《嶺南畫徵略》十二卷，作者汪兆鏞，收録廣東地區善畫者四百餘人，卷十一方外收錄明清畫僧二十七人，女畫僧二人。

《清畫家詩史》二十卷，李濬之編撰，全書收錄清畫家二千餘人，《清畫家詩史》壬下收錄明清畫僧六十四人。

(三)“畫僧”的意義

筆者對明清文獻中的“畫僧”原是一個充滿美好、超凡、浪漫多元而複合的想象，然而，在卷帙浩繁的校勘中卻愕然發現，明清文獻中的“畫僧”其實比想象中更爲複雜，而從文獻的記載來看，“畫僧”也不是僅止於單純的宗教與繪畫的交涉，有的詩畫並進，有的金石並進，有的與吟詠琴藝並進。因此，從藝術創作與生命的感通上來説，畫僧可以説是一個具有宗教情懷以及結合詩、書、畫、琴、金石等多元藝術創作於一身的宗教藝術創作者。

從另一個角度來説，明清之際的畫僧也是一個時代以及個別生命的寫照。從宏觀的時代背景來説，明末清初的畫僧有不少是明末遺民或是舊王孫之後，他們在世代更迭中選擇逃禪爲僧，遁隱山林，寄情筆墨。在出世與入世的生命軌迹中，明清畫僧有的因不明原因瘋狂而餓死，有的因恩賚優渥而三賜紫衣，有的因畫成名而揮霍千金，有的以畫做佛事，募款修葺寺院，有的因畫開宗立派，成爲“禪畫”“畫禪”獨特的佛教文化。

因此，從繪畫的創作動機來説，明清畫僧的繪畫創作就更顯復雜而多元。從大時代的外在條件上來説，也有頗多畫僧的際遇令人哀憐。以下將針對明清畫僧、畫類、畫技進行文獻統計。

## 二、明清畫僧之畫類與畫法統計

《明清畫僧集粹》的豐富文獻資料記載了明清畫僧繪畫的師法傳承、畫技、畫法、畫風。本文將相關文獻以列表方式，根據原文出處，依繪畫類别、師承進行統計與歸納。

（一）明畫僧與繪畫統計表

| 出處 | 僧名 | 繪畫類别 | 繪畫師承・畫法 |
|---|---|---|---|
| 《國朝畫徵録》卷下<br>《國朝畫識》卷十四<br>《御定佩文齋書畫譜》卷五十八 | 覺徵・白漢① | 山水 | 細皴重染 |
| 《明畫録》卷五 | 大澍 | 山水 | 師沈充，蒼秀入神 |
| 《御定佩文齋書畫譜》卷五十八<br>《明畫録》卷五 | 日章 | 山水 | 山水學唐子華 |
| 《墨梅人名録》<br>《御定佩文齋書畫譜》卷五十八 | 玉庭 | 墨梅 | |
| 《明畫録》卷七 | 可浩 | 葡萄 | 枝葉俱有生氣 |
| 《讀畫録》卷二 | 石谿 | 山水 | 奥境奇闢，<br>綱逸幽深，<br>創無煙火氣 |

① 覺徵，字省也，號白漢。《國朝畫徵録》卷下和《國朝畫識》卷十四《方外》的記載爲“覺徵”，《御定佩文齋書畫譜》卷五十八記載爲“白漢”。

**續表**

| 出處 | 僧名 | 繪畫類别 | 繪畫師承・畫法 |
|---|---|---|---|
| 《讀畫錄》卷二<br>《清畫家詩史》壬下<br>《國朝畫徵錄》卷下<br>《甌鉢羅室書畫過目考》附卷<br>《國朝書畫家筆錄》附錄 | 漸江<br>弘仁(宏仁)① | 山水 | 山水師雲林，<br>初學一峰，<br>晚法雲林。<br>初師宋人，爲僧後悉變爲元人一派，於倪、黄兩家尤爲擅長。<br>層厓陡壑，<br>偉峻沉厚 |
| 《明畫錄》卷五<br>《御定佩文齋書畫譜》卷五十八 | 朴中(釋華)② | 山水 | 畫山水師戴璡 |
| 《國朝書畫家筆錄》卷一 | 朱耷 | 山水、花鳥、竹木 | |
| 《明畫錄》卷七 | 如曉 | 墨竹 | 運筆有法 |
| 《御定佩文齋書畫譜》卷五十八 | 戒襄 | 雲山、兼善蘭竹 | 幼得事文徵仲 |
| 《墨梅人名錄》<br>《御定佩文齋書畫譜》卷五十八 | 妙琴 | 畫梅、畫牛 | |
| 《明畫錄》卷五<br>《御定佩文齋書畫譜》卷五十八 | 昇 | 山水、竹石枯木、水仙 | 山水宗倪雲林，澹遠有致 |
| 《御定佩文齋書畫譜》卷五十八 | 草庵 | | |
| 《明畫錄》卷六<br>《御定佩文齋書畫譜》卷五十八 | 律天如 | 蘭蕙竹石 | 師日南③ |
| 《明畫錄》卷五 | 炤遠 | 山水 | 仿宋元人法，<br>水蒼翠秀澤 |
| 《御定佩文齋書畫譜》卷五十八 | 笑印 | 葡萄 | |
| 《御定佩文齋書畫譜》卷五十八 | 海湛 | | 畫法蕭閒簡澹 |
| 《明畫錄》卷六 | 海懷 | 牡丹 | 工淡墨欹斜縱筆點染 |
| 《御定佩文齋書畫譜》卷五十八 | 通上人 | 善畫釋 | |
| 《國朝畫識》卷十四 | 雪箇 | 寫意花卉 | 善能用墨點綴 |

① 弘仁與宏仁爲同一人。《清畫家詩史》壬下和《國朝畫徵錄》卷十下記載爲“弘仁”，《甌鉢羅室書畫過目考》附卷、《國朝書畫家筆錄》附錄記載爲“宏仁”。

② 朴中，俗姓華，名朴，出家後名“朴中”。

③ 日南，明僧，又稱爲日南昇，擅長音律與繪畫。

續表

| 出處 | 僧名 | 繪畫類别 | 繪畫師承・畫法 |
|---|---|---|---|
| 《御定佩文齋書畫譜》卷五十八<br>《明畫錄》卷七 | 雪心 | 墨梅 | |
| 《國朝書畫家筆錄》附錄<br>《御定佩文齋書畫譜》卷五十八<br>《明畫錄》卷五 | 常瑩 | 葡萄<br>山水<br>善摹褚河南 | 畫山水，兼宋、元諸家用淡墨乾皴，<br>筆墨流麗 |
| 《御定佩文齋書畫譜》卷五十八 | 寂瀾 | 人物 | |
| 《御定佩文齋書畫譜》卷五十八 | 超上人 | 墨菊 | |
| 《御定佩文齋書畫譜》卷五十八 | 雄鑑 | | |
| 《明畫錄》卷五 | 欽義 | 山水<br>梅 | 山水橅倪雲林，<br>寫梅得逃禪老人意 |
| 《明畫錄》卷五 | 普 | 山水 | 山水學趙吴興 |
| 《御定佩文齋書畫譜》卷五十八 | 普大雲 | 水仙 | 畫水仙學趙子固筆法 |
| 《清畫家詩史》壬下<br>《甌鉢羅室書畫過目考》附卷<br>《國朝書畫家筆錄》附錄<br>《國朝畫識》卷十四<br>《國朝畫徵續錄》卷下 | 道濟 | 山水兼工竹石梅蘭 | 王翚爲第一作手 |
| 《御定佩文齋書畫譜》卷五十八 | 湛一 | 人物 | |
| 《國朝書畫家筆錄》附<br>《國朝畫識》卷十四<br>《清畫家詩史》壬下<br>《甌鉢羅室書畫過目考》附卷<br>《國朝畫徵錄》卷下 | 髡殘 | 山水 | 筆墨蒼莽高古，<br>深得元人大家之旨。<br>筆墨高古，<br>設色清湛，<br>誠元人勝概 |
| 《御定佩文齋書畫譜》卷五十八 | 解如 | 山水 | 學二米、雲山 |
| 《御定佩文齋書畫譜》卷五十八 | 福懋 | 山水 | 畫學倪迂 |
| 《御定佩文齋書畫譜》卷五十八<br>《明畫錄》卷五 | 碧峰 | 山水 | 山水法彭元中 |
| 《明畫錄》卷七<br>《御定佩文齋書畫譜》卷五十八 | 廣禮 | 墨竹 | 墨竹得陳芹之法，<br>陳子野授以畫竹之法① |

① 陳芹，即陳子野。

續表

| 出處 | 僧名 | 繪畫類別 | 繪畫師承 · 畫法 |
|---|---|---|---|
| 《明畫錄》卷五<br>《御定佩文齋書畫譜》卷五十八 | 端 | 山水 | 山水宗米襄陽父子 |
| 《御定佩文齋書畫譜》卷五十八 | 墨生 | 山水 | 畫仿梅沙彌 |
| 《明畫錄》卷七<br>《御定佩文齋書畫譜》卷五十八 | 曉庵 | 水墨葡萄 | |
| 《明畫錄》卷五<br>《御定佩文齋書畫譜》卷五十八 | 龍 | 善畫龍水 | |
| 《御定佩文齋書畫譜》卷五十八 | 願庵 | 山水 | 筆墨高遠 |

根據上述統計，明畫僧之畫類以山水畫爲大宗，其師法主要承襲宋、元、明山水畫大家，包括米芾、倪瓚、吴鎮、唐子華、戴璡等。

其中，米芾所作山水之源除了繼承董源之外，最主要還是天真發露，舉凡筋紙蔗滓、蓮房，皆可以爲畫，與其子友仁創米家山水，又稱米家樣。

除此，明畫僧承襲元代的山水畫家尚有倪瓚、吴鎮、唐子華三人，其中唐子華山水師郭熙、趙孟頫，有華潤森鬱之趣；而吴鎮又號梅沙彌，山水宗巨然，元畫四大家之一。同樣是元畫四大家之一的倪瓚，師法董源、荆、關，以"聊寫心中逸氣"一變古法，因此江南人以家中有無雲林定雅俗，爲此，倪瓚山水畫成爲明清畫僧中山水畫之主流。

明畫僧除了以山水畫爲大宗外，也有以畫墨梅、寫意花卉稱著者，不過文獻中並未記載師承，另外，比較特别的是明畫僧喜畫墨竹、水仙、葡萄，其中廣禮喜畫墨竹，得陳芹授以畫竹之法；普大雲善畫水仙，得趙孟堅授以畫水仙之法。

而明畫僧可浩、笑印、常瑩、曉庵亦喜畫葡萄，其中可浩所畫之葡萄一派與宋僧温日觀並稱。

(二) 清畫僧與繪畫統計表

清畫僧與繪畫統計分爲三個部分：第一個部分是清初至乾隆年間的畫僧與繪畫類别的歸納；第二個部分是乾隆至咸豐年間畫僧與相關繪畫的統計與歸納；最後，是文獻中未載明生卒年的清代畫僧以及相關畫類與畫法的統計。今列表如下：

1. 清初至乾隆年間畫僧之畫類與畫法統計表

| 出處 | 僧名 | 繪畫類別 | 繪畫師承 · 畫法 |
|---|---|---|---|
| 《國朝畫識》卷十四<br>《清畫家詩史》壬下<br>《國朝畫徵錄》卷下 | 一智 | 山水 | 山水用筆,<br>疏爽可喜 |
| 《國朝畫識》卷十四 | 七處 | 山水 | |
| 《國朝畫徵續錄》卷下<br>《國朝畫識》卷十四 | 于宋 | 山水<br>寫真 | 守家法,<br>設色清雋 |
| 《國朝畫識》卷十四 | 大振 | | |
| 《國朝畫識》卷十四 | 大涵 | 老松、怪石 | |
| 《清畫家詩史》壬下<br>《國朝畫識》卷十四 | 大嵩 | 山水 | |
| 《甌鉢羅室書畫過目考》附卷<br>《國朝書畫家筆錄》附錄<br>《清畫家詩史》壬下<br>《國朝畫識》卷十四<br>《國朝畫徵續錄》卷下 | 上睿(目存)① | 山水<br>花鳥<br>人物 | 山水得王翬指授,<br>花鳥得惲格②真傳 |
| 《國朝畫識》卷十四 | 山語 | 山水 | |
| 《國朝畫識》卷十四 | 元宏 | | |
| 《國朝畫識》卷十四 | 元逸 | | 書學二王,<br>畫學子久 |
| 《國朝書畫家筆錄》附錄<br>《國朝畫識》卷十四 | 友月 | 山水 | 書法以北苑爲宗 |
| 《國朝畫識》卷十四 | 巨來 | 山水 | |
| 《國朝畫識》卷十四 | 止中 | 山水 | 山水學珂雪③ |
| 《國朝畫識》卷十四<br>《清畫家詩史》壬下<br>《甌鉢羅室書畫過目考》附卷<br>《國朝書畫家筆錄》附錄 | 止嵓(正嵓)④ | 山水 | 山水師元四家 |

① 上睿與目存爲同一人,《甌鉢羅室書畫過目考》附卷、《國朝書畫家筆錄》附錄、《清畫家詩史》壬下、《國朝畫徵續錄》卷下記載爲“上睿”,《國朝畫識》卷十四《方外》記載爲“目存”。

② 惲格,常州畫派惲壽平。

③ 珂雪,僧常瑩,字珂雪,擅畫山水,有常瑩山水畫派。

④ 止嵓與正嵓爲同一人,《國朝畫徵續錄》卷下記載爲“止嵓”,《清畫家詩史》壬下、《甌鉢羅室書畫過目考》附卷 、《國朝書畫家筆錄》附錄記載爲“正嵓”。

續表

| 出處 | 僧名 | 繪畫類別 | 繪畫師承・畫法 |
| --- | --- | --- | --- |
| 《墨香居畫室》卷五 | 仁惠 | 墨蘭 | 善寫墨蘭，<br>得寄舟筆法① |
| 《國朝畫識》卷十四 | 心一 | 山水 | 善臨摹諸家 |
| 《國朝畫識》卷十四 | 未然 | 山水 | |
| 《墨香居畫室》卷四 | 漏雲 | 寫梅 | |
| 《墨香居畫室》卷二 | 本曜 | 山水 | |
| 《國朝畫識》卷十四 | 白丁 | 蘭 | |
| 《國朝畫徵錄》卷下<br>《國朝畫識》卷十四 | 半山 | 山水 | 寫山水摹雲林、仲圭、石田三家筆意② |
| 《國朝畫識》卷十四 | 永徹 | 蘭竹 | |
| 《國朝畫識》卷十四<br>《國朝畫徵續錄》卷下 | 成衡 | 扇 | 筆意古雅，取法於王少司農③ |
| 《國朝畫識》卷十四 | 自修 | | |
| 《國朝畫徵錄》卷下<br>《國朝畫識》卷十四 | 自扃 | 山水 | 山水宗元人法 |
| 《嶺南畫徵略》卷十一 | 自渡 | 花鳥<br>牡丹 | |
| 《國朝畫識》卷十四 | 兆先 | 山水 | 初宗北苑，變出己意，好峰巒，深邃幽遠多姿 |
| 《國朝畫徵續錄》卷下<br>《國朝畫識》卷十四 | 名一 | | 學明中詩畫 |
| 《國朝畫識》卷十四 | 戒聞 | 山水 | 仿元人筆法，<br>風味清逸 |
| 《國朝書畫家筆錄》附錄<br>《國朝畫識》卷十四 | 宏瑜 | 山水<br>兼長仙佛 | 山水學大癡法 |
| 《國朝畫識》卷十四 | 苽水 | 山水 | 直抉宋、元人神髓 |

① 寄舟，指僧實如，擅畫墨蘭。

② 雲林、仲圭、石田三家筆意指倪瓚、吴鎮、沈周三家山水畫風。

③ 王少司農，王原祁，婁東畫派四王之一。

續表

| 出處 | 僧名 | 繪畫類别 | 繪畫師承·畫法 |
|---|---|---|---|
| 《清畫家詩史》壬下<br>《國朝書畫家筆録》附録<br>《國朝畫識》卷十四<br>《國朝畫徵録》卷下 | 林壁(靈壁)① | 山水、墨竹、蘭竹、花草、果品 | 多墨筆自寫胸臆 |
| 《墨香居畫室》卷三 | 昌顯 | 山水 | 山水樵倪高士，味林遠岫，<br>筆甚清灑 |
| 《清畫家詩史》壬下<br>《甌鉢羅室書畫過目考》附卷<br>《國朝畫徵續録》卷下<br>《國朝畫識》卷十四 | 明中 | 山水<br>兼善寫真 | 山水法元人 |
| 《墨香居畫室》卷六 | 侃峰 | 墨蘭 | |
| 《國朝畫識》卷十四<br>《國朝畫徵録》卷下 | 性潔 | 人物 | 善寫人物，<br>爲鮑嘉入室弟子 |
| 《清畫家詩史》壬下<br>《國朝畫識》卷十四 | 宗泰 | 小畫 | |
| 《清畫家詩史》壬下<br>《國朝畫識》卷十四 | 宗渭 | | 瀟灑拔俗 |
| 《國朝畫識》卷十四 | 居易 | 山水<br>水墨花卉 | |
| 《國朝畫識》卷十四 | 珂輪 | | |
| 《墨香居畫室》卷十 | 宣澍 | 山水 | |
| 《國朝畫識》卷十四 | 通微 | 寫意花鳥禽蟲 | |
| 《國朝畫識》卷十四 | 通證 | 山水小景 | 禪誦外嗜畫，以太倉王鑑②爲師。<br>餘閒間作山水小景，寫其天真，涉筆所之輒有拈花微笑之趣 |
| 《國朝畫識》卷十四 | 掩麓 | 山水 | |

① 林壁與靈壁爲同一人，《清畫家詩史》壬下記載爲“林壁”，《國朝書畫家筆録》附録、《國朝畫識》卷十四《方外》、《國朝畫徵録》卷下記載爲“靈壁”。

② 王鑑，婁東畫派四王之一。

續表

| 出處 | 僧名 | 繪畫類別 | 繪畫師承·畫法 |
|---|---|---|---|
| 《國朝畫識》卷十四 | 焉文 | | 畫仿大癡 |
| 《國朝畫識》卷十四 | 掃葉 | 山水 | |
| 《國朝畫識》卷十四<br>《國朝畫徵續錄》卷下 | 梵林 | 山水 | 南宗二家卷① |
| 《國朝畫識》卷十四 | 雪笠 | 蘭竹 | |
| 《墨香居畫室》卷九 | 清月 | 蘭竹 | |
| 《國朝畫識》卷十四 | 淨憲 | | |
| 《墨香居畫室》卷一 | 淡成 | 寫意花鳥 | |
| 《嶺南畫徵略》卷十一<br>《國朝畫識》卷十四 | 深度 | 山水 | 筆力遒勁,<br>氣格蒼凝,<br>有沈石田風② |
| 《國朝畫識》卷十四 | 寄舟 | 蘭 | |
| 《國朝畫識》卷十四 | 參石 | 山水 | |
| 《國朝畫識》卷十四<br>《國朝畫徵續錄》卷下 | 超揆(輪庵)③ | 山水 | 多寫生平游歷之名山異境,獨開生面,不落時蹊 |
| 《國朝畫識》卷十四 | 超瀚 | | |
| 《國朝畫識》卷十四<br>《甌鉢羅室書畫過目考》附卷<br>《國朝書畫家筆錄》附錄 | 達真 | 翎毛花卉 | 清雅工麗 |
| 《國朝畫識》卷十四 | 無可 | | |
| 《國朝畫識》卷十四 | 智得 | 山水 | 層巒疊嶂<br>皆得古法 |
| 《清畫家詩史》壬下<br>《國朝畫徵續錄》卷下<br>《國朝畫識》卷十四<br>《國朝書畫家筆錄》附錄 | 普荷 | | 畫仿顛米倪迂,筆墨枯淡,極有神韵 |

① 南宗二家卷,指元代山水大家之倪瓚與吴鎮。

② 沈石田,指畫家沈周,創吴門畫派。

③ 超揆與輪庵爲同一人,《國朝畫識》卷十四《方外》記載爲“超揆”,《國朝畫徵續錄》卷下記載爲“輪庵”。

續表

| 出處 | 僧名 | 繪畫類別 | 繪畫師承 · 畫法 |
|---|---|---|---|
| 《國朝畫識》卷十四 | 普澤 | 山水花鳥 | |
| 《國朝畫識》卷十四 | 楚琛 | | |
| 《國朝畫識》卷十四 | 照初 | | |
| 《國朝畫識》卷十四 | 照遠 | 山水 | 畫元人山水，筆意差乏流動之趣 |
| 《國朝書畫家筆錄》附錄<br>《清畫家詩史》壬下<br>《國朝畫識》卷十四 | 圓顯 | | |
| 《國朝畫識》卷十四 | 詮修 | 人物、花鳥 | |
| 《墨香居畫室》卷七 | 際慧 | 墨菊 | 墨菊尤妙，<br>繪事蓋本於其師祖石鐘和尚 |
| 《墨香居畫室》卷一 | 爾幾 | | 畫筆酷似其前輩 |
| 《墨香居畫室》卷五 | 毓恒 | 墨蘭 | |
| 《國朝畫識》卷十四 | 實栴 | 墨竹 | |
| 《國朝畫識》卷十四<br>《清畫家詩史》壬下 | 實源 | | 瘦勁多縱橫氣 |
| 《墨香居畫室》卷一 | 曇輝 | 山水 | |
| 《墨香居畫室》卷六 | 篠衫 | 竹<br>花卉 | 寫竹得鄭板橋法 |
| 《國朝畫徵錄》卷下<br>《國朝畫識》卷十四 | 覆千 | 山水 | |
| 《國朝畫識》卷十四 | 懶雲 | 花卉 | |
| 《御定佩文齋書畫譜》卷五十八 | 寶金① | | |
| 《墨香居畫室》卷三 | 覺銘 | 山水 | 圓津禪畫② |
| 《國朝畫識》卷十四 | 鑒微 | 蔬果 | |

① 《御定佩文齋書畫譜》中未言明畫僧寶金所擅何種畫派及畫法。

② 僧通證祝髮於圓津寺，擅畫山水，以婁東畫派王鑑爲師，於圓津寺任住持，以禪畫作爲傳法法嗣，故有圓津禪畫之稱。

2. 乾隆至咸豐年間畫僧之畫類與畫法統計表

| 出處 | 僧名 | 繪畫類別 | 繪畫師承·畫法 |
| --- | --- | --- | --- |
| 《清畫家詩史》壬下<br>《墨林今話》卷十七 | 了義① | 山水 | 山水得奚鐵生②指授 |
| 《墨林今話》卷十七 | 正性 | 墨竹 | |
| 《清畫家詩史》壬下<br>《墨林今話》卷七<br>《國朝書畫家筆錄》附錄<br>《甌鉢羅室書畫過目考》附卷 | 可韵 | 竹、石、花卉 | 書近蘇、米<br>水墨花卉近徐青藤③<br>間作山水 |
| 《國朝書畫家筆錄》附錄<br>《甌鉢羅室書畫過目考》附卷<br>《墨香居畫室》卷七<br>《墨林今話》卷四 | 石莊 | 山水 | 山水得古法石莊④畫師、查二瞻 |
| 《履園畫學》 | 主雲 | 山水 | 書畫俱學董華亭 |
| 《墨林今話》卷十一<br>《清畫家詩史》壬下 | 因成 | 梅<br>山水、蘭石 | 筆意清簡,<br>得逃禪老人法 |
| 《墨林今話》卷十六 | 明辰 | 梅 | 下筆輒有逸趣<br>摹鄧石如⑤ |
| 《甌鉢羅室書畫過目考》附卷<br>《墨林今話》卷十八 | 明明 | 花卉人物 | |
| 《墨林今話》卷十五 | 明儉 | 山水花卉 | 山水出入荆關、馬夏 |
| 《清畫家詩史》壬下<br>《墨林今話》卷十三 | 明澈 | | 宗思翁、廉州而脱略繩墨 |
| 《墨林今話》卷九 | 雪島河 | 蘭石 | |
| 《墨林今話》卷十八 | 雪舫 | 竹 | |
| 《墨香居畫室》卷二<br>《甌鉢羅室書畫過目考》附卷<br>《墨林今話》卷六 | 寄塵 | 蘭竹、敗荷、殘菊 | |

① 了義,主持南屏淨慈寺,開創淨慈畫風。

② 奚鐵生,即奚岡,擅書畫篆刻。

③ 徐青藤,即畫家徐渭,號清藤老人。

④ 石莊,又號石頭和尚,居揚州桃花庵,山水筆墨沉著。

⑤ 鄧石如,工篆刻,自成一派。

續表

| 出處 | 僧名 | 繪畫類別 | 繪畫師承・畫法 |
|---|---|---|---|
| 《墨林今話》卷十五 | 超然 | 蘭竹 | |
| 《國朝書畫家筆錄》附錄<br>《清畫家詩史》壬下<br>《甌鉢羅室書畫過目考》附卷<br>《墨林今話》卷十八 | 達受 | | 花卉寫生得青藤 |
| 《清畫家詩史》壬下<br>《墨林今話》卷十四 | 達曾 | 梅 | 師煮石山農 |
| 《墨林今話》卷十七 | 道昱 | | |
| 《墨林今話》卷十四 | 韫堅 | 山水 | 淹潤妙於用墨 |
| 《清畫家詩史》壬下<br>《墨林今話》卷十四 | 證渟 | 山水 | |
| 《清畫家詩史》壬下<br>《墨林今話》卷八 | 覺銘 | 山水 | 語石①四代孫，<br>尤善六法 |
| 《墨林今話》卷十二 | 靈湛 | 山水、梅菊<br>兼佛像人物 | 山水合宋、元諸家，<br>潑墨爲米老雲山，<br>惜墨作倪迂小景 |

3. 其他清代畫僧之畫類與畫法統計表

| 出處 | 僧名 | 繪畫類別 | 繪畫師承・畫法 |
|---|---|---|---|
| 《清畫家詩史》壬下 | 一理 | | |
| 《清畫家詩史》壬下 | 大川 | | |
| 《嶺南畫徵略》卷十一<br>《清畫家詩史》壬下 | 大汕 | 寫照 | |
| 《國朝書畫家筆錄》附錄 | 大須 | | |
| 《畫友錄》 | 天曉 | 梅 | |
| 《清畫家詩史》壬下 | 元暉 | 山水 | 山水在麓臺、圓照之間 |
| 《嶺南畫徵略》卷十一 | 不齊 | 墨梅 | |
| 《國朝畫徵錄》卷下 | 巨來 | 山水 | |
| 《嶺南畫徵略》卷十一 | 今回 | 蘭竹 | |

① 語石，即通證，住持於圓津寺，以禪畫作爲傳法法嗣，有圓津禪畫之稱。

續表

| 出處 | 僧名 | 繪畫類别 | 繪畫師承·畫法 |
|---|---|---|---|
| 《嶺南畫徵略》卷十一 | 文信（芳） | 山水 | 學石濤，<br>極蒼莽之致 |
| 《清畫家詩史》壬下 | 方珍 | | |
| 《寒松閣談藝瑣錄》卷六 | 允中 | 山水 | 用筆高超，<br>絶似巨然 |
| 《嶺南畫徵略》卷十一 | 古毫 | 水墨、蘭石 | 踞地灑水學習 |
| 《國朝書畫家筆録》附録 | 半橋 | 蘭竹 | 畫法宗鄭板橋，<br>晚更得巨然派 |
| 《國朝畫徵録》卷下 | 弘瑜 | 山水 | 學大癡法，<br>兼長仙佛，<br>法書真草俱佳 |
| 《清畫家詩史》壬下<br>《嶺南畫徵略》卷十一 | 成果 | 梅 | |
| 《嶺南畫徵略》卷十一 | 光鷲 | 山水 | 甲端點墨指點水 |
| 《清畫家詩史》壬下 | 見賢 | 山水 | |
| 《清畫家詩史》壬下 | 非臺 | | 見古巖畫仿之逼肖 |
| 《清畫家詩史》壬下 | 明印 | 山水 | 山水淡遠有别趣 |
| 《清畫家詩史》壬下 | 明奇 | | 書宗懷素<br>畫仿東坡 |
| 《清畫家詩史》壬下 | 明通 | 寫生 | |
| 《國朝書畫家筆録》附録 | 明達 | | |
| 《國朝書畫家筆録》附録<br>《清畫家詩史》壬下 | 明瑜 | | |
| 《清畫家詩史》壬下 | 明懷 | 山水 | 山水得元人法 |
| 《寒松閣談藝瑣錄》卷六 | 竺崖 | 蘭 | 畫蘭清勁，墨采煥發 |
| 《清畫家詩史》壬下 | 念深 | 山水 | |
| 《清畫家詩史》壬下 | 胡照 | 山水<br>蘭竹 | 山水學麓臺<br>蘭竹學石濤 |
| 《嶺南畫徵略》卷十一<br>《甌鉢羅室書畫過目考》附卷 | 相潤 | 焦墨山水 | 畫宗石濤、石谿 |
| 《寒松閣談藝瑣錄》卷六 | 修梅 | 墨梅 | |

續表

| 出處 | 僧名 | 繪畫類別 | 繪畫師承・畫法 |
| --- | --- | --- | --- |
| 《嶺南畫徵略》卷十一 | 信修① | | |
| 《清畫家詩史》壬下 | 律月 | 蘭竹 | |
| 《嶺南畫徵略》卷十一 | 勉之 | | |
| 《清畫家詩史》壬下 | 炳一 | 山水 | 山水在香光、北苑間 |
| 《清畫家詩史》壬下 | 洪音 | | |
| 《清畫家詩史》壬下 | 祖江 | | |
| 《清畫家詩史》壬下 | 振恩 | | |
| 《國朝書畫家筆錄》附錄<br>《甌鉢羅室書畫過目考》附卷 | 真覺 | 山水 | 山水師錢叔寶②，有時筆意似沈石白 |
| 《寒松閣談藝瑣錄》卷六 | 根雨 | 蘭 | |
| 《清畫家詩史》壬下 | 乘車③ | | |
| 《國朝書畫家筆錄》附錄<br>《甌鉢羅室書畫過目考》附卷 | 通真 | 山水 | 山水宗巨然 |
| 《清畫家詩史》壬下 | 能越 | 蘭 | |
| 《寒松閣談藝瑣錄》卷六 | 雪舟 | 山水 | |
| 《嶺南畫徵略》卷十一 | 雪嵓 | | |
| 《嶺南畫徵略》卷十一 | 常謙 | 蘭 | |
| 《清畫家詩史》壬下 | 野蠶 | 花卉 | |
| 《清畫家詩史》壬下 | 符守 | 墨葡萄 | 風姿露態，<br>逸趣橫生 |
| 《清畫家詩史》壬下 | 超凡 | | |
| 《清畫家詩史》壬下 | 超源 | 山水 | 山水點筆秀潤 |
| 《清畫家詩史》壬下 | 達宣 | | |
| 《國朝書畫家筆錄》附錄 | 達乘 | | |
| 《清畫家詩史》壬下 | 達鑑 | | |
| 《寒松閣談藝瑣錄》卷六 | 虛谷 | 寫照<br>山水、花竹 | |

① 《嶺南畫徵略》卷十一《方外》未明確記載畫僧信修的繪畫類別及畫法。

② 錢叔寶，畫家錢穀，工水墨點染，山水蘭竹。

③ 《清畫家詩史》壬下未明確記載畫僧乘車的繪畫類別及畫法。

續表

| 出處 | 僧名 | 繪畫類別 | 繪畫師承·畫法 |
| --- | --- | --- | --- |
| 《國朝書畫家筆錄》附錄<br>《甌鉢羅室書畫過目考》附卷 | 量雲 | | |
| 《嶺南畫徵略》卷十一 | 無我（己） | 人物 | |
| 《嶺南畫徵略》卷十一 | 智力 | 梅、石 | 梅石高古絶俗 |
| 《嶺南畫徵略》卷十一 | 智度 | 山水 | 長臨摹 |
| 《清畫家詩史》壬下 | 智潮 | | |
| 《嶺南畫徵略》卷十一 | 善林 | 蘭 | |
| 《嶺南畫徵略》卷十一 | 湛瑩 | 山水 | 山水筆致超渾 |
| 《清畫家詩史》壬下 | 軾侶 | 山水<br>梅 | 山水師仲圭、石田 |
| 《國朝書畫家筆錄》附錄 | 圓通 | | |
| 《清畫家詩史》壬下 | 傳心 | | |
| 《清畫家詩史》壬下 | 福澄 | | |
| 《清畫家詩史》壬下 | 際源 | 山水、梅竹 | |
| 《畫友錄》一卷 | 碧澄 | 山水 | 山水學漸江 |
| 《嶺南畫徵略》卷十一 | 聞一 | | |
| 《嶺南畫徵略》卷十一 | 僧徽 | 龍 | |
| 《清畫家詩史》壬下 | 墨顛 | 墨蘭 | |
| 《清畫家詩史》壬下 | 篆玉 | | |
| 《清畫家詩史》壬下 | 德立 | 菜 | |
| 《嶺南畫徵略》卷十一 | 德堃 | 人物 | 筆致超逸 |
| 《國朝書畫家筆錄》附錄 | 德新 | | |
| 《清畫家詩史》壬下 | 澄園 | 蘭竹 | |
| 《嶺南畫徵略》卷十一 | 曇樹 | 梅 | |
| 《嶺南畫徵略》卷十一 | 積良 | 山水 | |
| 《嶺南畫徵略》卷十一 | 澹然 | | |
| 《嶺南畫徵略》卷十一 | 澹盦① | | |
| 《履園畫學》 | 懶庵 | 山水 | |

① 《嶺南畫徵略》卷十一《方外》未明確記載畫僧澹盦的繪畫類別及畫法。

續表

| 出處 | 僧名 | 繪畫類別 | 繪畫師承 · 畫法 |
|---|---|---|---|
| 《清畫家詩史》壬下 | 覺慧 | | |
| 《寒松閣談藝瑣錄》卷六 | 釋芥航 | 墨竹 | |
| 《嶺南畫徵略》卷十一<br>《甌鉢羅室書畫過目考》附卷 | 竇筏 | 工山水 | |
| 《甌鉢羅室書畫過目考》附卷 | 竇源 | 梅花 | |
| 《清畫家詩史》壬下 | 露文 | 墨蘭 | |
| 《履園畫學》 | 鐵舟 | 蘭竹 | |

從清畫僧與繪畫統計表中，可以發現畫僧與畫類的發展脈絡。首先，清畫僧的繪畫仍以山水畫爲主流，其師法以宋元之際山水畫家倪瓚、黄公望爲主，山水遠岫清逸，多有寫自心中胸臆之趣。其次，“四君子”成爲花卉繪畫創作的主要題材，其中畫僧仁惠所畫之墨蘭得“寄舟筆法”，半橋“畫竹”得鄭板橋法，竇源善寫梅。另外，從資料中也可以看到，“善詩工畫”的“詩僧”日益增多，還有不少“善琴工畫”的“琴僧”加入“畫僧”的行列。

### 三、明清畫僧之畫類析解

關於明清畫僧的繪畫類别統計與分析，本文以僧名、類别以及繪畫技法與特色三類進行歸納，同時按照繪畫的題材分爲山水、花卉、蔬果、人物等類，今列表如下：

#### （一）工山水

| 僧名 | 畫法 · 特色 |
|---|---|
| 覺徵（白漢） | 細皴重染 |
| 大澍 | 師沈充蒼秀入神 |
| 日章 | 宗唐子華 |
| 石溪（溪） | 奥境奇闢、剛逸幽深、創無煙火氣 |
| 弘仁（宏仁） | 初師宋人，爲僧後悉變爲元人一派，於倪、黄兩家尤爲擅長 |
| 朴中（華朴中） | 畫山水，師戴璡（戴靜庵） |
| 普 | 學趙吴興 |
| 髡殘 | 筆墨蒼莽高古，深得元人大家之旨 |
| 碧峰 | 法彭元中 |
| 端 | 宗米襄陽父子 |

**續表**

| 僧名 | 畫法·特色 |
|---|---|
| 願庵 | 筆墨高遠 |
| 一智 | 用筆亦疏爽可喜 |
| 七處 | |
| 山語 | |
| 巨來 | |
| 止中 | 學珂雪 |
| 心一 | 善臨摹諸家 |
| 未然 | |
| 本曜 | |
| 半山 | 樵雲林、仲圭、石田三家筆意 |
| 戒聞 | 仿元人筆法，風味清逸 |
| 昌顯 | 仿倪高士，昧林遠岫，筆甚清灑 |
| 通證 | 以太倉王鑑爲師，山水小景，寫其天真，涉筆所之輒有拈花微笑之趣 |
| 掩麓 | 工山水 |
| 掃葉 | |
| 梵林 | 南宗二家卷 |
| 深度 | 筆力遒勁、氣格蒼凝，有沈石田風 |
| 參石 | |
| 超揆（輪庵） | 多寫生平游歷之名山異境，獨開生面，不落時蹊 |
| 智得 | 層巒疊嶂，皆得古法 |
| 照遠 | 畫元人山水，筆意差乏流動之趣 |
| 覆千 | |
| 覺銘 | 圓津禪畫 |
| 石莊 | 得古法 |
| 轀堅 | 淹潤妙於用墨 |
| 元暉 | 山水在麓臺、圓照之間 |
| 巨來 | |
| 文信（芳） | 學石濤，極蒼莽之致 |
| 允中 | 用筆高超，絶似巨然 |
| 弘瑜 | 學大癡法 |

續表

| 僧名 | 畫法 · 特色 |
|---|---|
| 光鷲 | 甲端點墨指點水 |
| 明印 | 淡遠有別趣 |
| 明懷 | 得元人法 |
| 念深 | |
| 相潤 | 畫宗石濤、石谿，喜作焦墨山水 |
| 炳一 | 山水在香光、北苑間 |
| 真覺 | 山水師錢叔寶，有時筆意似沈石白 |
| 通真 | 宗巨然 |
| 雪 | 法四大宗 |
| 雪舟 | |
| 超源 | 點筆秀潤 |
| 湛瑩 | 筆致超渾，字近謝里甫 |
| 碧澄 | 學漸江 |
| 積良 | |
| 釋昌顯 | |

（二）山水花卉

| 僧名 | 畫法 · 特色 |
|---|---|
| 朱耷 | |
| 戒襄 | 幼得事文徵仲 |
| 昇 | 山水宗倪雲林，澹遠有致 |
| 律天如 | 師日南 |
| 道濟 | 王翬爲第一作手 |
| 居易 | |

（三）寫意花卉

| 僧名 | 畫法 · 特色 |
|---|---|
| 雪箇 | 善能用墨點綴 |
| 通微 | |
| 淡成 | |

續表

| 僧名 | 畫法·特色 |
|---|---|
| 普澤 | |
| 懶雲 | |
| 没成 | |

（四）工筆花卉

| 僧名 | 畫法·特色 |
|---|---|
| 居易 | 雙鈎 |
| 無可（藥地） | 雙鈎填白 |

（五）山水寫真

| 僧名 | 畫法·特色 |
|---|---|
| 于宋 | 設色清雋 |
| 明中 | 山水法元人 |
| 大汕 | |
| 虚谷 | |

（六）人物

| 僧名 | 畫法·特色 |
|---|---|
| 通上人 | |
| 性潔 | 善寫人物，爲鮑嘉入室弟子 |
| 寂瀾 | 畫《摩詰句圖》 |
| 湛一 | 畫《摩詰句圖》 |
| 詮修 | |
| 明明 | |
| 無我（己） | |
| 德堃 | 筆致超逸 |

## （七）四君子：梅、蘭、菊、竹

### 1. 梅

| 僧名 | 畫法·特色 |
|---|---|
| 玉庭 | |
| 妙琴 | |
| 雪心 | |
| 漏雲 | |
| 實源 | 瘦勁多縱橫氣 |
| 因成 | 筆意清簡，得逃禪老人法 |
| 天曉 | |
| 不齊 | |
| 成果 | |
| 修梅 | |
| 智力 | 高古絶俗 |
| 曇樹 | |
| 實源 | |

### 2. 蘭

| 僧名 | 畫法·特色 |
|---|---|
| 仁惠 | 善寫墨蘭，得寄舟筆法 |
| 白丁 | |
| 永徹 | |
| 侃峰 | |
| 雪笠 | |
| 寄舟（實如） | |
| 毓恒 | |
| 雪島河 | |
| 今回 | |
| 古毫 | 踞地灑水學習 |
| 竺崖 | 畫蘭清勁，墨采煥發 |
| 半橋 | 畫法宗鄭板橋 |
| 胡照 | 山水學麓臺，蘭竹學石濤 |
| 根雨 | |

續表

| 僧名 | 畫法・特色 |
| --- | --- |
| 能越 | |
| 常謙 | |
| 善林 | |
| 墨顛 | |
| 澄園 | |
| 鐵舟 | |

3. 菊

| 僧名 | 畫法・特色 |
| --- | --- |
| 超上人 | |
| 際慧（雪舟） | 尤妙 |

4. 竹

| 僧名 | 畫法・特色 |
| --- | --- |
| 如曉 | 運筆有法 |
| 廣禮 | 墨竹得陳芹（陳子野）之法 |
| 實栴 | |
| 篠衫 | 寫竹得鄭板橋法 |
| 正性 | |
| 釋芥航 | |

（八）牡丹、水仙

| 僧名 | 畫法・特色 |
| --- | --- |
| 海懷 | 工淡墨，攲斜縱筆點染 |
| 自渡 | |
| 普大雲 | 畫水仙學趙子固筆法 |

（九）蔬果：葡萄、菜蔬

| 僧名 | 畫法・特色 |
| --- | --- |
| 可浩 | 枝葉俱有生氣 |
| 笑印 | 工畫葡萄 |
| 常瑩 | 用淡墨乾皴，筆墨流麗 |
| 曉庵 | |
| 符守 | 風姿露態，逸趣横生 |
| 鑒微 | |
| 德立 | |

（十）其他題材

| 僧名 | 類别 | 畫法・特色 |
| --- | --- | --- |
| 龍 | 善畫龍 | |
| 僧徽 | 善畫龍 | |
| 成衡 | 畫扇 | 筆意古雅 |
| 大涵 | 能畫老松、怪石 | |

（十一）善臨摹　寫生

| 僧名 | 類别 | 畫法・特色 |
| --- | --- | --- |
| 非臺 | 見古巌畫仿之逼肖 | |
| 智度 | 工山水，長臨摹 | |
| 明通 | 工寫生 | |

（十二）繪畫題材沒有明顯偏好

| 僧名 | 畫法・特色 |
| --- | --- |
| 雄鑑 | |
| 大振 | |
| 元宏 | |
| 元逸 | 書學二王，畫學子久 |
| 自修 | |
| 珂輪 | |
| 照初 | |

續表

| 僧名 | 畫法·特色 |
| --- | --- |
| 明澈 | 宗思翁、廉州而脱略繩墨 |
| 勉之 | |
| 雪嵓 | |
| 超凡 | |
| 達宣 | |
| 澹然 | |
| 海湛 | 畫法蕭閒簡澹 |
| 爾幾 | 畫筆酷似其前輩 |
| 寶金① | |
| 信修② | |
| 乘車③ | |
| 澹盦④ | |

許多畫僧多才多藝，於書法、琴藝、詩詞、金石等方面亦有極高造詣，如：

1. 兼工書法

| 僧名 | 類别 | 畫法·特色 |
| --- | --- | --- |
| 林壁（靈壁） | 善草書<br>兼善山水、墨竹、蘭竹、花草、果品 | 多墨筆自寫胸臆 |
| 宗泰 | 喜作顛草，或小畫 | |
| 焉文 | 書畫 | 書善小楷，畫仿大癡 |
| 雪舫 | 工行草<br>善寫竹 | |
| 寄塵 | 工書畫<br>善蘭竹、敗荷、殘菊 | |
| 超然 | 工書<br>善蘭竹 | 書學董文敏 |

① 《御定佩文齋書畫譜》中未言明畫僧寶金所擅何種畫派及畫法。

② 《嶺南畫徵略》卷十一《方外》未明確記載畫僧信修的繪畫類别及畫法。

③ 《清畫家詩史》壬下未明確記載畫僧乘車的繪畫類别及畫法。

④ 《嶺南畫徵略》卷十一《方外》未明確記載畫僧澹盦的繪畫類别及畫法。

續表

| 僧名 | 類別 | 畫法・特色 |
|---|---|---|
| 大川 | 工書畫 | |
| 祖江 | 工書畫 | |
| 振愚 | 工書畫 | |
| 達乘 | 兼工書 | |
| 量雲 | 工畫<br>工隸書 | |
| 德新 | 工書 | |
| 明奇 | 書畫 | 書宗懷素，畫仿東坡 |
| 友月 | 工山水<br>嗜書法 | 書法以北苑爲宗 |
| 兆先 | 山水<br>善鐫章隸書 | 深邃幽遠多姿 |
| 主雲（際祥） | 工山水<br>能書 | 書畫俱學董華亭 |
| 證渟 | 能楷書<br>兼善山水 | |

2. 兼通琴藝

| 僧名 | 類別 | 畫法・特色 |
|---|---|---|
| 清月 | 善琴<br>工詩<br>精蘭竹 | |
| 曇輝 | 善山水<br>能鼓琴 | |
| 了義 | 工詩畫<br>善琴、弈、山水 | 山水得奚鐵生指授 |
| 可韵 | 善鼓琴<br>工書、竹、石、花卉 | 書近蘇、米，水墨花卉近徐青藤 |
| 明辰 | 以琴名江南北<br>夙好畫梅 | 摹鄧石如 |

續表

| 僧名 | 類別 | 畫法・特色 |
|---|---|---|
| 達曾 | 能鼓琴<br>吟小詩<br>畫梅 | （畫梅）師煮石山農（王冕） |
| 律月 | 善琴<br>工蘭竹 | |
| 軾侶 | 山水畫梅<br>能琴 | 山水師仲圭、石田 |
| 聞一 | 善琴<br>能畫 | |
| 露文 | 善畫<br>工琴<br>好寫墨蘭 | |

3. 兼工詩

| 僧名 | 類別 | 畫法・特色 |
|---|---|---|
| 草庵 | 工詩畫 | |
| 炤遠 | 工詩<br>畫山水 | 仿宋元人法，水蒼翠秀澤 |
| 欽義 | 工詩<br>山水<br>寫梅 | 山水摹倪雲林，寫梅得逃禪老人意 |
| 大嵓 | 工詩<br>兼畫山水 | |
| 上睿（目存） | 善詩<br>山水、花鳥、人物 | 山水得王翬指授，花鳥得惲格真傳 |
| 止嵓（正嵓） | 詩畫俱善 | 師元四家 |
| 自扃 | 能詩<br>善畫山水 | 宗元人法 |
| 名一 | 詩畫 | 學明中詩畫 |
| 宗渭 | 能詩善畫 | 瀟灑拔俗 |

續表

| 僧名 | 類別 | 畫法・特色 |
|---|---|---|
| 宣澍（甘亭） | 工詩<br>能畫山水 | |
| 淨憲 | 善詩畫 | |
| 超瀚 | 喜吟詠<br>兼工書畫 | |
| 達真 | 善詩<br>工翎毛花卉 | 清雅工麗 |
| 普荷 | 工詩善書 | 畫仿顛米倪迂 |
| 楚琛 | 善畫、工詩 | |
| 圓顯 | 工詩、善畫 | |
| 明儉 | 能詩<br>書摹晉人法帖<br>工畫山水花卉 | 山水出入荆關、馬夏 |
| 道昱 | 工詩律<br>偶作畫 | |
| 覺銘 | 能詩<br>精山水 | 尤善六法 |
| 靈湛 | 能詩<br>善山水、梅菊<br>兼佛像人物 | 山水合宋元諸家，潑墨爲米老雲山 |
| 大須 | 工詩<br>善書畫 | |
| 方珍 | 工詩畫 | |
| 見賢 | 工詩<br>善山水 | |
| 明達 | 工詩善畫 | |
| 明瑜 | 工詩善畫 | |
| 宜樹 | 詩能<br>畫山水 | |
| 洪音 | 善詩畫 | |

續表

| 僧名 | 類別 | 畫法·特色 |
| --- | --- | --- |
| 華中 | 浙中詩僧<br>丹青擅譽 | 元人神髓 |
| 智潮 | 能詩善畫 | |
| 圓通 | 詩畫無不精 | |
| 傳心 | 工詩畫 | |
| 際源 | 工詩<br>兼精山水、梅竹 | |
| 篆玉 | 工詩畫<br>善隸書 | |
| 懶庵 | 工山水<br>能詩 | |
| 覺慧 | 詩僧<br>精篆刻<br>楷法秀整 | |
| 實筏 | 工山水、詩詞 | |
| 一理 | 能詩、善畫 | |
| 達鑑 | 能詩畫 | |

4. 兼工金石

| 僧名 | 類別 | 畫法·特色 |
| --- | --- | --- |
| 達受 | 工篆隸<br>善鐵筆<br>尤精拓古器 | 花卉寫生得青藤（徐渭） |
| 野蠶 | 工花卉<br>善篆刻 | |

## 四、明清畫僧與繪畫藝術

根據前述明清畫僧的集存以及相關畫類、畫法的統計與分析，可以客觀地整理出明清畫僧的繪畫具有情寄山水、以詩入畫、以琴入畫、以金石入畫等四大特色，今細述如下：

### （一）情寄山水

如前所述，我們可以在明清畫僧的繪畫類別中得知“山水畫”的數量最多，而且山水的創作也非常多元，其中包含了山水與花卉、書法、寫真的結合。除此，明清畫僧山水畫中的山水不僅僅是大自然的山水，也是繪畫描摹感通的對象，如明末畫僧輪庵所畫的山水多寫其生平游歷之名山異境，故别開生面，不落時蹊。

又如明末畫僧弘仁，國變後出家爲僧，生前喜游黄山，所以《黄山志》有一段記載説：“弘仁善畫，初學一峰①，晚法雲林②，已入清閟三昧，尤好繪黄山松石，人爭寶之。”再如，明末畫僧髠殘在《在山畫山圖》中的題圖詩有“爽爽精神看看山”，透露出禪者對自然景觀的賞玩。另外在《山水圖册》中有題圖詩一首：“層喦與疊壑，雲深萬木稠。驚泉聲悠然，猿鶴静無儔。中有幽居人，倚溪而臨流。”詩中髠殘自喻爲層喦疊壑中倚溪臨流的“幽居人”③。

因此，“山水畫”成爲多數明清畫僧繪畫感通的描摹對象以及生命情懷的投射。因爲大自然中的“山”在傳統儒家的精神向度裏具有乘載、生養萬物之意，“水”則具有居下、不爭、利萬物的德行，因此，“寄情山水”原爲儒家的生命情懷與人格特色，不過由於明清之際在國朝更迭中有“逃禪”之説，所以畫僧筆下的“山水”不僅僅是大自然的山水，同時也是畫僧心中的丘壑。

### （二）以詩入畫

明清“畫僧”的特色之一是“以詩入畫”，這些畫僧不僅擅長繪畫，同時“能詩”“工詩”。如明末僧人華朴中④爲浙中詩僧，師戴静庵，作畫得名。又如明末僧人釋無可，未出家前爲明末進士，國變後出家爲僧，據《讀畫録》中的記載，釋無可出身書香，舉凡詩文詞曲、聲歌書畫無不精妙，如文所述：“無可大師，予庚辰同榜方密之也。公名以智，幼稟異慧，生名門，少年舉進士。自詩文詞曲、聲歌書畫、雙鈎填白、五木六博，以及吹簫撾鼓、優俳、平話之技，無

① 一峰，黄公望號。

② 雲林：山水畫家倪瓚，字元鎮，一字玄瑛，號雲林、幻霞生、荆蠻民、風月主人、蕭閒相卿。

③ 參考林孟蓉，《禪詩與禪師的生命情懷：以畫僧“髠殘”爲例》，《漢傳佛教文化研究》，2017年10月。

④ 華朴中：明僧，原姓華氏，俗名朴。浙江人。初業儒，後爲僧，修淨土念佛。

不極其精妙。三十歲前，極備繁華。甲乙後，薙髮受具，躭嗜枯寂，粗衣糲食，有貧士所不能堪者。於是謝絶一切，惟意興所至，或詩或畫，偶一爲之，然多作禪語，自喻而已，不期人解也。"①

又如，明末僧人釋普荷，本爲天啟年間之補邑諸生，國變後出家爲僧，《國朝書畫家筆錄》言："甲申後薙髮，結茅雞足山，工詩，畫仿顛米、倪迂，筆墨枯淡，極有神韵，所作往往純用枯筆，有神無迹，而靈秀之氣騰溢紙上，真能脱盡煙火氣者。"《清畫家詩史》收錄作品數首，包括《題畫》《自題畫竹》《山居興漫》《尋陽黼洞》《送羅次一》《別王勑木》《子規》《送八德大師歸蜀》《清明出郭》《天生橋》《僧窗牡丹》《萬秙庵從永昌來訪余賦謝》。

康熙年間靈巖寺住持明瑜也是一位工詩、善畫的僧人，著有詩集《隨雲草》，《清畫家詩史》收錄其詩作二首，分別是《羊城石灘》和《題畫》。

又清僧上睿，其詩工秀雅潔，與惠士奇、張大受結詩社，《清畫家詩史》收錄畫僧上睿題圖詩二首，分別是《題簪畫圖》和《戊申長夏仿李營邱筆作深雪策蹇圖》。

明清之際"以詩入畫"的僧人大約四十名，礙於篇幅，以上略舉數名説明之。

（三）以琴入畫

明清之際的畫僧中，能以琴入畫的畫僧主要有以下十位：

清月②，揚州僧，字品蓮，號藕船道人，《墨香居畫識》言畫僧清月梵行孤高，善琴，工詩，尤精蘭竹。

曇輝③，松江西林寺僧，《墨香居畫識》記載畫僧曇輝，善山水，能鼓琴。

了義④，乾隆年間僧人，又名常清，號松光，又號訥庵，《墨林今語》和《清畫家詩史》言其工詩畫，善琴、弈。

---

① 參《讀畫錄》卷二。

② 清月：清僧，又名律月，字品蓮，號藕船道人。揚州人。住杭州雲林寺。通禪教慎戒行，梵行高潔，精蘭竹，善琴工詩，有《品蓮吟草》。參《墨香居畫識》卷一"釋清月"注。

③ 曇輝：清僧，松江西林寺僧。善山水。能鼓琴。參《墨香居畫識》卷一"釋曇輝"注。

④ 了義：參《墨林今話》卷十七，"釋了義"注。

畫僧韵可①，號鐵舟，又號木石山人，故江夏名家子，善鼓琴，工書法，尤擅寫石竹花卉，渡江而東，名噪吴越。而畫僧韵可之事迹於《國朝書畫家筆錄》《清畫家詩史》《甌鉢羅室書畫過目考》皆有相關記載。

明辰②，號問樵，揚州建隆寺方丈，以琴名江南北，擅長畫梅花，平生琴弟子極多。

達曾③，號竺峰，震澤人，南潯東藏寺僧，據《墨林今話》記載，畫僧達曾言平生澹泊自持，能鼓琴，吟小詩，畫梅。而畫梅師法賁石山農，繪畫意境疏峭歷落。除此，亦恢復永樂、東藏二座古刹。

律月④，字品蓮，號藕船，揚州人，主席靈隱，善琴，工蘭竹，有《品蓮吟草》。

軾侣⑤，號再印，又號無無道人，丹陽郭氏子，幼薙染于常州天寧寺，據《清畫家詩史》記載，軾侣山水師法仲圭、石田，擅長畫梅，能琴，有《壑雲集》。

聞一⑥，據《嶺南畫徵略》記載，年九十餘，善琴，能畫，説法曹溪。法友今種⑦有詩言畫僧聞一擅琴書。⑧

露文⑨，字素薩，江都人，秀水茶禪寺僧，善書，工琴，尤好寫墨蘭。

以上十位畫僧皆善琴畫，並能以琴入畫。

---

① 韵可：清僧，字鐵舟，號木石山人。武昌黄氏。乾隆中住蘇州李王廟。工書法，善花卉、蘭竹，書近蘇米，花卉似徐青藤。渡江而東，名噪吴越。又工詩，善鼓琴，醫術濟世。晚居上海太平寺，得筆潤，輒贈寒素。參《墨林今話》卷七“韵可”注。

② 明辰：清僧，字問樵。江都江氏。善詩畫，並精琴理，有名於時。住揚州建隆寺，尋隱京口八公洞半壑庵。參《墨林今話》卷十六“釋明辰”注。

③ 達曾：參《墨林今話》卷十四“釋達曾”注。

④ 律月：清僧，字品蓮，號藕船，揚州人，善琴，工蘭竹，嘉慶間主杭州靈。能詩，丹徒王柳村採其作品入《群雅二即》，有《品蓮吟草》。

⑤ 軾侣：清僧，字再印，又號無無道人，丹陽郭氏。十六歲薙髮于常州天寧寺，後主虞山慧日寺。初未讀書，皈佛後博覽群籍。畫山水，寫梅蘭，長幀巨幅，頗見魄力。

⑥ 聞一：參前文《嶺南畫徵錄》卷十一“聞一”注。

⑦ 今種：指屈大均，字一靈，又字騷餘，所居處名死庵，善畫松石、蘭卉。

⑧ “老僧能琴復能畫，八十四齡何瀟灑？扇頭貽我瀟湘景，髣髴聞有飛泉瀉。乞師即來一鼓琴，移將萬壑寒松林；霜鐘一洗青蓮耳，流水長清太白心。”參《嶺南畫徵略》卷十一《方外》。

⑨ 露文：清僧，字素薩，江都吴氏。年十八出家杭州靈隱寺，後主秀水茶禪寺，工琴善書，尤好寫墨蘭。禪誦之餘，問事吟詠，有《舊松詩草》。參《清畫家詩史》壬下“露文”注。

（四）以金石入畫

明清畫僧中，達受、野蠶除了擅長書畫外，更擅鐵筆。其中野蠶[①]俗姓宋，名崖，合肥諸生，以父母没，出家于開封大相國寺，工花卉，善篆刻，有《夢綠詩草》。

另外，畫僧達受[②]更有"金石僧"之名，相關記載文獻分别爲《墨林今話》卷十八《甌鉢羅室書畫過目考》和《國朝書畫家筆錄》附錄[③]《清畫家詩史》壬下。

據《墨林今話》記載，釋達受，號六舟，海昌白馬廟僧，故名家子，耽翰墨，不受禪縛，行脚半天下，名流碩彦，無不樂與交游。精鑑别古器及碑版之屬，阮太傅以"金石僧"呼之，間寫花卉，得青藤老人踪逸之致，篆隸飛白，鐵筆並妙，搨手精絶，能具各器全形，陰陽虚實，無不逼真。[④]

又《甌鉢羅室書畫過目考》附卷[⑤]説：

達受，字六舟，號小綠天庵僧，浙江海寧人，主滄浪庭大雲庵，工篆隸、鐫刻，精考證，時呼"金石僧"，西園主人[⑥]藏有隸書屏四幀。

而《清畫家詩史》除了詳載畫僧達受有"南屏金石僧"[⑦] 之稱外，文獻中《雙樹名庵記》更説到達受與清藏書家程洪溥在黄山銅鼓齋以四年時間爲拓三代彝器千紙，得成書四卷。

**結論**

《論〈明清畫僧集粹〉的"畫僧"與繪畫藝術》第一個部分主要是論述筆者對於《明清畫僧集粹》的編錄概況，並且從爬梳古典文獻的記載可以知道，"畫僧"不僅是指繪畫創作的僧人，而且是更宏觀地指多元藝術創作的僧人，其藝術創作包括了以詩入畫、以琴入畫、以金石入畫等多元的複合式創作。

---

① 野蠶：暫無相關資料。

② 達受：清僧，字六舟，又號秋檝，海寧姚氏。參《墨林今話》卷十八"釋達受"注。

③ 參《國朝書畫家筆錄》卷四。

④ 參《墨林今話》卷十八。

⑤ 參前文《甌鉢羅室書畫過目考》附卷，"達受"條。

⑥ 西園主人，目前有二説，一爲道光年間進士方濬頤，一爲李翰文，兩者皆收藏書畫甚豐。

⑦ 《清畫家詩史》壬下：……儀徵相國知余有金石之嗜，屬陳雲伯大令拓彝器全圖寄維揚相國，即贈一詩云："舊向西湖訪秀能，萬峰深處有詩燈。那知行脚天台者，又號南屏金石僧。"一時傳爲佳話。雲伯欲建詩燈閣繪圖徵詩，一時和者甚衆。

其次，本文的第二個部分以畫僧爲核心，進行繪畫類別與畫技的統計，並在歸納分析後可以得知明清畫僧的繪畫概況。

再次，本文的第三個部分是以畫作爲核心，再次進行繪畫類別與畫技的統計分析，並且在分析中可以得知明清畫僧在藝術創作的表現，具有豐富多元的能動性。

最後，本文以情寄山水、以詩入畫、以琴入畫、以金石入畫四個方面說明清畫僧繪畫藝術中所蘊含的特色，有的畫僧詩畫並進，有的金石並進，有的與吟詠琴藝並進。因此，從繪畫與藝術創作的感通上來說，明清畫僧是一個結合宗教情感與藝術創作的概念，並以其豐富而多元的創作媒介作爲繪畫藝術創作的感通對象。

# 參考書目

**相關古籍**

李　桓：《國朝耆獻類徵》初編，《清代傳記叢刊》，臺北，明文書局。

汪子豆：《八大山人詩鈔》，上海人民出版社，1988年。

沈德潛：《清詩別裁》，《清代傳記叢刊》，臺北，明文書局。

金天翮：《皖志列傳稿》，《清代傳記叢刊》，臺北，明文書局。

孫靜菴撰：《明遺民錄》，《清代傳記叢刊》，臺北，明文書局。

閔爾昌纂錄：《碑傳集補》，《清代傳記叢刊》，臺北，明文書局。

徐鼒撰，徐承禮補遺：《小腆紀傳》，《清代傳記叢刊》，臺北，明文書局。

張其淦：《明代千遺民詩詠》初編，《清代傳記叢刊》，臺北，明文書局。

徐世昌：《晚晴簃詩匯》，《清代傳記叢刊》，臺北，明文書局。

閔爾昌：《碑傳集補》，《清代傳記叢刊》，臺北，明文書局。

傅抱石：《石濤上人年譜》，《京滬週刊》第一期，1947年。

傅抱石：《明末民族藝人傳》，《清代傳記叢刊·遺民類》，臺北，明文書局。

趙爾巽：《清史稿》列傳部，《清代傳記叢刊》，臺北，明文書局。

蔡可園：《清代七百名人傳》，臺北，《漢學彙編》。

**禪宗典籍**

（宋）普濟集：《五燈會元》，《卍續藏》第80册。

（宋）曉瑩集：《羅湖野錄》，《卍續藏》第83册。

（明）淨柱集：《五燈會元續略》，《卍續藏》第80册。

（明）通容集：《五燈嚴統》，《卍續藏》第80册。

（明）文琇集：《增集續傳燈錄》，《卍續藏》第83册。

（明）瞿汝稷集：《指月錄》，《卍續藏》第83册。

（明）黎眉等編：《教外別傳》，《卍續藏》第 84 册。
（明）通問編定，施沛彙集：《續燈存稿》，《卍續藏》第 84 册。
（明）道忞編修，吴侗集：《禪燈世譜》，《卍續藏》第 86 册。
（明）元賢輯集：《繼燈錄》，《卍續藏》第 86 册。
（明）朱時恩輯集：《居士分燈錄》，《卍續藏》第 80 册。
（明）通明撰，毛晉編：《牧雲和尚嬾齋別集》，《歷代藏經補輯》第 31 册。
（明）智旭彙輯：《閱藏知津》，《歷代藏經補輯》第 31 册。
（明）圓信説，弘歇等編：《雪嶠信禪師語錄》，《乾隆大藏經》第 153 册。
（明）圓修説，通琇編：《天隱修禪師語錄》，《乾隆大藏經》第 154 册。
（明）圓悟説，道忞集：《密雲怡禪師語錄》，《乾隆大藏經》第 154 册。
（明）來復禪師：《蒲庵集》，《禪門逸書》第 8 册。
（明）宗泐禪師：《全室外集續編》，《禪門逸書》第 8 册。
（明）洪恩禪師：《續雪浪集》，《禪門逸書》第 10 册。
（明）景隆禪師：《空谷集》，《禪門逸書》第 10 册。
（清）超永編：《五燈全書》，《卍續藏》第 80–82 册。
（清）聶先編：《續指月錄》，《卍續藏》第 84 册。
（清）性統編：《續燈正統》，《卍續藏》第 84 册。
（清）通醉集：《錦江禪燈目錄》，《卍續藏》第 85 册。
（清）通醉集：《錦江禪燈》，《卍續藏》第 85 册。
（清）際源、了貞集：《達珍編集》，正源略集，《卍續藏》第 85 册。
（清）達珍編：《正源略集補遺》，《卍續藏》第 85 册。
（清）如純集：《黔南會燈錄》，《卍續藏》第 85 册。
（清）紀蔭編纂：《宗統編年》，《卍續藏》第 86 册。
（清）明喜撰輯：《緇門世譜》，《卍續藏》第 86 册。
（清）徐昌治編述：《祖庭指南》，《卍續藏》第 87 册。
（清）圓信校定，郭凝之彙編：《優婆夷志》，《卍續藏》第 87 册。
（清）通琇説，行岳編：《大覺普濟能仁琇國師語錄》，《乾隆大藏經》第 154 册。
（清）行森説，超德等編：《明道正覺森禪師語錄》，《乾隆大藏經》第 155 册。

（清）道忞撰述，顯權等編：《弘覺忞禪師語錄》，《乾隆大藏經》第155冊。

（清）通際撰述，達尊、達謙等編：《山茨際禪師語錄》，《乾隆大藏經》第157冊。

喻謙：《新續高僧傳》，《大藏經補編》第27冊。

靜、筠二禪德編著：《祖堂集》，《大藏經補編》第27冊。

（清）元玉禪師：《石堂集》，《禪門逸書》第18冊。

（清）今釋禪師：《遍行堂集》，《禪門逸書》第12冊。

（清）今釋禪師：《續徧行堂集》，《禪門逸書》第14冊。

（清）方圃禪師：《聽香禪示詩集》，《禪門逸書》第16冊。

（清）牧雲通門禪師：《懶齋別集》，《禪門逸書》第15冊。

（清）敬安禪師：《八指頭陀詩集》，《禪門逸書》第20冊。

（清）道忞禪師：《布水臺集》，《禪門逸書》第16冊。

**中國佛寺史志**

（明）宋奎光撰：《徑山志》，《中國佛寺史志》第31冊。

（明）釋元賢撰：《泉州開元寺志》，《中國佛寺史志》第58冊。

（明）錢邦撰，（清）范承勳增修：《雞足山寺志》，《中國佛寺史志》第82冊。

（明）釋傳燈編：《天台山方外志》，《中國佛寺史志》第88-89冊。

（明）釋宗淨集：《徑山集》，《中國佛寺史志》第78冊。

（清）葉昌熾撰：《寒山寺志》，《中國佛寺史志》第43冊。

（清）蔣超撰，釋印光重修：《峨眉山志》，《中國佛寺史志》第45冊。

（清）性幽、獨往等編訂：《黃檗山寺志》，《中國佛寺史志》第84冊。

（民國）釋印光重修：《九華山志》，《中國佛寺史志》第72冊。

（民國）釋印光重修：《清涼山志》，《中國佛寺史志》第79冊。

**工具書**

丁福保編：《佛學大辭典》，中國書店，2011年。

水月齋主人：《禪宗師承記》，臺北，圓明出版社，2000年。

陳炳華編：《中國古今書畫名人大辭典》，天津，天津古籍出版社，1998年。

張志哲主編:《中華佛教人物大辭典》, 安徽, 黃山書社, 2006 年。

慈怡法師主編:《佛光大辭典》, 北京, 北京圖書館出版社, 2004 年。

震華法師遺稿:《中國佛教人名大辭典》, 上海, 上海辭書出版社, 1999 年。

**其他著作**

(日)《傳棨寫生册》,《文人畫粹編·中國篇·八大山人》, 中央公論社, 1986 年。

《漸江、髡殘、石濤、八大山人四僧畫集》, 天津, 天津人民出版社, 1991 年。

《八大山人詩鈔》, 上海, 上海人民出版社, 1981 年。

八大山人紀念館編:《八大山人研究》, 南昌, 江西人民出版社, 1988 年。

八大山人紀念館編:《八大山人研究論文選集》, 南昌, 江西人民出版社, 1986 年。

上海博物館主編:《上海博物館藏四高僧畫集》, 上海, 上海人民出版社, 1987 年。

楊惠東:《空門清韵清初四僧繪畫》, 天津, 天津人民美術出版社, 2005 年。

(美)喬迅著, 邱士華、劉宇珍等譯:《石濤: 清初中國的繪畫與現代性》, 北京, 三聯書店, 2010 年。

王方宇:《八大山人論》, 臺北, "國立"編譯館中叢書編審委員會, 1984 年。

朱安群、徐奔選注:《八大山人詩與畫》, 武漢, 華中理工大學出版社, 1993 年。

朱志良:《八大山人研究》, 合肥, 安徽教育出版社, 1998 年。

朱志良:《石濤研究》, 北京, 北京大學出版社, 2005 年。

朱萬章:《中國名畫家全集·石谿》, 石家莊, 河北教育出版社, 2006 年。

呂　曉:《清代四僧——末世的輝煌》, 瀋陽, 遼寧美術出版社, 2002 年。

林孟蓉:《明清禪宗"牧牛師祖"之研究》, 成都, 巴蜀書社, 2019 年。

俞劍華:《石濤年表》,《草書月刊》第二、三、五期, 1947 年。

陳傳席:《弘仁》, 長春, 吉林美術出版社, 1994 年。

薛鋒、薛翔:《髡殘》, 長春, 吉林美術出版社, 1994 年。

學愚主編：《佛教思想與當代應用》，北京，宗教文化出版社，2015 年。

學愚主編：《漢傳佛教文化研究》，北京，宗教文化出版社，2017 年。

學愚主編：《佛學思想與佛教文化研究》，北京，北京社會科學文獻出版社，2017 年。

蘇清豐：《苦瓜和尚書法研究》，高雄，高雄師範學院中國文學所碩士論文，2012 年。

（日）《八大山人年譜》，《文人畫粹編·中國篇·八大山人》，中央公論社，1986 年。

丁羲元：《弘仁與四僧以及黃山派散論》，《明末清初遺民金石書畫學術研討會論文集》，2009 年。

（日）入矢義高：《八大山人詩鈔》，《文人畫粹編·中國篇·八大山人》，中央公論社，1986 年。

（日）中田勇次郎：《八大山人と狂逸論》，《文人畫粹編·中國篇·八大山人》，中央公論社，1986 年。

吴同編：《八大山人年譜》，《文人畫粹編·中國篇·八大山人》，中央公論社，1986 年。

余　輝：《淺談清初遺民畫家的特性》，《明末清初遺民金石書畫學術研討會論文集》，2009 年。

單國強：《明末清初實景山水畫中的遺民情節》，《明末清初遺民金石書畫學術研討會論文集》，2009 年。